Bibliografische Information der Deutschen Bibliothek
Die Deutsche Bibliothek verzeichnet diese Publikation
in der Deutschen Nationalbibliografie; detaillierte
bibliografische Daten sind im Internet über
http://dnb.ddb.de abrufbar.

Stephan Weichert / Leif Kramp
Die Vorkämpfer.
Wie Journalisten über die Welt im Ausnahmezustand berichten
Köln: Halem, 2011

ISBN 978-3-86962-036-7

Den Herbert von Halem Verlag erreichen Sie auch im
Internet unter http://www.halem-verlag.de
Email: info@halem-verlag.de

SATZ: Herbert von Halem Verlag
DRUCK: docupoint GmbH, Magdeburg
GESTALTUNG: Claudia Ott Grafischer Entwurf, Düsseldorf
Copyright Lexicon ©1992 by The Enschedé Font Foundry.
Lexicon® is a Registered Trademark of The Enschedé Font Foundry.

Stephan Weichert / Leif Kramp

Die Vorkämpfer

Wie Journalisten über die Welt im Ausnahmezustand berichten

Unter Mitarbeit von Alexander Matschke

Herbert von Halem Verlag

Die vorliegende Studie wurde im Auftrag des Netzwerk Recherche e. V. und der Otto-Brenner-Stiftung sowie mit finanzieller Unterstützung der Rudolf-Augstein-Stiftung und der Medienstiftung Hamburg/Schleswig-Holstein erstellt. Den genannten Förderern möchten wir unseren Dank aussprechen.

Inhalt

VORWORT

»- Machen Sie deutlich darauf aufmerksam, dass Sie ein Journalist sind (tragen Sie keine Kleidung im Military-Look) und zeigen Sie deutlich Ihre Ausrüstung, sodass man Sie nicht mit einem Kriegsteilnehmer verwechselt.

- Überlegen Sie sich im Vorhinein sorgfältig Ihre Bewegungen.

- Beobachten Sie die Gewohnheiten der Einheimischen.

- Bewegen Sie sich schneller fort (zu Fuß oder in einem Gefährt). [...]

- Stellen Sie sich tot, falls Sie verwundet werden.«[1]

Diese brachial klingenden ›Tipps‹ sind einem schmalen orangefarbenen Notizblock entnommen, den die weltweit operierende Menschenrechtsorganisation *Reporter ohne Grenzen* gemeinsam mit der UNESCO zum persönlichen Schutz an solche Journalisten verteilt, die sich berufsbedingt in Krisen- und Kriegsgebieten aufhalten. Das im Original in englischer Sprache publizierte Büchlein mit nützlichen Ratschlägen und Hinweisen, das den bescheidenen Titel *Handbook for Journalists* trägt, ist so etwas wie der *internationale Survival-Guide für Krisenjournalisten* und deckt die gesamte Bandbreite an heiklen, gefährlichen und riskanten Situationen ab, in die Auslandsreporter in der Ausübung ihrer Tätigkeit geraten könnten, etwa (wie beim oben gewählten Beispiel) unter Beschuss durch Sniper, in die Hände von Kidnappern (»Try not to believe threats of execution or pro-

---

1 REPORTERS WITHOUT BORDERS (2007): *Handbook for Journalists*. Paris, Reporters sans frontières/ UNESCO, S. 50.

9

mises of release.«), in Hinterhalte (»Speed up to get out of the dangerous area.«), unter Artilleriefeuer (»Fall flat on the ground, preferably behind the nearest obstacle.«) oder in aufgebrachte Menschenaufläufe (»Avoid being alone or working by yourself [working with colleagues makes for easier self-defence and enables the alarm to be raised in case of injury]«). Es klärt über psychologische Risiken wie Traumata auf, nennt potenzielle Unwägbarkeiten und schlägt überlebenswichtige Trainingsübungen zur Vor- und Nachbereitung eines Kriseneinsatzes vor.

Das *Handbook for Journalists* unterscheidet sich damit von so ziemlich allem, was ›gewöhnliche‹ Journalisten im Laufe ihres Berufslebens an praktischen Handlungsempfehlungen jemals zu hören oder zu lesen bekommen. Durch seine nüchternen, unaufgeregten Beschreibungen demonstriert es vielmehr die beinahe *sinistre Ambivalenz* dieses journalistischen Arbeitsschwerpunktes, der öffentlich allzu häufig mystifiziert und mit modernem Heldentum gleichgesetzt wird, in der Realität aber kaum Spielräume für Selbstlob oder Abenteuerlust lässt.

Krisenberichterstattung diente bereits einigen gestandenen Journalisten als Karrieresprungbrett und ist mit Sicherheit eines der spannendsten Tätigkeitsfelder im gegenwärtigen Journalismus, das insbesondere junge Nachwuchsreporter fasziniert – aber eben auch, das wird oft übersehen, eines der gefährlichsten, komplexesten und bisher am wenigsten trainierbaren. In den Einsatzgebieten geht es selten um reflektiertes Handeln mit einer rationalen Abwägung der (möglichen) Folgen, sondern um soziale Instinkte und spontane Bauchentscheidungen, von denen sich die Korrespondenten und Reporter vor Ort leiten lassen. Es geht weniger um eine schöne Schreibe oder die Jagd nach exklusiven Schlagzeilen, als um technische Sicherheitsvorkehrungen und die eigene körperliche und seelische Unversehrtheit, die im Arbeitsalltag zur Belastungsprobe wird. Es geht weniger um ausgeklügelte Recherchepläne und perfekt vorbereitete Interviews als um vertraute Netzwerke und Kontakte zu Einheimischen oder sogenannten ›Stringern‹, die ortskundig sind und um die kulturellen Friktionen in Krisengebieten wissen. Es geht fast nie um Stolz oder Ruhm, sondern um pragmatische Entscheidungen und letztlich auch um das Talent, den Mut und (im eigentlichen Wortsinne) das Selbstvertrauen in die eigenen professionellen Fähigkeiten, um sich in solche Krisengebiete vorzukämpfen, die lange kein Berichterstatter mehr betreten hat.

Wir hatten das Glück oder vielmehr: die Ehre, mit 17 solcher journalistischen ›Vorkämpfern‹ zu sprechen, die regelmäßig als Erste in evakuierte

Gebiete vordringen, sich zu ehemaligen oder aktiven Kriegsschauplätzen aufmachen, aus der Nähe terroristische Geiselnahmen beobachten, politische Tumulte in diktatorischen Regimes kritisch unter die Lupe nehmen oder über den Fortgang von Aufräum- und Aufbauarbeiten in Katastrophengebieten aufklären wollen – sich also in vielerlei Hinsicht ungeschützt in ›vermintes Gelände‹ vorwagen. Diese journalistischen Pioniere kommen hier nun erstmals zu Wort, in einem Buch mit dem Titel *Die Vorkämpfer*, mit dem wir an frühere Arbeiten anknüpfen, in denen wir uns mit dem Forschungsfeld der Krisen- und Kriegskommunikation theoretisch und empirisch befasst haben. Insbesondere setzen wir mit dieser Studie grundsätzliche Überlegungen fort, die sich auf eine umfassende Analyse der Krisenberichterstattung im Fernsehen am und nach dem 11. September 2001 stützen.[2]

Anlass für die damalige Untersuchung boten die Live-Übertragungen der tragischen Terroranschläge auf New York und Washington, D.C., welche die *Doppelgesichtigkeit des Journalismus* und vor allem des Fernsehens in Krisensituationen offenbarte: Einerseits dem offensichtlichen Kalkül einer terroristischen Kommunikationsstrategie (widerwillig) folgend, andererseits seine Rolle als Orientierungsgeber (mühsam) wahrend, wurde den beteiligten Medienpraktikern die verantwortungsvolle Aufgabe zuteil, dem verunsicherten Publikum Halt und Hilfe zu bieten und die Krise durch eine mediale Formgebung zu ›bändigen‹. Indem sie das Krisenereignis öffentlich bewerteten, die Zuschauer auf rituelle Handlungen verpflichteten und damit den Eindruck erweckten, die Krise sei ›unter Kontrolle‹, gelang es den Journalisten trotz vieler Widrigkeiten schließlich, sich als gesellschaftliche Wegweiser und maßgebliche Leuchttürme im Bildersturm einer solchen Katastrophe zu behaupten.

Dass solche Krisenereignisse immer auch eine praktisch-professionelle Herausforderung hinter den Kulissen von Redaktionen und Nachrichtenorganisationen, vor allem aber für die Reporter vor Ort bedeuten, hat uns nunmehr zur Umsetzung der vorliegenden Studie veranlasst: Das in den Intensiv-Interviews gewonnene Analysematerial dient somit auch zur Konkretisierung unserer bisherigen Forschungen auf der Ebene des betroffenen Akteurs sowie als reichhaltige Argumentationsgrundlage zur Erkundung des Tätigkeitsbereiches von Krisenberichterstattern – und zwar vor allem

2 WEICHERT, STEPHAN A. (2006): *Die Krise als Medienereignis. Über den 11. September im deutschen Fernsehen.* Köln.

aus der Sicht der befragten Praktiker, allesamt profilierte Korrespondenten und Auslandsreporter mit überwiegend langjähriger Berufserfahrung.
Geradeheraus sprechen sie mit uns über Friktionen und Konvulsionen
in ihrem Arbeitsumfeld, über Notwendigkeiten und Nachlässigkeiten in
Krisensituationen sowie über die eigene psychologische Belastbarkeit und
die Überwindung traumatischer Erlebnisse.

Wir danken den befragten Krisenjournalisten deshalb für ihre beinahe
grenzenlose Gesprächsbereitschaft und die vertrauliche Offenheit uns gegenüber. Die Gespräche waren durchweg spannend und bewegend, manche der geschilderten Erlebnisse waren traurig oder sogar schockierend.
Auch als Kommunikationswissenschaftler dürfen wir zugeben, dass uns
einige jener teils hochdramatischen Geschichten, die uns bei den Interviews geschildert wurden, nicht kalt ließen, sondern sehr nahe gingen,
andere aber auch zu neuem Forscherdrang angespornt haben. Umso mehr
freuen wir uns, dass die Inhalte der intensiven Gespräche größtenteils im
Originalwortlaut und ungeschönt in dieses Buch einfließen durften und
die interviewten Urheber nicht auf einer Anonymisierung ihrer Zitate
bestanden haben, sondern auch im Nachhinein noch zu alldem standen,
wovon sie uns erzählten.

Ausdrücklich danken wir auch dem Netzwerk Recherche e. V. und seinem
Vorsitzenden Prof. Dr. Thomas Leif sowie der Otto-Brenner-Stiftung und
ihrem Geschäftsführer Jupp Legrand dafür, uns mit dieser Studie zu beauf-
tragen und diese finanziell zu fördern. Neben der Otto-Brenner-Stiftung
haben ferner die Rudolf-Augstein-Stiftung und die Medienstiftung Ham-
burg/Schleswig-Holstein die Studie finanziell unterstützt, wofür wir uns
ebenfalls bedanken, namentlich bei dem hochgeschätzten *Freitag*-Verleger
Jakob Augstein sowie dem Kuratorium der Medienstiftung.

Danken möchten wir außerdem unserem Kollegen Alexander Matschke,
der zur Erstellung der gesamten Studie beigetragen hat, sowie Iris Ocken-
fels und Gerhard Kromschröder für hilfreiche Anmerkungen und die kritische Gegenlese des Manuskripts.

Stephan Weichert/Leif Kramp
Hamburg im November 2010

1. EINLEITUNG

Gerade in Krisenzeiten beweist der Journalismus seine Unersetzlichkeit: Rasante Nachrichtenübermittlung, reflektierte Analysen, geschliffene Kommentierungen – professionelle Orientierungsangebote für eine verunsicherte Gesellschaft. In einer von Naturkatastrophen, Kriegen und Terroranschlägen gebeutelten Welt bieten journalistische Angebote Überblick, Einordnung und eben jenen Halt, der in solchen Zeiten des emotionalen Durcheinanders und existenziellen Aufruhrs so schnell verloren geht. Die Auslandsberichterstattung in Krisengebieten leistet dabei mehr, als nur über den eigenen Tellerrand zu blicken: Es gehört zu ihren Aufgaben, aktuelle Geschehnisse, Entwicklungen und deren Hintergründe in fernen Weltregionen sorgfältig zu beobachten und dem heimischen Publikum zu vermitteln. In der globalisierten Gesellschaft, in der das Ferne nur scheinbar näher rückt, aber kulturelle und mentale Gegensätze umso deutlicher hervortreten, sind die Transfer- und Einordnungsleistungen von Journalisten gefragter denn je.

Der Begriff des Krisenjournalismus wird in der vorliegenden Studie eng mit der Auslandsberichterstattung verknüpft, da es in der Regel Reporter und Korrespondenten sind, die über kürzere oder längere Zeiträume hinweg aus Krisenregionen im Ausland berichten, obwohl es auch im Inland bisweilen zu Krisenereignissen wie Amokläufen an Schulen, dem Elbhochwasser oder Zugunglücken kommt. Krisenberichterstattung umfasst Kriege, Konflikte und Katastrophen, also Krisen im übergreifenden Sinne des Wortes, verstanden als negativ konnotierte Abweichungen vom Normalzustand, die in ihrer Intensität und Lebensbedrohlichkeit die öffentliche Ordnung gefährden und die betroffenen Gesellschaften oder

13

Gesellschaftsteile in einen Ausnahmezustand stoßen. Daher ist eine Krise immer die allgemeine Beschreibung für alle problematischen Ausnahmezustände, das heißt: *Jeder* Krieg, *jede* (Natur-)Katastrophe und *jeder* politisch-gesellschaftliche Konflikt sind als Krisen zu verstehen. Krisenjournalismus wiederum beschreibt – anders als die Krisenberichterstattung, welche die journalistischen Produkte beschreibt – die speziellen Berufsprofile sowie das Handwerk jener Journalisten, die aus und über Krisen berichten.

Die Jahrhunderte alte Konzentration journalistischer Berichterstattung auf alles, was aktuell, relevant, überraschend sowie geografisch und psychologisch nah ist (und nicht unbedingt darauf, was naheliegt), kann im globalen Nachrichtengeschäft meist nur übertrumpft werden durch spektakuläre Großereignisse mit überaus hohen emotionalen Effekten und maximalen negativen Folgen.[3] Es nimmt daher kaum Wunder, dass Krisenberichterstattung zu einem der populärsten, zugleich aber auch umstrittensten und ambivalentesten Tätigkeitsfelder im modernen Journalismus werden konnte. Wie Krisenreporter täglich recherchieren und sich untereinander vernetzen, wie sie mit den Heimatredaktionen zusammenarbeiten und mit Gefahrensituationen umgehen, welche ihrer Geschichten über Kriege, Flutkatastrophen und Terroranschläge eine gewisse Eigendynamik entfalten und welche vernachlässigt werden, ist jedoch weitgehend unerforscht.

Für eine fundierte Annäherung an den brisanten Gegenstand liegt es nahe, sich konkret mit den Akteuren im Berufsfeld zu beschäftigen, die sich vielfach beweisen mussten und das vergangene Krisen- und Kriegsjahrzehnt als professionelle Beobachter begleitet haben. Das Buch klärt darüber auf, inwiefern sich erfahrene Krisenjournalisten gezwungen sehen, in den Einsatzgebieten Strategien zu entwickeln, um kulturelle und soziale Barrieren zu überwinden, wie sie sich auf ihre Einsätze handwerklich und psychisch vorbereiten und anschließend Traumata verarbeiten. Ebenso wurde untersucht, wie die professionellen Defizite in der Kriegs- und Krisenkommunikation kompensiert werden können. Zur Diskussion stellen wir unter anderem, ob es in Redaktionen verbindliche Richtlinien und Kodizes für Krisenfälle geben sollte, und was im Umgang mit Terroristen, beispielsweise bei Geiselnahmen, während der Berichterstattung zu beachten ist. Unsere Methode: Anhand von 17 explorativen Intensiv-

---

3 Vgl. MAIER, MICHAELA/STENGEL, KARIN/MARSCHALL, JOACHIM (2010): *Nachrichtenwerttheorie*. Stuttgart: Nomos, S. 132–134.

Interviews mit führenden Auslandsreportern unterschiedlicher Mediengattungen analysieren wir, wie sich das Berufsbild von Korrespondenten
und Krisenjournalisten konkret verändert hat, von welchen Motiven und
Trends sie sich bei ihrer Arbeit leiten lassen, wie die Zusammenarbeit
mit Kollegen und offiziellen Stellen (u. a. Auswärtiges Amt, Bundesnachrichtendienst, Krisenstäbe) abläuft und wie die Profis mit ihren eigenen
Ängsten, Schwächen und Unsicherheiten umgehen. Fragenbereiche, die
uns im Rahmen der vorliegenden Analyse interessieren, sind vor allem:

- Von welchen Beweggründen lassen sich die Krisenberichterstatter
  leiten?
- Welche besonderen Expertisen zeichnen sie aus?
- Welche Folgen haben die Sensationalisierung und die daraus re-
  sultierende Schieflage im Agenda Setting aktueller Kriegs- und
  Krisenkommunikation?
- Wie wappnen sie sich gegen die wachsende Konkurrenz parajour-
  nalistischer Informationen über Krisenereignisse, die mittels Blogs,
  Twitter und Social Networks im Internet verbreitet werden?
- Wie knüpfen sie ihre Recherche-Netzwerke?
- Welche Funktion haben Stringer und Unterhändler in Krisensitua-
  tionen?
- Mit welchen Problemen haben sie an ihren Einsatzorten zu kämpfen?
- Welche Selbstzweifel plagen sie?
- Wie wirken sich ›Embedding‹ und Kriegs-PR auf die journalistische
  Unabhängigkeit der Kriegsberichterstattung aus?
- Wo sehen sie dringenden Handlungsbedarf, um Sicherheitslücken,
  Manipulationen oder auch eine fehlgeleitete Themensetzung sei-
  tens der Heimatredaktionen zu verhindern?
- Welche Rolle spielen spezielle Zugänge zu politischen Entschei-
  dungsinstanzen?
- Wie stark werden persönliche Kontakte in Krisenregionen aufgebaut
  und tatsächlich genutzt?
- Wie wappnen sich Journalisten vor den Tücken der strategischen
  Krisen- und Kriegskommunikation von Regierungen?
- Welche handwerklichen Defizite sind im aktuellen Krisenjourna-
  lismus festzustellen und wie könnten diese sinnvoll überwunden
  werden?
- Wie können und sollten auszubildende Institutionen auf das veränderte Berufsbild des Krisenreporters reagieren?

Zielsetzung der Studie ist es, eine präzise Identifikation und umfassende Analyse der praktischen Determinanten im Nachrichtengeschäft mit speziellem Fokus auf Krisen, Katastrophen und Kriege zu liefern, die Beschaffenheit, Dramaturgie und Perspektiven von Krisenthemen prägen. Dafür war es notwendig, zunächst die Umstände und Prinzipien journalistischer Arbeit in Krisengebieten genauer herauszuarbeiten. Die Arbeit von Korrespondenten und Redakteuren, die über Krisen rund um den Globus berichten, diese einordnen und kommentieren, steht – anders als diese Personen selbst – auch deshalb im Mittelpunkt des öffentlichen Interesses, weil sie oftmals die einzigen Quellen und Referenzpunkte für die Bevölkerung, aber auch für Betroffene und deren Angehörige sind, um aktuelle Informationen über Entwicklungen aus Krisenregionen zu erhalten. Umso zentraler ist ihre Unabhängigkeit bei der Nachrichtenvermittlung.

In der jüngeren Vergangenheit wurde die Berichterstattung verschiedener Zeitungen, Nachrichtenmagazine und Fernsehsender in Kriegssituationen offen kritisiert, unter anderem wegen obrigkeitsfreundlicher Verwendung gesteuerter Informationen, wie die später als falsch erwiesene Existenz von Massenvernichtungswaffen im Irak, die von der damaligen US-Regierung zur Rechtfertigung ihres Angriffskrieges missbraucht wurde. Das konspirative Miteinander von Journalisten, Politikern, Heerführern und Lobbyisten sowie die Übernahme von PR-Informationen bot in Krisensituationen demnach schon häufiger Anlass zur Kritik. Gleichzeitig erwächst dem professionellen Journalismus durch parajournalistische Informationsangebote im Netz wie die Whistleblower-Plattform *WikiLeaks* eine neue Konkurrenz, die zum einen vom Glaubwürdigkeitsverlust der traditionellen Medien profitiert, zum anderen die hergebrachten Prinzipien der Nachrichtenauswahl und -vermittlung beinahe ad absurdum führt, sie zumindest aber in ihren Grundzügen korrumpiert. Deshalb zielt unsere Untersuchung unter anderem auch darauf ab – über bisher öffentlich oder branchenintern verhandelte Probleme hinaus, die vor allem an der publizistischen Oberfläche der Auslands- und Krisenberichterstattung ansetzen –, verstärkt Ursachenforschung auf handwerklich-professioneller Ebene in puncto Mängel des Krisenjournalismus zu betreiben.

Ausgangsbasis für die explorativen Intensiv-Interviews mit Krisenjournalisten, die im Rahmen der vorliegenden Studie geführt und in Kap. 3 detailliert analysiert werden, bildet der wissenschaftliche Literaturbericht zum aktuellen Forschungsstand in Kap. 2. Hier steht demnach vor allem der praktische Erkenntnisgewinn aktueller empirischer Studien im Vordergrund, weniger die theoretische Reflexion – auch wenn diese nicht zu kurz kommt: Insbesondere werden neuere Entwicklungen und Trends der Krisenberichterstattung in den Blick genommen, die sich auf die konkreten Arbeitsbedingungen der Krisenjournalisten vor Ort auswirken. Außerdem werden Chancen, Risiken und Herausforderungen diskutiert, inwiefern eine Professionalisierung des Krisenjournalismus vorangetrieben und dessen Ausbildungsmöglichkeiten verbessert werden können. Abschließend folgt in Kap. 4 ein zusammenfassendes Fazit mit einigen Handlungsempfehlungen und Lösungsoptionen, wie der Krisenjournalismus verbessert werden kann.

2. JOURNALISMUS IM AUSNAHMEZUSTAND: LITERATUR UND AKTUELLER FORSCHUNGSSTAND

»Fear is more widely used today because news organizations and news sources benefit from it.« (DAVID ALTHEIDE)[4]

Krisenjournalismus ist trotz der mit ihm verbundenen physischen und psychischen Risiken ein faszinierendes Berufsfeld und zieht Journalisten jeglichen Alters seit Jahrzehnten an. Verwunderlich ist, dass zwar vereinzelt Hochschulseminare und Ringvorlesungsreihen zum Thema Krisen- und Kriegsjournalismus angeboten werden, es bislang aber keine grundständige Ausbildung für diese Tätigkeit gibt. Der Einstieg erfolgt oft zufällig, wobei das Know-how über das Handwerk des Krisenjournalisten bisweilen eher innerhalb der Redaktionen weitergegeben wird. Außerdem sind Journalisten bei der Krisenberichterstattung der spezifischen Logik des Mediensystems mit seinen Phasen, Strukturen und Routinen auf besondere Weise ausgesetzt: Beispielsweise spielen Konkurrenz- und Kostendruck, aber auch die Eigendynamik des Medienangebots sowie technologische Innovationen eine tragende Rolle im Produktionsprozess krisenjournalistischer Nachrichten. Ebenso ist die praktisch-logistische Zusammenarbeit zwischen Reportern in Krisengebieten und ihren deutschen Heimatredaktionen von tragender Bedeutung.

Zur Minimierung von Risiken bei der Arbeit von Krisenjournalisten ist eine gewissenhafte Vorbereitung vor Ort unerlässlich, wobei die tatsächliche Situation im Krisengebiet in ihrer Komplexität niemals antizipiert

---

4   ALTHEIDE, DAVID (2002): *Creating Fear. News and the Construction of Crisis.* New York, S. 11.

werden kann. Zu Fragen der Sicherheit kommen bei der Berichterstattung insbesondere über Krisenherde und militärische Konflikte weit reichende Hindernisse für die journalistische Arbeit, etwa ausgefeilte Techniken des militärischen Nachrichtenmanagements und das sogenannte *Embedded Reporting*. Spezielle Anforderungen an das journalistische Tätigkeitprofil bestehen auch bei der Berichterstattung über Terroranschläge und Geiselnahmen: vor allem, sich nicht der Gefahr auszusetzen, zum Spielball von terroristischen Interessen zu werden. In Katastrophengebieten, etwa nach Überschwemmungen oder schweren Erdbeben, herrschen wiederum eigene Bedingungen vor, die das journalistische Handwerk zwangsläufig erschweren, zum Beispiel Panik innerhalb der Bevölkerung oder die Zerstörung von Infrastrukturen.

Im akademischen und berufspraktischen Qualitätsdiskurs wurden daher immer wieder die Widrigkeiten und Defizite der Krisenkommunikation reflektiert, was in einigen wenigen Redaktionen zur Formulierung teilweise umfangreicher Richtlinien geführt hat. Solche Selbstregulierungsmechanismen sind allerdings einem permanenten Anpassungsdruck ausgesetzt, weil sie rasch obsolet werden: Dazu trägt zum einen der sich stetig verändernde Charakter bewaffneter Konflikte bei, der unter dem Stichwort ›neue Kriege‹ zusammengefasst werden kann. Aber auch Strategiewechsel in der Verbreitung von Nachrichten und Propagandamaterialien über das Internet sowie dessen Nutzung durch Terroristen erweisen sich als problematisch und drohen, Bemühungen um eine Verbesserung des journalistischen Handwerks in der Krisenberichterstattung zu konterkarieren.

In der deutschsprachigen Medien- und Kommunikationswissenschaft sind erst wenige Studien über die verschiedenen Aspekte des Krisenjournalismus erarbeitet worden. Einen Überblick bietet etwa der Kommunikationswissenschaftler und Krisenforscher Martin Löffelholz[5]: So wurden in Inhalts- und Diskursanalysen stabile Muster bei der Krisenberichterstattung hinsichtlich Nachrichtenauswahl und -interpretation herausgearbeitet. Aufseiten der Rezeptionsforschung existieren insbesondere Studien zur Mediennutzung und Nachrichtendiffusion. Auch Friedensforschung und Konfliktpsychologie haben sich dem Gegenstand Krisenberichterstattung genähert und insbesondere den normativ geprägten

---

5   LÖFFELHOLZ, MARTIN (2004): Krisen- und Kriegskommunikation als Forschungsfeld. In: Ders. (Hrsg.): *Krieg als Medienereignis II. Krisenkommunikation im 21. Jahrhundert.* Wiesbaden, S. 13–57.

Ansatz des Friedensjournalismus entwickelt, der von Medienschaffenden allerdings mitunter als realitätsfern und praxisfremd abgetan wird.[6]
Ungeachtet dieser Kritik haben die friedensjournalistischen Arbeiten
zumindest ein Defizit in der Kommunikatorforschung verdeutlicht, der
im Vergleich zur Medieninhalts- und Rezeptionsforschung bisher wenig
Aufmerksamkeit geschenkt wurde.

In den vergangenen Jahren wurden allerdings verschiedene Studien
ausgearbeitet, die dieses Forschungsdefizit auffangen sollten: So zog der
Sozialpsychologe Burkhard Bläsi den friedensjournalistischen Ansatz
heran, um Anspruch und mediale Wirklichkeit bei der ›konstruktiven
Konfliktberichterstattung‹ zu kontrastieren und wertet dazu in seiner
Dissertation 30 Interviews mit Journalisten aus, die mit dem Produktionsprozess von Konfliktberichterstattung zu tun haben.[7] Ferner verknüpft
die Kommunikationswissenschaftlerin und ZDF-Journalistin Nadine
Bilke friedensjournalistische Ansätze mit der publizistikwissenschaft-
lichen Qualitätsdebatte und entwirft ein Modell für einen sogenannten
›konfliktsensitiven Journalismus‹.[8] Auf der Seite der praxisorientierten
Fachliteratur wiederum legte Löffelholz zusammen mit zwei weiteren
Herausgebern ein umfängliches Handbuch zur Krisen- und Kriegsberichterstattung vor.[9] Hinzu kommt schließlich eine ganze Reihe an Tagebü-
chern erfahrener Kriegs- und Krisenreporter wie Antonia Rados, Bettina
Gaus, Carolin Emcke, Ulrich Tilgner oder Christoph Maria Fröder, in denen diese ihre Erlebnisse und Beobachtungen während Kriseneinsätzen
biografisch verarbeiten.

---

6   Vgl. WEICHERT, STEPHAN ALEXANDER (2003): Die medialen Cheerleader. Kriegsfixiert oder
    friedensorientiert. In: *Freitag*, 20. Juni 2003, S. 16; WEICHERT, STEPHAN ALEXANDER (2004):
    Schreiben für den Frieden. In: *Journalist*, 1 (2004), S. 27–30; WEICHERT, STEPHAN ALEXANDER
    (2005): ›News sind Entertainment.‹ Interview mit Johan Galtung. In: *Cover – Medienmagazin*,
    5 (2005): Realitätsverlust. Wie Medien die Wirklichkeit verzerren. Hamburg, S. 64–67.

7   BLÄSI, BURKHARD (2006): *Keine Zeit, kein Geld, kein Interesse...? Konstruktive Konfliktberichterstattung
    zwischen Anspruch und medialer Wirklichkeit.* Berlin.

8   BILKE, NADINE (2008): *Qualität in der Krisen- und Kriegsberichterstattung. Ein Modell für einen konflikt-
    sensitiven Journalismus.* Wiesbaden.

9   LÖFFELHOLZ, MARTIN/TRIPPE, CHRISTIAN F./HOFFMANN, ANDREA C. (Hrsg.) (2008): *Kriegs- und
    Krisenberichterstattung. Ein Handbuch.* Konstanz.

2.1 Mechanismen und Bedingungen der Krisenberichterstattung

2.1.1 *Funktionen, Begriffe und Definitionen*

Bei der Darstellung, Vermittlung und Verarbeitung von Krisen, Konflikten und Katastrophen spielen die Medien in vielfacher Hinsicht eine verantwortungsvolle Rolle: Sie dienen uns als erste Informationsquellen, ordnen das Geschehen über einen längeren Zeitraum hinweg ein, liefern wichtige Eindrücke über den Fortgang einer Krise und unterstützen die Bevölkerung dabei, die Krise intellektuell zu verarbeiten. Meist geht es darum, in kürzester Zeit Hintergründe, Erklärungen und Interpretationen für das Publikum bereitzuhalten, um dem Vorgefallenen einen Sinn zu geben. Damit übernimmt der Journalismus in Krisenzeiten grundlegende Funktionen der Orientierung, Integration und Sinnstiftung, indem er nicht nur berichtet und informiert, sondern aufgrund seiner spezifischen Produktions- und Berichterstattungslogiken – unter anderem das sogenannte *Storytelling* – dabei hilft, das Gefühl der Bedrohung in unserer Gesellschaft abzumildern.

Konflikte werden dementsprechend dadurch gelöst, dass die Medien Krisenbewältigungsmechanismen in Gang setzen und nach einer Phase der erregten Ereignisberichterstattung allmählich dazu übergehen, Routine zu simulieren. In Krisenmomenten geht es dabei immer um die Bestätigung oder Neubestimmung gesellschaftlicher Werte. Damit erfüllt der Journalismus grundsätzliche Funktionen der subjektiven Wirklichkeitserhaltung, auf die bereits die Wissenssoziologen Peter L. Berger und Thomas Luckmann in den 1960er-Jahren unter Verwendung des Begriffs der ›Wirklichkeitskrisen‹ hingewiesen haben.[10] Was Berger und Luckmann in Bezug auf persönliche (Schicksalsschläge wie Tod, Krankheit etc.) oder kollektive (Naturkatastrophen etc.) Wirklichkeitskrisen in Augenschein nehmen, gilt umso mehr in Anwendung auf die journalistische Krisenberichterstattung: Als öffentliche Orientierungsgeber und kulturelle Agenten ergreifen die Medien, sobald die für die soziale Stabilität konstitutiven Routinen aussetzen, bestimmte Verteidigungsmaßnahmen, indem sie die Krise oder die Katastrophe verarbeiten, das (Lebens-)Bedrohliche verstehbar machen und signalisieren, dass sie alles im Griff haben.

---

10 BERGER, PETER L./LUCKMANN, THOMAS (2003): *Die gesellschaftliche Konstruktion von Wirklichkeit. Eine Theorie der Wissenssoziologie.* Frankfurt/M. [Orig. 1966], S. 166f.

Dass unerwartete Krisenereignisse in irgendeiner Weise vom Journalismus immer auch erwartet werden (*expect the unexpected*), hängt mit der Funktionslogik des Nachrichtenwesens allgemein zusammen. Vor allem infolge des 11. September 2001 wurden verstärkt professionelle Maßnahmen in deutschen Redaktionen ergriffen, um besser auf (globale) Krisen vorbereitet zu sein.[11] Auch innerhalb der deutschen Medien- und Kommunikationsforschung kann der 11. September 2001 als Wendepunkt gelten: Die Untersuchung der Gesetzmäßigkeiten und Routinen der journalistischen Berichterstattung in Krisensituationen hat sich erst seitdem als eigenständiger Forschungsschwerpunkt formiert.[12] Weil unter extremem Zeitdruck gearbeitet wird, der Journalisten mitunter (vor)schnelle Entscheidungen abverlangt, wird in der Medienforschung angenommen, dass sich gerade im Ausnahmezustand am ehesten zeigen lässt, wie das journalistische System funktioniert – oder eben nicht. Die These dabei ist, dass die Funktionslogik des journalistischen Systems vor allem dann am deutlichsten zutage tritt, wenn die Medien selbst an ihre Kapazitätsgrenzen geraten, wenn Programmroutinen plötzlich brüchig werden, Gewissheiten zur Disposition stehen und wenn sich am Extremfall etwas über den Normalfall lernen lässt.

Das sozialwissenschaftliche Konzept der Wirklichkeitskrisen von Berger und Luckmann auf die journalistische Krisenberichterstattung anzuwenden, ist anschlussfähig an eine Definition von Löffelholz,[13] der von einer »Kommunikation über Krisen in Krisen« spricht, mittels derer Krisen bewältigt werden. Löffelholz versteht unter Krisen »(vermutete) Bedrohungen zentraler Werte eines Systems«, wobei »Sicherheit – bis hin zur Gefährdung der Existenz – reduziert, Zeitressourcen [...] verknappt und

---

11 WEICHERT, STEPHAN A. (2006): *Die Krise als Medienereignis. Über den 11. September im deutschen Fernsehen.* Köln.

12 Der Erforschung von Krisen wird in der Kommunikationswissenschaft auch aufgrund militärischer Operationen wie dem NATO-Einsatz im Kosovo (1999), dem Afghanistan-Krieg (2001) und dem Irak-Krieg (2003), vor allem aber seit dem 11. September 2001 eine wachsende Relevanz nachgesagt. Vgl. LÖFFELHOLZ, MARTIN (2004): Krisen- und Kriegskommunikation als Forschungsfeld. In: Ders. (Hrsg.): Krieg als Medienereignis II: Krisenkommunikation im 21. Jahrhundert. Wiesbaden, 14ff.; ders. (2005): Krisenkommunikation. In: WEISCHENBERG, SIEGFRIED/KLEINSTEUBER, HANS J./PÖRKSEN, BERNHARD (Hrsg.): *Handbuch Journalismus und Medien.* Konstanz, S. 188f.

13 LÖFFELHOLZ, MARTIN (2004): Krisen- und Kriegskommunikation als Forschungsfeld. In: Ders. (Hrsg.): *Krieg als Medienereignis II. Krisenkommunikation im 21. Jahrhundert.* Wiesbaden, S. 49. Vgl. ders. (2005) Krisenkommunikation. In: WEISCHENBERG, SIEGFRIED/KLEINSTEUBER, HANS J./ PÖRKSEN, BERNHARD (Hrsg.): *Handbuch Journalismus und Medien.* Konstanz.

hoher situativer Entscheidungsdruck induziert«[14] würden. Löffelholz zufolge gibt es Krisen (und Kriege)»nicht in einem ontologischen Sinne, sondern [sie] beruhen auf rekursiven Beobachtungen, die kommunikativ miteinander gekoppelt sind. Die Genese und der Verlauf einer Krise basieren damit in besonderer Weise auf den Bedingungen und Formen von Kommunikation. So gesehen können Krisen [...] als soziale Ereignisse verstanden werden, die durch fehlende oder misslingende Kommunikation konstituiert werden«.[15] Zentrale Merkmale von Krisen sind Löffelholz zufolge: die ungewollte Gefährdung dominanter Ziele (z. B. eines Staates), der ambivalente und nicht vorhersehbare Ausgang sowie die nur teilweise Beeinflussbarkeit des Ablaufs. Durch diese Merkmale unterscheiden sich Krisen»von Konflikten (die nicht zwangsläufig die Existenz gefährden), Störungen (die keine dominanten Ziele berühren) und Katastrophen (die stets negativ enden)«.[16] Während Katastrophen Löffelholz zufolge also meist Krisen auslösen, müssen Kriege demgegenüber als fortbestehende Krisen gesehen werden, die gewaltsam zugespitzt werden.[17]

Eine weitere aufschlussreiche Definition findet sich bei der amerikanischen Filmtheoretikern Mary Ann Doane.[18] Sie erkennt im Begriff der Krise wegen seiner Herkunft aus dem Griechischen (griech. krísis = Urteil, Entscheidung, entscheidende Wendung)[19] menschliches Fehlverhalten mit überwiegend politischen Folgen (Entführungen, Attentate, Geiselnahmen etc.), für das ein Akteur (Terrorvereinigung, politische Partei etc.) verantwortlich gemacht werden kann. Demgegenüber leitet sich Katastrophe etymologisch von dem griechischen Wort katastréphein (= umkehren, umwenden) ab. Katastrophen sind für Doane, vor allem wegen ihrer unerwarteten Heftigkeit und Dramatik, eine Steigerungsform von Krisen. Sie definiert Katastrophe (z. B. den Chemieunfall im indischen Bhopal 1984, den Atomunfall in Tschernobyl 1986, das Challenger-Unglück 1986 sowie unvorhersehbare Naturkatastrophen wie Erdbeben, Tsunamis, Überschwemmungen) allgemein als»unexpected discontinuity in an otherwise

14 Ebd. (2004): S. 48.
15 Ebd.
16 Ebd.
17 Ebd.
18 DOANE, MARY ANN (1990): Information, Crisis, Catastrophe. In: MELLENCAMP, PATRICIA (Hrsg.):
    Logics of Television. Essays in Cultural Criticism. Bloomington, Indiana/London, S. 223ff.
19 Im medizinischen Sprachgebrauch bezeichnet Krise den Wendepunkt einer Krankheit, an dem
    sich entscheidet, ob der Patient genesen oder sterben wird.

continuous system»[20] und – spezifischer – als »conjuncture in the failure of technology and the resulting confrontation with death».[21] Obwohl die Berichterstattung aus Krisenregionen nach wie vor einen ganz wesentlichen Teil der Auslandsberichterstattung in allen deutschen Medien ausmacht, ist »die Krisenkommunikationsforschung von einer angemessenen theoretischen Durchdringung weit entfernt«, konstatiert Löffelholz.[22] Zwar gebe es inzwischen eine Vielzahl von Befunden »zur Produktion, Präsentation und Rezeption konfliktiver Ereignisse und kriegerischer Auseinandersetzungen«,[23] doch signalisiere die Praxisrelevanz des Themas und der bisherige Forschungsstand »einen großen Bedarf an theoretisch elaborierten empirischen Studien«.[24] Insbesondere die Erforschung der praktischen Tätigkeit von Krisen- und Kriegsreportern ist empirisch vergleichsweise unerforscht: Es mangelt vor allem an praxisrelevanten Studien zu den konkreten Rahmenbedingungen und Problemen im Krisenjournalismus. Insofern ist die Berichterstattung über Konflikt-, Kriegs- und Krisenkommunikation, die wir in dieser Studie konzeptionell zusammenbinden, ein vergleichsweise junges Forschungsgebiet mit noch wenigen Befunden. Wenn wir im Folgenden zusammenfassend von *Krisenjournalisten* und *Krisenjournalismus* sprechen, meinen wir also das *journalistische Berufsfeld* als solches, dem ein bestimmtes handwerklich-professionelles Tätigkeitsprofil zugrunde liegt und dessen Akteure sich schwerpunktmäßig auf die Berichterstattung über Krisen in einem allgemeinen Wortsinne konzentrieren. Unser Begriffsverständnis umfasst dementsprechend also folgende Krisen-Typen:[25]

1. *Politisch-gesellschaftliche Krisen*, z. B. Attentat auf John F. Kennedy, 11. September 2001, Amoklauf von Erfurt, Geiseldrama von Moskau,

20 DOANE, MARY ANN (1990): Information, Crisis, Catastrophe. In: MELLENCAMP, PATRICIA (Hrsg.): *Logics of Television. Essays in Cultural Criticism*. Bloomington, Indiana/London, S. 223ff.

21 Ebd., S. 229.

22 LÖFFELHOLZ, MARTIN (2005): Krisenkommunikation. In: WEISCHENBERG, SIEGFRIED/KLEINSTEUBER, HANS J./PÖRKSEN, BERNHARD (Hrsg.): *Handbuch Journalismus und Medien*. Konstanz, S. 188.

23 LÖFFELHOLZ, MARTIN (2005): Krisenkommunikation. In: WEISCHENBERG, SIEGFRIED/KLEINSTEUBER, HANS J./PÖRKSEN, BERNHARD (Hrsg.): *Handbuch Journalismus und Medien*. Konstanz, S. 188. Vgl. ders. (2004): Krisen- und Kriegskommunikation als Forschungsfeld. In: Ders. (Hrsg.): *Krieg als Medienereignis II. Krisenkommunikation im 21. Jahrhundert*. Wiesbaden; WEICHERT, STEPHAN A. (2006): *Die Krise als Medienereignis. Über den 11. September im deutschen Fernsehen*. Köln.

24 Ebd.: S. 189.

25 Der vorliegenden Studie liegt ein vergleichsweise breiter Krisenbegriff zu Grunde, der z. B. auch Geiselnahmen und Terroranschläge einbezieht. Eine Verengung auf einen der drei genannten Krisen-Typen würde angesichts des Untersuchungsgegenstands – der konkreten Berufspraxis von Krisenjournalisten und ihrer Probleme – eine unnötige begriffliche Verkürzung darstellen und wäre somit wenig zielführend.

Terroranschläge von Bali und Djerba, vom 11. März 2004 in Madrid und 7. Juli 2005 in London etc.

2. *Technische und ökologische Katastrophen*, die Krisen auslösen, z. B. Tschernobyl, Absturz der Raumfähren Columbia und Challenger, Concorde-Unglück, das Zugunglück von Eschede, Hochwasser von Oder und Elbe, Tsunami-Katastrophe etc.

3. *Militärische Auseinandersetzungen und Kriege* als fortbestehende, zugespitzte Formen von Krisen, z. B. Afghanistan-Krieg, Irak-Krieg 2003 etc.

2.1.2   Krisenereignisse und ihre Eigenlogik

Auch wenn es das Phänomen des *vergessenen Konflikts* gibt, wonach es Berichte aus bestimmten Krisenregionen schwer haben, in den Medien überhaupt vorzukommen: Einige Krisenereignisse bedienen die Logik des Mediensystems bzw. des Journalismus perfekt. Sie weisen häufig eine Reihe von Nachrichtenfaktoren sowie Merkmale sogenannter ›Medienereignisse‹[26] auf, die eine erhebliche öffentliche Publizität garantieren: Krisen fordern meist Opfer, sie können in der Regel über persönliche Schicksale erzählt werden, betreffen mitunter die Sicherheit der internationalen Staatengemeinschaft, sind in vielerlei Hinsicht konfliktträchtig und zudem oft bildgewaltig – um nur einige Faktoren aufzugreifen. Die Fixierung insbesondere der Auslandsberichterstattung auf Negativereignisse dieser Art – genannt werden in der Regel die vier K's: Katastrophen, Kriege, Krisen und Krankheiten – wurde von der Medienpraxis immer wieder kritisch reflektiert.[27] Jedoch steht besonders im Kontext von Krisen die Orientierungsleistung des Journalismus insgesamt auf dem Prüfstand, weil sich die strukturellen Zwänge unter den Extrembedingungen enorm verschärfen. Zugleich

---

26   Ein einheitlicher Medienereignisbegriff hat sich in der deutschen Medien- und Kommunikationswissenschaft zwar noch nicht etablieren können. Mit Blick auf internationale Theorieansätze und zentralen Gemeinsamkeiten lässt sich jedoch eine vorläufige Definition festhalten: Meist handelt es sich um ein mediengerecht inszeniertes Geschehen mit extrem hohem Nachrichtenwert, das die herkömmlichen Produktions- und Publikationsroutinen der Massenmedien aushebelt. Zu den konstitutiven Merkmalen von Medienereignissen gehören ferner ihre überaus große Reichweite und Publikumsresonanz, die die öffentliche Wahrnehmung des Ereignisses selbst nachhaltig prägen. Für einen detaillierten Überblick der unterschiedlichen Ansätze und zur Konzeption einer Theorie der Krisenereignisse im Fernsehen vgl. WEICHERT, STEPHAN A. (2006): *Die Krise als Medienereignis. Über den 11. September im deutschen Fernsehen*. Köln, S. 135–175.

27   Vgl. beispielhaft: MIKICH, SONIA (2003): Geistige Provinzialisierung. In: CIPPITELLI, CLAUDIA/ SCHWANEBECK, AXEL (Hrsg.) (2003): *Nur Krisen, Kriege, Katastrophen? Auslandsberichterstattung im deutschen Fernsehen*. Dokumentation der 21. Tutzinger Medientage. München, S. 118.

steigt, sobald eine gewisse Aufmerksamkeitsschwelle überschritten wurde, das öffentliche Interesse an aktueller Berichterstattung aus Krisen- und Kriegsgebieten, [28] was den professionellen Druck abermals erhöht. Besonders prekär ist, dass ferner auch Akteure in Entscheidungspositionen in Krisen verstärkt auf die Medien als wichtige Informationsquellen angewiesen sind: In Zeiten von großer Unsicherheit wird den professionellen Beobachtungsinstanzen tendenziell mehr Aufmerksamkeit gewidmet als im Tagesgeschäft. Zudem erhöhen sich bei hoher Nachrichtendichte der Zeitdruck und die Arbeitsbelastung von Journalisten, etwa durch die Sonderberichterstattung. Als Folge steigt die Fehlerquote, die kritische Distanz sinkt. Damit sind gerade Krisenjournalisten wegen gravierender struktureller Widrigkeiten innerhalb des Journalismussystems unterschiedlichen Einflussfaktoren ausgesetzt:[29]

1. Insbesondere bei der *Nachrichtenauswahl und -gewichtung* existieren immanente Dilemmata, etwa Platzmangel und Zeitdruck, wobei der jeweilige Problemgrad von Medium und Genre abhängig ist. Zudem spielen Berichterstattungsphasen und Themenkarrieren eine Rolle.

2. Weiterhin bedingen *Organisationsstrukturen und Routinen* die journalistische Berichterstattung, beispielsweise die Hierarchien der jeweiligen Medienunternehmen, Arbeitsabläufe in den Redaktionen sowie Sendeformate und Berichterstattungsmuster.

3. Journalisten sind zudem in ein normatives Netz aus *Vorgaben und Richtlinien* eingebunden, zu denen die Gesetzgebung der Bundesrepublik (oder anderer Länder) genauso gehört wie Kodizes der Branche bzw. Reglements des Medienunternehmens.

4. Schließlich sind *ökonomische und technologische Determinanten* wesentliche Einflussfaktoren. Medienunternehmen, aber auch einzelne Journalisten müssen knappe Ressourcen wirtschaftlich einsetzen, um sich am Markt zu behaupten. Zusätzlich bedingt die technologische Entwicklung Form, Umfang und Geschwindigkeit der journalistischen Berichterstattung.

---

28 So verkaufte sich die *Spiegel*-Ausgabe »Der Terror-Angriff. Krieg im 21. Jahrhundert« vom 15. September 2001 (Ausg. 38/2001) mit 1.446.325 Exemplaren so oft wie keine andere zuvor. Internet-Ressource: http://www.spiegelgruppe.de/spiegelgruppe/home.nsf/Navigation/C226 C5F6118D70E0C12573F700562F49?OpenDocument. Vgl. SIMON, ULRIKE (2002): *Spiegel* schlägt *Stern*. In: *Der Tagesspiegel* vom 12. Januar 2002, S. 27.

29 Aufbauend auf: BLÄSI, BURKHARD (2006): *Keine Zeit, kein Geld, kein Interesse...? Konstruktive Konfliktberichterstattung zwischen Anspruch und medialer Wirklichkeit.* Berlin, S. 56.

2.1.3   Zeitmangel und Berichterstattungsphasen

Systemimmanente Dilemmata kommen bereits bei der Nachrichtenauswahl zum Tragen, die mitunter als stark subjektiv, ethnozentrisch und sogar zynisch beschrieben wird.[30] Im Nachrichtenjournalismus sind Zeit und Platz grundsätzlich begrenzt, dies gilt in besonderem Maße bei Krisen. Aufgrund des Aktualitätsdrucks fehlt den Journalisten vor Ort die Zeit für ausführliche Eigenrecherchen, obwohl Hintergrundberichte häufig explizit von Chefredaktion und Zuschauern gewünscht werden. Berichte müssen zudem teilweise ohne abschließende Korrektur abgesetzt werden und auch eine distanzierte Reflexion der eigenen Tätigkeit ist in Krisengebieten nahezu unmöglich.[31]

In den Redaktionen führen Zeit- und Platzmangel oft zu Verkürzungen in der Berichterstattung, das heißt: Konflikte werden vereinfacht dargestellt, wobei der Fokus auf bestimmten Ereignissen liegt, während Kontext und Hintergrundinformationen vernachlässigt werden. Sind Hintergründe ein Thema, dann vor allem zu Beginn eines Konflikts. Dementsprechend besteht mit zunehmender Dauer der Berichterstattung die Gefahr, dass immer weniger Analysen und Einordnungen vorgenommen werden[32] und stattdessen Techniken der Personalisierung und Stereotypisierung, etwa unter Verwendung von Gut-Böse-Schemata, zum Einsatz kommen. Letzteres konnte in Studien insbesondere bei Medien nachgewiesen werden, deren Heimatländer am jeweiligen Konflikt beteiligt waren. Diese neigten dazu, das Engagement des eigenen Landes eher positiv darzustellen. Ein Grund könnte darin liegen, dass diese Medien in besonderem Maße Kontakte zu offiziellen Stellen ›ihrer‹ Regierungen pflegen und Stellungnahmen unkritisch übernehmen.[33] Des Weiteren kommen in der Krisenberichterstattung aus Gründen der Komplexitätsreduktion umstrittene

30 Vgl. LECLERCQ, PATRICK (2008): Fernsehstoff vom Feinsten. In: LÖFFELHOLZ, MARTIN /TRIPPE, CHRISTIAN F./HOFFMANN, ANDREA C. (Hrsg.): Kriegs und Krisenberichterstattung. Ein Handbuch. Konstanz, S. 235–236.

30 Vgl. BLÄSI, BURKHARD (2006): Keine Zeit, kein Geld, kein Interesse...? Konstruktive Konfliktberichterstattung zwischen Anspruch und medialer Wirklichkeit. Berlin, S. 62.

32 Ebd.: S. 60.

33 Vgl. LÖFFELHOLZ, MARTIN (2004): Krisen- und Kriegskommunikation als Forschungsfeld. In: Ders. (Hrsg.): Krieg als Medienereignis II. Krisenkommunikation im 21. Jahrhundert. Wiesbaden, S. 35.

JOURNALISMUS IM AUSNAHMEZUSTAND:
LITERATUR UND AKTUELLER FORSCHUNGSSTAND

Stilmittel wie Emotionalisierung und Sensationsmache zur Geltung, vor allem dann, wenn eine gewisse Ahnungslosigkeit überdeckt werden soll.[34] Die Krisenkommunikation unterliegt außerdem besonderen Gewichtungen und Phasen. So wird bei entsprechenden Krisenereignissen in den Medien oft zunächst ein (Zusammen-)Bruch der Mediennormalität suggeriert, um anschließend in gewohnte Berichterstattungsmuster zurückzufallen. Dabei nimmt auch die Intensität der Berichterstattung wieder stark ab, so geschehen etwa zu Beginn des Irak-Kriegs im Frühjahr 2003.[35] Medien üben bei der Krisenberichterstattung damit auch eine Habitualisierungs- und Ritualisierungsfunktion aus. Diese Abläufe sind in einem kommunikationswissenschaftlichen Phasenmodell beschrieben worden: Medienereignisse vom Typ Krise können als Ablauf von mehreren ineinandergreifenden Berichterstattungsphasen verstanden werden, in denen sich jeweils formal-ästhetische und publizistische Eigenschaften voneinander unterscheiden lassen – von der Live-Übertragung bis zur rituellen Gedenkberichterstattung.[36]

2.1.4 Redaktionelle Strukturen und Routinen

Besondere Probleme für die einzelnen Krisenjournalisten bringen zudem die speziellen Organisationsformen, Strukturen und Routinen des journalistischen Systems mit sich. Befindet sich ein Reporter im Krisengebiet, ist die Kooperation mit der Heimatredaktion von großer Bedeutung. Dieses essenzielle Verhältnis ist allerdings aufgrund der äußerst unterschiedlichen Arbeitssituationen anfällig für Missverständnisse.[37] So etwa im Hinblick auf die in der Heimatredaktion vorgenommene Gewichtung von Nachrichten: Wird über eine Krise nur zweitrangig berichtet, kann dies beim

---

34 Vgl. HAFEZ, KAI (2002): *Die politische Dimension der Auslandsberichterstattung. Band 2: Das Nahost- und Islambild der deutschen überregionalen Presse*. Baden-Baden, S. 207.

35 LÖFFELHOLZ, MARTIN (2008): Hintergründe ausgeblendet. In: LÖFFELHOLZ, MARTIN/TRIPPE, CHRISTIAN F./HOFFMANN, ANDREA C. (Hrsg.): *Kriegs- und Krisenberichterstattung. Ein Handbuch.* Konstanz, S. 236–239.

36 WEICHERT, STEPHAN A. (2006): *Die Krise als Medienereignis. Über den 11. September im deutschen Fernsehen.* Köln, S. 256. Vgl. zum Phasenzyklus ritualisierter Krisenereignisse auch: WEICHERT, STEPHAN ALEXANDER (2003): Von der Live-Katastrophe zum Mediendenkmal: Das mediatisierte Krisenereignis 11. September. In: BEUTHNER, MICHAEL/BUTTLER, JOACHIM/FRÖHLICH, SANDRA/NEVERLA, IRENE/WEICHERT, STEPHAN ALEXANDER (Hrsg.): *Bilder des Terrors – Terror der Bilder? Krisenberichterstattung am und nach dem 11. September.* Köln, S. 74–102.

37 RÜB, MATTHIAS: (2008) Unausgesprochenes Nichtverstehen. In: LÖFFELHOLZ, MARTIN/TRIPPE, CHRISTIAN F./HOFFMANN, ANDREA C. (Hrsg.): *Kriegs- und Krisenberichterstattung. Ein Handbuch.* Konstanz, S. 164–167.

Reporter vor Ort angesichts dessen drastischer Erlebnisse Unverständnis hervorrufen.[38] Das gilt auch für fehlendes Verständnis vonseiten der Kollegen in der Heimatredaktion für Unzulänglichkeiten der Infrastruktur im Krisengebiet. Da beide Seiten jeweils nur Ausschnitte des Geschehens wahrnehmen können, die sich zudem stark voneinander unterscheiden, ist der – nicht selten stark beeinträchtigte – Informationsaustausch essenziell. Journalisten stehen weiterhin häufig unter dem Druck, sich nach speziellen Routinen der Berichterstattung zu richten. So können etwa Live-Schaltungen in die Hauptnachrichtensendungen oder der Redaktionsschluss im Heimatland den Tagesablauf strukturieren. Dies kann durchaus zu gefährlichen Situationen führen, wenn Programmregularien ein Vorrang vor Sicherheitsaspekten eingeräumt wird.

Mit Blick auf die Redaktionsorganisation empfehlen Experten, die übliche Struktur im Krisenfall nicht für längere Zeit außer Kraft zu setzen und die Fachhoheit eines Ressorts zu schnell zu klären.[39] So kann unter anderem dafür gesorgt werden, dass der Reporter vor Ort in stabile Strukturen eingebunden ist. Außerdem wird so verhindert, dass er aus verschiedenen Ressorts unterschiedliche Wasserstandsmeldungen erhält. Für die Heimatredaktion ist der Reporter in der Regel nicht die einzige verfügbare Quelle, sodass die Bewertung, Prüfung und Einordnung der Informationen dort erfolgt.

Teilweise ergeben sich auch Probleme aus übermäßiger Bürokratie beim Medienunternehmen. Lange Entscheidungswege können eine schnelle Reaktion auf eine sich abzeichnende Krise erschweren. So wird beispielsweise das Fehlen eines zentralen Krisencenters bei der ARD bemängelt, das Kompetenzstreitigkeiten innerhalb des Senderverbunds abmildern würde.[40] Anders als beim ZDF, wo im ›Krisenreaktionsraum‹ die Berichterstattung des Senders zentral koordiniert wird, kommt es zwischen den ARD-Anstalten im Krisenfall schnell zu Konkurrenzsituationen. Auf die Einhaltung der Berichtsgebiete wird bei den Landesrundfunkanstalten

---

38 STOTHMANN, LUISE/HERRENBRÖCK, JULIA (2010): Der Stachel des Erlebten. In: *die tageszeitung* vom 19. Februar 2010, S. 27.

39 Vgl. KORNELIUS, STEFAN (2008): Den Nebel lichten. In: LÖFFELHOLZ, MARTIN/TRIPPE, CHRISTIAN F./HOFFMANN, ANDREA C. (Hrsg.): *Kriegs- und Krisenberichterstattung. Ein Handbuch.* Konstanz, S. 159 –163.

40 Vgl. FRÖHDER, CHRISTOPH MARIA (2003): *Ein Bild vom Krieg. Meine Tage in Bagdad.* Hamburg, S. 16.

genau geachtet, selbst wenn dies aus Sicht der Journalisten kaum nachvollziehbar ist.[41]

2.1.5 Konkurrenz, Kostendruck und Beschleunigung

Der Krisenjournalismus hat mit einer Reihe von Entwicklungen zu kämpfen, die eine qualitativ hochwertige Berichterstattung erschweren. Der Konkurrenzdruck zwischen Medienunternehmen erzeugt die scheinbare Notwendigkeit, in Echtzeit von einer Krise zu berichten. Technisch ist dies seit vielen Jahren per Satellitenübertragung möglich. Seit Kurzem sind Kameras, Schnitt- und Übertragungstechnik zudem mobil und so leicht zu bedienen, dass im Prinzip von überall schnell berichtet werden kann. In letzter Konsequenz kann ein Interview oder ein Kommentar sogar per Handykamera aufgezeichnet und anschließend übermittelt werden.[42] Die technischen Möglichkeiten allein garantieren jedoch nicht automatisch auch qualitativ hochwertige Inhalte. Kritiker bemängeln eine Verselbstständigung der Technik, beispielsweise träten Live-Schaltungen zu entlegenen Orten an die Stelle von Recherche und Analyse.[43] »Die weit verbreitete Ansicht, eine immer schnellere Berichterstattung sei gleichbedeutend mit einer immer umfassenderen und besseren Unterrichtung der Öffentlichkeit, ist ein Irrglaube und die Behauptung, wir lebten in einer Informationsgesellschaft, lediglich ein Ausdruck kollektiver Selbsttäuschung,«[44] sagt Bettina Gaus, die jahrelang aus Afrika über Krisen berichtet hat.

Hinzu kommt ein immer stärker werdender Kostendruck vonseiten des Managements, besonders seit die Gewinne vieler Medienunternehmen stark geschrumpft sind. Konkurrenz-, Zeit- und Kostendruck gehen Hand in Hand: Korrespondentenstellen werden weltweit abgebaut, so dass ein einziger Berichterstatter eine Vielzahl von Staaten abdecken muss. In Af-

---

41 So musste Anfang 2010 ein WDR-Journalist zunächst die Genehmigung des SWR einholen, um den Außenminister bei einer Reise weiter begleiten zu dürfen, nachdem dieser kurzfristig seine Route auf die arabische Halbinsel ausgedehnt hatte. Vgl. PÖRZGEN, GEMMA (2010): Die Welt im Blick: ARD-Auslandskorrespondenten. In: Aus Politik und Zeitgeschichte, 20/2010 vom 17. Mai 2010, S. 24.

42 Vgl. QUINN, STEPHEN (2009): MOJO – Mobile Journalism in the Asian Region; herausgegeben von: KONRAD-ADENAUER-STIFTUNG SINGAPUR, Internet-Ressource: http://www.kas.de/proj/home/pub/130/1/dokument_id-18599/index.html

43 Vgl. LEDER, DIETRICH: Kontrolleure der Kriegsführung, Zaungäste der Weltgeschichte? In: CIPPITELLI, CLAUDIA/SCHWANEBECK, AXEL (Hrsg.) (2003): Nur Krisen, Kriege, Katastrophen? Auslandsberichterstattung im deutschen Fernsehen. Dokumentation der 21. Tutzinger Medientage. München, S. 108.

44 Vgl. GAUS, BETTINA (2004): Frontberichte. Die Macht der Medien in Zeiten des Krieges. Frankfurt/M., S. 46.

rika beispielsweise arbeiteten 2006 gerade einmal 28 Korrespondenten für deutsche Medienhäuser.[45] Die *Frankfurter Allgemeine Zeitung* hat ihr Korrespondentenbüro in Belgrad geschlossen und lässt den Balkan von Istanbul aus beobachten.[46] Im Falle von Krisen wird dann vor dem Hintergrund eines ausgedünnten Korrespondentennetzes entsprechend häufiger auf freie Journalisten oder Agenturmeldungen zurückgegriffen, wobei gerade letztere offizielle Angaben zu Opfern, Versorgung oder Flüchtlingsstatistiken oft ungeprüft melden.[47] Diese Problematik dürfte sich verschärfen, wenn weitere Medienunternehmen ihre festen Korrespondentenstellen abbauen. Kritik richtet sich ebenfalls an Fernsehplaner, die eher auf die Quote als auf die Würde von Kriegsopfern achten und mit Blick auf Werbekunden das journalistische Berufsethos ignorieren.[48]

2.1.6 Normative Vorgaben und professionelle Probleme

Bei ihrer Berichterstattung sind Krisenjournalisten in ein Netz aus Normen, Regeln und Richtlinien eingebunden. Prämissen ergeben sich in erster Linie aus dem Medienrecht, das ergänzt wird durch berufsethische Kodizes, wie sie etwa der Deutsche Presserat formuliert hat. Eben weil in der Berufspraxis die Frage so virulent erscheint, wie Medien über spontane Krisen berichten, wie Redaktionen und Krisenjournalisten in solchen Situationen überhaupt reagieren, braucht es Leitlinien, um die Entstehung von Handlungsmustern nicht der Beliebigkeit zu überlassen. Auch mit Blick auf unsere Studie erscheint vor allem die Eigendynamik als interessant, die die Berichterstattung über Krisenereignisse entfaltet, und die von mindestens *zehn professionellen Problemen* geprägt ist:[49]

1. von der *Plötzlichkeit*, mit der Krisen über Redaktionen hereinbrechen und die oftmals (technische) Pannen, Sendeunterbrechungen, Fehleinschätzungen und redaktionelle Kurzschlusshandlungen

---

45 Vgl. MÜKKE, LUTZ (2009): Allein auf weiter Flur: Korrespondenten in Afrika. In: *Aus Politik und Zeitgeschichte*, 34-35/2009 vom 17. August 2009, S. 39.

46 Vgl. PÖRZGEN, GEMMA (2010): Die Welt im Blick: ARD-Auslandskorrespondenten. In: *Aus Politik und Zeitgeschichte* 20/2010, 17. Mai 2010, S. 24.

47 BICKEL, MARKUS (2008): Krisenberichterstattung im Ausland – der Krieg schärft die Sinne; in: HAHN, OLIVER/LÖNNENDONKER, JULIA/SCHRÖDER, ROLAND (Hrsg.): Deutsche Auslandskorrespondenten. Ein Handbuch. Konstanz, S. 120.

48 Vgl. FRÖHDER, CHRISTOPH MARIA (2003): *Ein Bild vom Krieg. Meine Tage in Bagdad*. Hamburg, S. 70f.

49 WEICHERT, STEPHAN A. (2006): *Die Krise als Medienereignis. Über den 11. September im deutschen Fernsehen*. Köln, S. 384f.

(z. B. Bilder kommentarlos ›laufen lassen‹, Problem ›Praktikanten-Aufsager‹) nach sich zieht,

2. vom atemlosen *Nachrichtentempo*, das dem Anspruch der Redaktionen geschuldet ist, als Erster und mit möglichst exklusiven, aber teilweise unreflektierten (und unbestätigten) Meldungen auf Sendung gehen zu wollen,

3. vom *Visualisierungszwang*, der gelegentlich unkommentierte Bilderschleifen der Gewalt und des Terrors verschuldet und eine tendenziell voyeuristische Gesamtästhetisierung des Krisenereignisses (Trailer, Logos, Collagen, Split-Screens, Grafiken etc.) vermittelt,

4. von einer latenten *Erwartungshaltung* der Journalisten gegenüber dem, was wohl als Nächstes passieren wird (»Man muss mit dem Schlimmsten rechnen«, »Wer weiß, was heute noch alles passiert«),

5. von einem Zwang zur *Dauerberichterstattung*, die für das Krisenereignis geschaffenen Sendeplätze kontinuierlich zu bespielen und eingerichtete Berichterstattungsfenster auszufüllen (z. B. bei Extra-Ausgaben von Talkshows oder Sondernachrichtensendungen wie dem ARD-*Brennpunkt*),

6. von einer *Dramatik des Gezeigten*, die durch reißerische Metaphern (»Apokalypse«, »Armageddon«), emotionale Sprachformeln (»Super-GAU«, »Horrorszenario«, »Schlachtfeld«) und rhetorische Vergleiche (»Kriegssituation«, »wie im Katastrophenfilm«, »wie nach einer Vulkanexplosion«) von Moderatoren oder Experten noch verstärkt wird,

7. von der *Gefahr eines exzessiven Expertentums*, das Geschehen von Korrespondenten, Wissenschaftlern, Prominenten und anderen sogenannten ›Experten‹ (vor)schnell deuten zu lassen, ohne dass neue Erkenntnisse gewonnen werden, und dadurch ins Normative oder Spekulative abzugleiten,

8. vom *Dilemma eines ständigen Anpassungsdrucks*, das Krisenereignis auch in den regulären Sendeformaten schwerpunktmäßig zu thematisieren, was häufig zu holzschnittartigen, stark personalisierten (z. B. in Boulevardmagazinen) und teilweise inkompetenten Darstellungen des Geschehens führt (z. B. in Talkrunden mit prominenten Sportlern oder Schauspielern),

9. von *nervösen Ansteckungseffekten*, gerade in Momenten der Unsicherheit die vorherrschenden Ereignisinterpretation von Leitmedien (›CNN-Effekt‹) oder Politikern (z. B. »Krieg gegen die zivilisierte

Welt«) ungefiltert zu übernehmen und keine abweichenden Einschätzungen oder Einzelmeinungen vorkommen zu lassen (Stichwort: Verschwörungstheorien),

10. von der *Notwendigkeit zur gezielten Aufmerksamkeitserzeugung*, um dem
rasch abflauenden Publikumsinteresse vorzubeugen, sobald ›nichts
Neues‹ mehr berichtet werden kann oder (vorläufig) kein ›frisches‹
Bildmaterial aus den Krisengebieten mehr verfügbar ist.

Zumindest für Deutschland bleibt die Frage offen, nach welchen Richtlinien Journalisten unter diesen erschwerten Bedingungen über Krisen
berichten sollen. Nervöse Nachrichtenlaufbänder, ausgeklügelte Notfall-
szenarien für Live-Schalten und lange Expertenlisten, um bei plötzlichen
Krisen ›auf Zack‹ zu sein, stellen lediglich kosmetische Maßnahmen dar.
Um die Zahl der handwerklichen Fehler in Krisensituationen zu minimieren, empfehlen sich – auch im Hinblick auf die u. g. empirischen Ergebnisse
unserer Studie – konkrete editorische Richtlinien, wie sie beispielsweise
die BBC bereits vor einigen Jahren aufgestellt und für Krisen- und Terror-
ereignisse spezifiziert hat. Während in Deutschland solche Möglichkeiten
regulierter Selbstregulierung in vielen Redaktionen meist unausgesprochen
bleiben oder bestenfalls intern und dann auch nur im Extremfall – wenn
es zu spät ist – diskutiert werden, hat die BBC vor einigen Jahren teils ob-
ligatorische, teils freiwillige Leitlinien (*Editorial Guidelines*; vgl. Kap. 2.5.3.)
verabschiedet, die Auslandskorrespondenten, Reportern und Redakteuren
unter anderem in Krisensituationen praktische Hilfestellung geben können.

So gelten für die Terror- und Krisenkommunikation insbesondere seit
dem Bombenattentat in London im Juli 2005 detaillierte *Guidelines*, die
Vorverurteilungen bei unsauberem Sprachgebrauch (›Terrorist‹, ›Terror‹)
vermeiden helfen sollen, die Journalisten anhalten, möglichst nicht mit
den Emotionen ihrer Zuschauer, etwa durch reißerische Darstellungen
oder übertriebene Wortwahl, zu spielen, und die zudem Handwerksregeln
für Krisenszenarien wie Geiselnahmen, Kidnappings und Erpressungen
durchspielen, beispielsweise, wenn TV-Sendern Terrorvideos zugespielt
oder Interviews mit Terroristen und Kriminellen eingefädelt werden. Auch
organisierte Ereignisse (*staged events*), die auf einen terroristischen Hintergrund schließen lassen, werden in den Richtlinien präventiv berücksichtigt, indem redaktionell Verantwortliche über geplante Ereignisse
von verbotenen Organisationen oder Gruppen mit terroristischer Vergangenheit unverzüglich in Kenntnis gesetzt werden müssen: So müssen
BBC-Mitarbeiter beispielsweise bei Regierung und Geheimdiensten ›Mel-

dung machen‹, wenn sie Kontakt zu Kriminellen aufnehmen. Über einen solchen ›vorauseilenden Gehorsam‹ lässt sich natürlich unter dem Aspekt der Pressefreiheit trefflich streiten, gerade im Zusammenhang mit weichen Zensurmaßnahmen. Was hier aber zählt ist der Versuch, den Spielarten des Aufmerksamkeitsterrorismus mit professionellen Einsichten für das Berufsethos wirksam zu begegnen.

Des Weiteren heißt es:»We should respect human dignity without sanitising the realities of war.«[50] Normative Vorgaben über den Charakter der Krisenberichterstattung werden in einem Punkt besonders deutlich: bei der Bewertung von Grausamkeiten zeigenden Bildern. Die Anweisung der BBC lautet hier lapidar:»There must be clear editorial justification or the use of very graphic pictures of war or atrocity.«[51] In der Praxis ergeben sich jedoch schnell Diskussionen zwischen Reporter und Redaktion darüber, ob bestimmte Bilder dem Zuschauer zugemutet werden dürfen. Letzten Endes liegt es in der Verantwortung des Chefredakteurs, einen Beitrag zu publizieren oder nicht. Grundsätzlich muss auch zwischen dem Persönlichkeitsrecht der abgebildeten Person und dem öffentlichen Interesse an zeitgeschichtlich relevanten Bildern abgewogen werden. Möglicherweise kann dem Persönlichkeitsrecht durch Verpixelung Rechnung getragen werden.[52] Allgemein gilt: Bilder nehmen eine zentrale Stellung bei der Krisenberichterstattung ein, weil sie dem Publikum eine große Nähe zum Geschehen suggerieren. Schwierigkeiten ergeben sich daraus, dass sie eine äußert defizitäre Informationsquelle darstellen, obwohl sie den Mediennutzern eine scheinbar umfassende Informiertheit bieten.

Ein weiteres Problem kann im Fehlen von Bildern bestehen. So wies der Bürgerkrieg im Kongo die höchste Sterblichkeitsrate aller Konflikte seit dem Zweiten Weltkrieg auf. In den Medien hat er jedoch kaum stattgefunden – hauptsächlich wegen logistischer Probleme im schwer zugänglichen Krisengebiet.[53] Besonders heikel erscheint auch die Berichterstattung über terroristische Gewaltakte, deren Kommunikationsstrategien im Kern meist per se auf die Mediensystemlogik abzielen: Bei Terroranschlägen wird es

---

50 BBC (o. J.): *Editorial principles & coverage of conflict.* Internet-Ressource: http://www.bbc.co.uk/
    guidelines/editorialguidelines/edguide/war/editorialprinci.shtml
51 Ebd.
52 Vgl. SEEHAUS, CHRISTINE (2007): Terrorismus in Bildern – die Grenzen des rechtlich Zulässi-
    gen. In: GLAAB, SONJA (Hrsg.): *Medien und Terrorismus. Auf den Spuren einer symbiotischen Beziehung.*
    Berlin, S. 120.
53 Vgl. GAUS, BETTINA (2004): *Frontberichte. Die Macht der Medien in Zeiten des Krieges.* Frankfurt/M.,
    S. 149f.

äußerst schwierig, die von den Zuschauern erwartete Orientierungsleistung zu erbringen, deren Bedeutung zugenommen hat, seit eine direkte und multimediale Kommunikation von Terrorbotschaften über das Internet möglich ist (vgl. Kap. 2.4.).

2.2 Berufsbild und Tätigkeitsprofil des Krisenjournalisten

2.2.1 Rollen, Motive und Karrieren

Zu den Besonderheiten im Krisenjournalismus gehört, dass während der Berichterstattung viele Produktionsbereiche in hoher Perfektion und Professionalität zusammenwirken müssen – und das bei einem außerordentlichen Maß an Spontaneität. Im Zentrum befindet sich jedoch stets der Journalist, der als Zeuge vor Ort Bilder, Videos, O-Töne und Eindrücke einsammelt, um sie zu vertiefen, zu bündeln und zu beurteilen. Krisenschauplätze verlangen Journalisten besonders hohe Anforderungen und Qualifikationen ab: Körperliche Belastbarkeit und seelisches Gleichgewicht, soziale Empathie und kulturelle Toleranz, taktisches Gespür und ein gutes Reaktionsvermögen sind nur einige der unzähligen Eigenschaften, die den Erfolg – mitunter auch das nackte Überleben – von Krisenreportern ausmachen. Vor allem ihr Instinkt und ihr Durchhaltevermögen haben die Hardliner unter den Reportern zu Weltendeutern und prominenten Aushängeschildern ihrer Redaktionen gemacht. Nicht minder sind sie dort begehrte Ansprechpartner, die den Redaktionskollegen gelegentlich von ihren Abenteuern und Heldentaten berichten.

Das Bild, wie Krisenreporter öffentlich wahrgenommen werden, unterscheidet sich jedoch gravierend von dem, was in den Krisenregionen und in den Krisenreportern selbst tatsächlich vor sich geht: Dort zählt nicht das Draufgängertum, sondern gute Kontakte zu Einheimischen und die Zusammenarbeit mit lokalen Journalisten und Helfern, sogenannten *Stringern* oder *Fixern*. Waffenkenntnisse sind meist weniger gefragt als Sprachkenntnisse und das Wissen kultureller Gepflogenheiten und ein robuster Magen sind nicht weniger überlebenswichtig als eine schusssichere Weste oder ein Stahlhelm. Es gibt wohl kaum ein journalistisches Tätigkeitsfeld, das so sehr zum Mythos verklärt ist, wo Vorurteile und Realität derart auseinanderklaffen wie beim Krisenjournalismus. Die Meinungen gehen schon in der Berufsbezeichnung auseinander: Christoph Maria Fröhder, viele Jahre ARD-Auslandskorrespondent, versteht sich als Krisenreporter in Abgrenzung zum Kriegsjournalisten, der »allein vom Pulverdampf angezogen wird.«[54] Sein Kollege Heinz Metlitzky, Jahrgang 1927, sieht das ähnlich, betont aber: »Man kann, und es steht jedem frei, mich [Krisenjournalist] zu nennen, aber ich habe nicht nur von Krisen berichtet. [...] Mir war es immer wichtig aufzuzeichnen, warum etwas geschehen wird und warum etwas geschehen ist.«[55]

Wie die genaue Berufsbezeichnung für jeden Einzelnen auch lauten mag: Grob lassen sich Journalisten, die aus Krisenregionen berichten, in zwei Typen einteilen. Da ist zum einen der klassische *Auslandskorrespondent*, der oft über viele Jahre aus einer bestimmten Weltregion berichtet, im Krisenfall vor Ort bleibt und auf gute Landeskenntnisse und persönliche Netzwerke zurückgreift. So war der Journalist Ulrich Tilgner bereits jahrelang vor Ausbruch des Irak-Kriegs 2003 im Nahen Osten und speziell in Bagdad tätig. Während des Krieges hatte er vielfältige Kontakte, die er insbesondere auch nach Ende der militärischen Auseinandersetzungen nutzte, um offene Fragen zu klären und die Krisensituationen nachhaltig zu analysieren.[56] Zum anderen gibt es den spezialisierten Journalisten, der Krisenregionen aufsucht und (im besten Fall) bereits Erfahrungen in der Berichterstattung unter extremen oder gefährlichen Arbeitsbedingungen gemacht hat. Erfahrene Auslandskorrespondenten kritisieren diese – häufig jüngeren – Kollegen bisweilen als *Parachute Journalists* (dt. *Fallschirm-Journalisten*) oder *Krisen-Hopper*, weil diese insgesamt stärker dazu neigten, Konflikte eher punktuell und situationsbedingt, auch oberflächlicher zu betrachten und sensationslüsterner zu berichten. Darüber hinaus seien sie in den Krisenregionen wegen mangelnder Orts- und Kulturkenntnisse mehr auf die einheimischen ›Stringer‹ und ›Fixer‹ angewiesen, was ihre Berichterstattung generell anfällig für eine Einflussnahme durch die beteiligten Konfliktparteien mache.[57]

Als gemeinsame Bausteine des Aufgabenspektrums aller Krisenjournalisten werden jedoch das Berichterstatten, das Erklären und das Kommentieren aus Krisengebieten genannt. Diese Elemente bilden den Kern

---

54 FRÖHDER, CHRISTOPH MARIA (2003): *Ein Bild vom Krieg. Meine Tage in Bagdad*. Hamburg, S. 9.
55 TABELING, JUTTA (2007): Fliegende Kugeln kann man nicht filmen, Gespräch mit Heinz Metlitzky. In: *Frankfurter Allgemeine Zeitung* vom 25. September 2007, S. 40.
56 TILGNER, ULRICH (2003): *Der inszenierte Krieg. Täuschung und Wahrheit beim Sturz Saddam Husseins*. Berlin.
57 Vgl. BILKE, NADINE (2008): *Qualität in der Krisen- und Kriegsberichterstattung. Ein Modell für einen konfliktsensitiven Journalismus*. Wiesbaden, S. 159.

des gängigen Rollenselbstverständnisses von Krisenjournalisten.[58] In neueren empirischen Studien wurde außerdem versucht, die Motivation von Krisenjournalisten für ihre Tätigkeit zu ergründen: Für einen Teil der Reporter stehen ethische Antriebsmotive im Vordergrund, die sich etwa in solchen Aussagen widerspiegeln, dass bei Konflikten die *Sicht der Opfer* gezeigt oder auf eine *Aussöhnung* hingewirkt werden solle. Ferner spielen auch die Argumente *Faszination* und *Herausforderung* eine Rolle. Mitunter ist auch die eigene *Karriere* ein wichtiger Aspekt, weil die Berichterstattung aus Krisenregionen als Sprungbrett und Türöffner gilt.[59]

Im Laufe ihrer recht unterschiedlichen professionellen Laufbahnen werden Krisenjournalisten automatisch mit vielfältigen Grenzerfahrungen, Repressionen und Provokationen konfrontiert, die sich von denen ihrer Kollegen in den Heimatredaktionen ganz wesentlich unterscheiden – zumal sie sich qua Beruf in Krisengebieten aufhalten, also ständig zugespitzten, gefährlichen Situationen mit hoher Unsicherheit und offenem Ausgang ausgesetzt sind. Trotzdem gibt es für ihre Tätigkeit keine grundständige journalistische Ausbildung. Aufbaustudiengänge, die auf den Beruf des Korrespondenten bzw. Krisenreporters vorbereiten, sucht man auch an Hochschulen und Journalistenschulen vergebens.[60] Nur vereinzelt werden Seminare oder Vorlesungsreihen angeboten, die meist von Praktikern konzipiert werden. Wie bei anderen Werdegängen auch spielt bei der Berufswahl des Krisenjournalisten aber offenbar der biografische Zufall eine Hauptrolle.

2.2.2 Vorbereitung, Logistik und Ausbildung

»Manchmal scheitert die Berichterstattung schon daran, dass Pässe von Kollegen weniger als drei Monate gültig sind. Daran, dass nicht ausreichend Geld mitgenommen wird bzw. nicht die richtige Leitwährung der Region«, schreibt der ehemalige ARD-Korrespondent Peter Miroschnikoff.[61] Eine gründ-

58 Vgl. BLÄSI, BURKHARD (2006): *Keine Zeit, kein Geld, kein Interesse…? Konstruktive Konfliktberichterstattung zwischen Anspruch und medialer Wirklichkeit.* Berlin, S. 108.
59 Vgl. BILKE, NADINE (2008): *Qualität in der Krisen- und Kriegsberichterstattung. Ein Modell für einen konfliktsensitiven Journalismus.* Wiesbaden, S. 158.
60 Vgl. WAGNER, MARTIN (2008): Vorbereitung auf den Beruf des Auslandskorrespondenten. In: HAHN, OLIVER/LÖNNENDONKER, JULIA/SCHRÖDER, ROLAND (Hrsg.): *Deutsche Auslandskorrespondenten. Ein Handbuch.* Konstanz, S. 123.
61 MIROSCHNIKOFF, PETER (2001): Die beste Lebensversicherung ist Teamwork. In: DEUTSCHE WELLE (Hrsg.):»*Sag die Wahrheit, die bringen uns um!« Zur Rolle der Medien in Krisen und Kriegen.* DW-Schriftenreihe Bd. 3. Berlin, S. 43.

liche Vorbereitung auf einen Einsatz in Krisengebieten ist absolut notwendig. Dies gilt nicht nur hinsichtlich der Hintergrundinformationen über die Region und über die aktuelle Lage, sondern auch und insbesondere für Ausstattung und Technik. Nicht zuletzt ist die Vorbereitung auf eventuelle extreme Situationen essenziell. Praktisch bedeutet dies: Journalisten müssen nicht nur geschult, sondern auch ausgestattet sein – vom Reisedokument bis zum Steckdosenadapter, vom Weltempfänger bis zur Notfallapotheke. Häufig übernehmen spezielle Abteilungen im Medienunternehmen die Vorbereitung, wobei sich feststellen lässt: »Je komplexer das Medium, desto aufwendiger die Logistik.«[62] Unbedingt geprüft werden müssen zunächst Fragen nach Versicherungsschutz, allgemeiner Gesundheit und notwendigen Impfungen. Weiterhin ist eine gute Kommunikations- und Technikplanung unerlässlich. Es muss geklärt werden, über welche Kanäle die Berichte abgesetzt werden können: Existiert ein funktionsfähiges Handynetz? Wird eine Sprechfunkanlage benötigt? Oder braucht man ein Satellitentelefon? Jörg-Hendrik Brase, derzeit Leiter des ZDF-Studios in Nairobi, schreibt über die Situation vor Ort: »Die nervliche Belastung aller Beteiligten ist enorm, und wenn dann im entscheidenden Moment die Technik versagt [...], dann liegen oft die Nerven blank.«[63] Neben der Logistikplanung muss auch die inhaltliche Vorbereitung auf den Aufenthalt gewissenhaft sein. So sollten

1. die *kulturellen und wirtschaftlichen Verhältnisse* berücksichtigt werden (etwa Verhaltensregeln in der Öffentlichkeit, Sprachen und Lohnniveau),

2. intensive *Informationen über die Krisenregion* eingeholt werden (Wie stellt sich die Situation an den Grenzen dar? Wo verläuft die Front? Wie ist der Zustand der Infrastruktur?),

3. *Propagandamaterialien* beider Seiten studiert werden, um die Wortwahl von Gesprächspartnern interpretieren zu können[64] und nicht zuletzt

4. die *klimatischen Bedingungen* abgeschätzt werden.[65]

Die Entscheidung über eine Entsendung von Journalisten in ein Krisengebiet oder ihren Abzug muss die Chefredaktion treffen. Wird das Risiko für

---

62 BRASE, JÖRG (2008): Gute Vorbereitung ist (fast) alles. In: LÖFFELHOLZ, MARTIN/TRIPPE, CHRISTIAN F./HOFFMANN, ANDREA C. (Hrsg.): *Kriegs- und Krisenberichterstattung. Ein Handbuch.* Konstanz, S. 42.
63 Ebd.: S. 43.
64 KLUSSMANN, UWE (2008): Vorurteile helfen nicht. In: LÖFFELHOLZ, MARTIN/TRIPPE, CHRISTIAN F./HOFFMANN, ANDREA C. (Hrsg.): *Kriegs- und Krisenberichterstattung. Ein Handbuch.* Konstanz, S. 108ff.
65 Vgl. BRASE, JÖRG (2008): Gute Vorbereitung ist (fast) alles. In: LÖFFELHOLZ, MARTIN/TRIPPE, CHRISTIAN F./HOFFMANN, ANDREA C. (Hrsg.): *Kriegs- und Krisenberichterstattung. Ein Handbuch.* Konstanz, S. 43.

die eigenen Journalisten als zu groß eingeschätzt, besteht die Möglichkeit, auf freie Berichterstatter zurückzugreifen. Ein solches Vorgehen ist allerdings umstritten. Der ehemalige Krisenberichterstatter Peter Limbourg (N24) etwa lehnt es als »bigott« ab. Generell stellt er darüber hinaus fest, dass nicht jeder die charakterlichen Voraussetzungen für eine Tätigkeit als Krisenreporter mitbringt: »Lawrence of Arabia-Darsteller und Bruce-Willis-Imitate sollen schön zu Hause bleiben.«[66]

Zur Vorbereitung von Kriegsreportern bietet die Bundeswehr im Ausbildungszentrum der Vereinten Nationen im fränkischen Hammelburg Übungsseminare an. Die Kurse unter dem Titel *Safety and Security – Schutz und Verhalten in Krisenregionen für Journalisten* finden an mehreren Terminen im Jahr statt. Bei den praxisorientierten Lehrgängen sollen die Teilnehmer keine passiven Beobachter bleiben, sondern werden in die Ausbildung eingebunden. Auf der Internetseite des Ausbildungszentrums[67] heißt es: »Die Seminarteilnehmer sollten für das Seminar wetterfeste, robuste Kleidung (inklusive Schuhwerk) mitführen, da der Großteil der Ausbildung im Gelände durchgeführt wird.« Für Journalisten des ZDF und der DEUTSCHEN WELLE ist die Teilnahme vor Abflug in eine Krisenregion obligatorisch.

Auch die europäische Rundfunkunion EBU[68] und verschiedene private Unternehmen[69] bieten ähnliche Lehrgänge an, in denen die Ausbildungsschwerpunkte allerdings variieren. Unter anderem werden Grundlagen vermittelt in Minen- und Waffenkunde, Waffenwirkungen, Gefahren durch ABC-Waffen und Erster Hilfe. Aber auch Verhaltenstrainings werden angeboten, etwa in Stressmanagement, in sicherheitsbewusstem Verhalten oder im Verhalten in Menschenmengen, an Checkpoints und bei Entführungen. Ebenso können Orientierungs- und Fahrtrainings auf dem Lehrplan stehen.[70]

66 LIMBOURG, PETER (2008): Viele fühlen sich berufen. In: LÖFFELHOLZ, MARTIN/TRIPPE, CHRISTIAN F./HOFFMANN, ANDREA C. (Hrsg.): *Kriegs- und Krisenberichterstattung. Ein Handbuch.* Konstanz, S. 172.
67 Internet-Ressource: http://www.vnausbzbw.de/Journalisten.html
68 Die EBU veranstaltet mehrmals im Jahr das sogenannte Hostile Environment Safety Training (HEST). Der viertägige Lehrgang wird unter anderem in München angeboten und kostet zwischen 3 200 Euro (EBU-Mitglieder) und 4 750 Euro (Nicht-Mitglieder); Internet-Ressource: http://www.ebu.ch/en/hr_training/training/journalism/index.php
69 Beispielsweise bietet das Unternehmen Command Risks Management den Kurs GAST KR II an, der sich unter anderem an Krisenjournalisten richtet. Auf der Webseite heißt es zum Inhalt: »Beziehung zwischen Militär und Medien, Waffen und ihre Wirkungen, Landminen, Orientierung, Behandlung von Frakturen und Blutungen, Prophylaxe, uvm.« Internet-Ressource: http://command-risks.com/
70 DUCHSCHERER, MATTHIAS/MERZ, KATJA: Generalprobe. Seminare für Krisenreporter – Überblick international. In: LÖFFELHOLZ, MARTIN/TRIPPE, CHRISTIAN F./HOFFMANN, ANDREA C. (Hrsg.): *Kriegs- und Krisenberichterstattung. Ein Handbuch.* Konstanz, S. 47ff.

Ursprünglich, so heißt es, sind die Kurse für Soldaten der Bundeswehr entwickelt worden, deren Aufgaben nach dem Ende des Kalten Krieges immer komplexer geworden sind. Der Journalist Horst Werner beschreibt die Übungen in einem Erfahrungsbericht:[71] Nach theoretischen Informationen wird im praktischen Teil zunächst trainiert, Gefechtssituationen zu analysieren und schnell Deckung zu finden. Teil der Seminare ist das Erkennen von arglistigen Fallen und das Bergen von Verletzten. Dann werden realitätsnah Situationen aus Krisengebieten simuliert, etwa Überfälle und Verhandlungssituationen unter vorgehaltener Waffe. Die Rollenspiele werden zusammen mit Journalisten entwickelt, die entsprechenden Situationen tatsächlich ausgesetzt waren. Werner resümiert das Ziel der Übungen:»Sich selbst bewusst zu werden, wie man in Krisensituationen reagiert, die Zeichen erkennen, die einem helfen, Gegner einzuschätzen, klaren Kopf bewahren und der Situation angemessen und vernünftig zu reagieren. Beherzigt man all das, ist die physische und psychische Überlebenschance deutlich höher.«[72]

2.2.3   Der Einsatz im Krisengebiet

Die Situation im Krisengebiet vor Ort stellt Journalisten vor Herausforderungen und Unwägbarkeiten, die sich im Vorhinein nicht abschließend kalkulieren lassen. Es versteht sich von selbst, dass jede Konfliktsituation eigene Merkmale aufweist und daher keine allgemeingültigen Verhaltensgrundsätze aufgestellt werden können. Wohl aber können bestimmte Erfahrungen und strukturelle Probleme verallgemeinert und analysiert werden. Grundsätzlich gilt: Die Möglichkeiten der Informationsbeschaffung in einer Krisenregion sind angesichts der Sicherheitsrisiken stark eingeschränkt und die journalistischen Arbeitsbedingungen sind kaum vergleichbar mit der Situation im Heimatland. Techniken der Beeinflussung und Informationsmanipulation wurden bereits beschrieben, die Herausforderungen beginnen jedoch bei viel grundlegenderen Fragen: Ein gutes Team, das aus Stringern oder Fixern, und weiteren Helfern wie Fahrern und Dolmetschern besteht, ist unabdingbar und sollte möglichst vor der Abreise aufgestellt sein. Ein solides Netzwerk aus Mitarbeitern und Informanten

---

71 Siehe: WERNER, HORST (2008): Wenn die Übung im Desaster endet. In: LÖFFELHOLZ, MARTIN/ TRIPPE, CHRISTIAN F./HOFFMANN, ANDREA C. (Hrsg.): *Kriegs- und Krisenberichterstattung. Ein Handbuch.* Konstanz, S. 50ff.
72 Ebd.

zu knüpfen, ist eine langwierige Aufgabe, und jeder Journalist, der über zahlreiche Kontakte verfügt, hat enorme Vorteile. Christiane Amanpour erklärt dazu:»Es ist immer viel schwieriger, wenn man zum ersten Mal in ein Gebiet reist. Aber die meisten Krisenregionen kenne ich seit vielen Jahren, da kann ich mich auf Kontakte und Quellen verlassen.«[73] Schon die Sprachbarriere kann Schwierigkeiten verursachen, gute Dolmetscher mit souveränem Verhandlungsstil sind selten.[74] Ebenso wichtig wie ein gutes Team von Mitarbeitern vor Ort ist die Kooperation zwischen Krisenreportern, auch wenn deren Verhältnis in erster Linie durch Konkurrenz vorgeprägt ist. Trotzdem verringert der Informations- und Materialaustausch zwischen Reportern das Risiko für alle Beteiligten.[75]

Journalisten in Krisengebieten werden außerdem durch fehlende Infrastruktur, logistische Fragen und nicht zuletzt durch Sicherheitsaspekte vor Probleme gestellt. Häufig ist es überhaupt nicht möglich, ohne Weiteres in Gebiete zu gelangen, in denen Kämpfe stattfinden. Davon abgesehen, dass in modernen Kriegen ein klarer Frontverlauf mühsam zu definieren ist, versuchen Militärs häufig, Journalisten am Zugang zum Kampfgebiet zu hindern – mitunter auch dadurch, dass Reporter bereits im Vorfeld mit einer Fülle von wertlosen Informationen abgespeist werden. Nicht an die Front zu kommen, muss aber kein Nachteil sein: Profunde Recherchen im Hinterland können durchaus mehr Erhellendes über den Krisenverlauf zutage fördern, als Reportagen über Kampfhandlungen.[76]

Natürlich ist in Krisen die persönliche Sicherheit der Reporter ein zentrales Thema.»Es gibt inzwischen zahlreiche Situationen, in denen Journalisten – und übrigens auch Mitarbeiter der meisten humanitären Organisationen – nicht mehr ohne Leibwächter unterwegs sind«, schreibt Gaus und fügt hinzu, dass man ohne diesen Schutz die Berichterstattung aus vielen Gegenden ganz einstellen müsste. Zudem ließe sich kaum noch ausmachen, wer in bestimmten Konfliktregionen Kombattant und wer bloß

73   HORNIG, FRANK/SCHULZ, THOMAS (2009):»Es ist eine Tragödie«– *Spiegel*-Gespräch mit Christiane Amanpour. In: *Der Spiegel* vom 26. September 2009. Internet-Ressource: http://www. spiegel.de/spiegel/0,1518,651436,00.html
74   FRÖHDER, CHRISTOPH MARIA (2003): *Ein Bild vom Krieg. Meine Tage in Bagdad*. Hamburg, S. 59.
75   Vgl. MIROSCHNIKOFF, PETER (2001): Die beste Lebensversicherung ist Teamwork. In: DEUTSCHE WELLE (Hrsg.):»*Sag die Wahrheit, die bringen uns um!« Zur Rolle der Medien in Krisen und Kriegen*. DW-Schriftenreihe Bd. 3. Berlin, S. 37–46.
76   Vgl.: HOFFMANN, CARSTEN (2008): Mythos Frontberichte. In: LÖFFELHOLZ, MARTIN/TRIPPE, CHRISTIAN F./HOFFMANN, ANDREA C. (Hrsg.): *Kriegs- und Krisenberichterstattung. Ein Handbuch*. Konstanz, S. 119ff.

Räuber sei.[77] Schutzmaßnahmen sind allerdings teuer und können gegenüber bestimmten Gesprächspartnern abschreckend wirken. Eine Lösung der Logistik- und Sicherheitsprobleme besteht in der weiter unten erörterten Einbettung in vorhandene (militärische) Strukturen (vgl. Kap. 2.3.). Dabei sind Journalisten in Krisenregionen bereits vielfältigen Fehlinformationen ausgesetzt: Zivilisten haben Angst und wollen sich nicht öffentlich äußern, Fakten und Gerüchte lassen sich kaum auseinander halten.»Im Krieg lügen nicht nur Politiker und Generäle, auch ganz normale Menschen sagen nicht immer die Wahrheit, weil die Wahrheit im Krieg gefährlich sein kann«,[78] schreibt der ehemalige Krisenreporter des Spiegel Claus-Christian Malzahn, der heute als stellvertretender Leiter des Politikressorts der Welt-Gruppe tätig ist. Hinzu kommt, dass Journalisten sich der Rolle bewusst sein müssen, die sie für den Interviewpartner einnehmen. Es ist möglich, dass man sie für die Politik ihrer Heimatländer oder für Teile der Medienberichterstattung dort verantwortlich macht.[79]

Zu solchen Widrigkeiten kommen die gezielten Manipulationsversuche und die Zensur durch Konfliktparteien: Journalisten können Ziel von Geheimdienstaktivitäten werden, etwa indem ihre Hotelzimmer durchsucht und verwanzt werden. Um Druck auszuüben, wird häufig mit Ausweisung gedroht. Bisweilen kann nur mit riskanten Tricks die Überwachung durch sogenannte Minder des Geheimdienstes ausgehebelt werden – etwa, indem den Zensoren zu Beginn eines Arbeitstages drei Berichte vorgeschlagen werden, die keine Aussicht auf Genehmigung haben, um anschließend nach theatralischem Disput eine scheinbar weniger spannende Recherchetour genehmigt zu bekommen.[80] Auch kann die enge Überwachung der Berichterstattung selbst thematisiert werden, etwa indem der Kameramann die Agenten bei einem TV-Aufsager mit ins Bild nimmt.

Für das Umgehen von Zensurmaßnahmen gilt darüber hinaus eine Reihe von praktischen Ratschlägen: Bei von offizieller Seite organisierten Touren, beispielsweise zu Krankenhäusern mit Verwundeten, ist Skepsis angebracht. Journalisten sollten nach Möglichkeit später auf eigene Faust an die Schau-

77 GAUS, BETTINA (2004): Frontberichte. Die Macht der Medien in Zeiten des Krieges. Frankfurt/M., S. 102f.
78 MALZAHN, CLAUS-CHRISTIAN (2008): Wenn Opfer zu Tätern werden. In: LÖFFELHOLZ, MARTIN/
     TRIPPE, CHRISTIAN F./HOFFMANN, ANDREA C. (Hrsg.): Kriegs- und Krisenberichterstattung. Ein Handbuch. Konstanz, S. 107.
79 Vgl. TILGNER, ULRICH: Eingeschränkte Bewegungsfreiheit. In: LÖFFELHOLZ, MARTIN/TRIPPE,
     CHRISTIAN F./HOFFMANN, ANDREA C. (Hrsg.): Kriegs- und Krisenberichterstattung. Ein Handbuch. Konstanz, S. 99ff.
80 Vgl. FRÖHDER, CHRISTOPH MARIA (2003): Ein Bild vom Krieg. Meine Tage in Bagdad. Hamburg, S. 64f.

plätze zurückkehren, um Hintergründe zu recherchieren. Außerdem sollten *Nicht-Ereignisse* gemieden werden, etwa Pressekonferenzen der Militärs. Die Erklärungen zur militärischen Strategie dürften ohnehin kaum der Wahrheit entsprechen. Stattdessen sollten diskrete Kontakte gesucht und gepflegt werden, um offizielle Darstellungen überprüfen zu können. Vielversprechende Ansprechpartner sind beispielsweise einheimische Mitarbeiter von ausländischen Organisationen. Kontakte zu oppositionellen Exilanten können hingegen riskant sein, da diese Gruppen häufig durch Geheimdienste unterwandert sind. Einen Ausweg können professionelle Rechercheure darstellen, die solche Kontakte auf Auftragsbasis wahrnehmen. Um die Auswirkungen der Zensurmaßnahmen zu begrenzen, werden auch Absprachen mit der Heimatredaktion empfohlen – beispielsweise über eine verdeckte Kennzeichnung von Teilen der Berichte, die lediglich eingefügt wurden, um die Überwacher zufrieden zu stellen. Nicht zuletzt ist es wichtig, das Erkennen von Fälschungen zu trainieren, zum Beispiel bei Bildmanipulationen.[81]

2.2.4 Professionelle und individuelle Betreuung

Ein wenig beachteter Aspekt der Krisenberichterstattung ist die Nachbearbeitung des Auslandsaufenthalts nach der Rückkehr. Dies gilt für die professionelle Ebene, etwa im Hinblick auf die mehr oder weniger reibungslose Zusammenarbeit mit den Heimatredaktionen, ebenso wie für die individuell-psychologische Hygiene. Der Umgang mit seelischen Schäden für die Berichterstatter aus Krisen- und Katastrophengebieten ist erst seit Kurzem ins Blickfeld gerückt. Psychologische Schulung und Betreuung, die etwa für Sanitäter oder Mitarbeiter von Hilfsorganisationen selbstverständlich sind, gibt es beispielsweise beim WDR erst seit wenigen Jahren.[82] »Man braucht kein psychiatrisches Studium, um nachzuvollziehen, dass ein Leben als Kriegsreporter seelische Probleme nach sich ziehen kann«, schreibt die *Frankfurter Allgemeine Sonntagszeitung.* »Und dennoch tut man sich ein wenig schwer, auch Journalisten zu den Opfern jener Ereignisse zu zählen, über die sie berichten; am schwersten aber tun sich damit die Journalisten selbst.«[83] Dazu mag das

81 Vgl. FRÖHDER, CHRISTOPH MARIA (2008): Der Zensur ein Schnippchen schlagen. In: LÖFFELHOLZ, MARTIN/TRIPPE, CHRISTIAN F./HOFFMANN, ANDREA C. (Hrsg.): *Kriegs- und Krisenberichterstattung. Ein Handbuch.* Konstanz, S. 192ff.

82 Vgl. STROTHMANN/HERRNBÖCK (2010): Der Stachel des Erlebten. In: *taz* vom 19. Februar 2010. Internet-Ressource: http://www.taz.de/1/leben/medien/artikel/1/der-stachel-des-erlebten/

83 STAUN, HARALD (2010): Opfer der Objektivität. In: *Frankfurter Allgemeine Sonntagszeitung* vom 24. Januar 2010, S. 27.

verbreitete Selbstbild der Journalisten als distanzierte Beobachter beitragen, doch schützt diese Rolle nicht vor Traumatisierungen.

In einer Reportage für das *Zeit Magazin* über die aktuelle Lage im irakischen Kirkuk beschreibt Carolin Emcke den Zwiespalt zwischen Emotionen und beobachtender Distanz:[84] »Unsere professionellen und ethischen Erwartungen an uns selbst speisen sich aus diesem Rollenverständnis. Eine distanzierte Beobachterperspektive brauche es, so wird gelehrt, um eine möglichst objektive Beschreibung der Wirklichkeit abgeben zu können. [...] Wer beteiligt ist und distanzlos, gerät in den Verdacht bloßer Parteinahme und Propaganda.« Folglich werde das Subjekt aus den Texten entfernt, mit seinen Gefühlen wie Wut und Ekel und seinen Schwächen und Verletzungen, so Emcke, »und vor allem entfernen wir die Scham, die einsetzt bei der Rückkehr, die Scham, jemandem nicht geholfen zu haben, wo wir es vielleicht gekonnt hätten, jemanden zurückgelassen zu haben, der niemanden hat, die Scham schließlich, abgereist zu sein, um zurückzukehren in das Leben hier, als sei nichts gewesen.«

Schamgefühl, aber auch Schlafstörungen und Depressionen sind nicht selten die Folge der Erlebnisse von Krisenberichterstattern. Der Alkoholkonsum von Krisenreportern ist zufolge einer psychiatrischen Studie, in der 140 Journalisten befragt und einer Vergleichsgruppe gegenübergestellt wurden, im Schnitt höher als bei Kollegen, die nicht in Konfliktgebiete aufbrechen.[85] Bei einem Viertel aller Journalisten, die mit Gewalt konfrontiert werden, verfestigen sich die Symptome sogar zu verschiedenen Formen der posttraumatischen Belastungsstörung (PTSD), schätzt das *Dart Center for Journalism and Trauma*.[86] Diese 1999 an der Columbia University in New York gegründete Vereinigung bietet kostenlose psychologische Seminare für Journalisten an, die über Gewalt berichten, und arbeitet unter anderem mit der DEUTSCHEN WELLE zusammen. Neben der Entstigmatisierung des Themas ist das erklärte Ziel des Centers die »trauma literacy«, eine Art seelische Alphabetisierung, die psychologische Zusammenhänge deutlich macht. Diese ist auch aus professioneller Perspektive äußerst relevant, da psychologische

84 Vgl. EMCKE, CAROLIN (2010): Der erste Schuss fällt nach fünf Minuten. In: *Zeit Magazin*, Nr. 2/2010, 7. Januar 2010.

85 BLÄSI, BURKHARD (2006): *Keine Zeit, kein Geld, kein Interesse...? Konstruktive Konfliktberichterstattung zwischen medialem Anspruch und medialer Wirklichkeit.* Berlin, S. 187.

86 Vgl. KOEGLER, CHRISTOF (2009): Reporting Conflicts – An Asian Perspective. In: DEUTSCHE WELLE: *Conflict Prevention in the Multimedia Age*, Dokumentation des Global Media Forum 2009, S. 92.

Belastungen die Wahrnehmung und Bewertung von Situationen stark beeinflussen können, was insbesondere bei Reportern Probleme mit sich bringen kann.[87] Ob ein Journalist die Erfahrungen im Krisengebiet gut verarbeitet hat oder ob ein Trauma entwickelt wurde, kann erst einige Wochen nach seiner Rückkehr festgestellt werden. Mindestens eine Pause ist also ratsam, bevor eine reguläre Tätigkeit wieder aufgenommen wird. Bei Symptomen eines Traumas sollte nicht gezögert werden, professionelle Hilfe in Anspruch zu nehmen.[88] »Zweckmäßig wäre es«, schreibt Bläsi, der sich mit dem Produktionsprozess in der Konfliktberichterstattung auseinandergesetzt hat, »Möglichkeiten der Nachbetreuung einen festen institutionalisierten Rahmen zu geben, damit Journalisten nachhaltig ermutigt werden, sie zu nutzen.«[89]

2.3 Informationsmanagement und Kriegspropaganda

2.3.1 Propagandatechniken

Die Informationsbeschaffung aus verlässlichen Quellen, gründliches Recherchieren, Gegenchecken und Abwägen – also das grundlegende journalistische Handwerkszeug – wird in Krisensituationen ad absurdum geführt. Abgesehen von Sicherheitsfragen, logistischen Problemen und dem ständigen Zeitdruck angesichts sich überschlagender Ereignisse stehen Journalisten in Krisengebieten vor der Herausforderung, ihrer Arbeit trotz gezielter Desinformationen und starker Behinderung nachzugehen. Kriegspropaganda entwickelte sich parallel zu den Medien, die über kriegerische Handlungen berichteten.[90] Konzentriert man sich auf Kriege und Konflikte der zweiten Hälfte des 20. Jahrhunderts, bei denen die Medienberichterstattung durch fortgeschrittene audiovisuelle Tech-

---

87 Vgl. CRONIN, SAM (2009): The Trauma Factor: The Missing Ingredient in Conflict Journalism. In: DEUTSCHE WELLE: Conflict Prevention in the Multimedia Age, Dokumentation des Global Media Forum 2009, S. 75–77.

88 Vgl. STROTHMANN, LUISE/HERRNBÖCK, JULIA (2010): Der Stachel des Erlebten. In: taz vom 19. Februar 2010, S. 27.

89 BLÄSI, BURKHARD (2006): Keine Zeit, kein Geld, kein Interesse...? Konstruktive Konfliktberichterstattung zwischen Anspruch und medialer Wirklichkeit. Berlin, S. 188.

90 Bereits zur Zeit des 30-jährigen Krieges wurden propagandistische Berichte verfasst. Vgl. BUSSEMER, THYMIAN (2008) Propaganda: Konzepte und Theorien. 2. Aufl. Wiesbaden, S. 18.

nik und Übertragungswege charakterisiert ist, lässt sich eine permanente Verfeinerung der Informationsstrategien des Militärs feststellen. Deutlich wird ein Vergleich dieses Aspekts zwischen Vietnam-Krieg und den beiden vergangenen Golfkriegen: Der Vietnam-Krieg wird teilweise von Zeitzeugen als goldenes Zeitalter der Krisenberichterstattung verklärt. Man muss dieser Einschätzung nicht folgen, Fakt ist aber, dass damals für Reporter nicht nur das Recherchieren beiderseits der Front möglich war, man konnte überhaupt zur Front gelangen. Bereits wenig später im Falkland-Krieg war dies offenbar nicht mehr auf eigene Faust möglich – nicht nur wegen der abgelegenen Lage der Inselgruppe, sondern weil sich die Militärstrategie grundlegend geändert hatte:[91] Journalisten wurden aus der Konfliktregion ferngehalten und nur einer kleinen Zahl von Reportern war es gestattet, die britische Armee auf Schiffen der Marine zu begleiten, eine frühe Form des Emdedding. Ausländische Berichterstatter durften gar nicht erst an Bord.[92]

Noch im Vietnam-Krieg haben die Strategen von Pentagon und CIA nach gängiger Meinung die Propaganda an der ›Heimatfront‹ vernachlässigt – mit der Folge, dass die Stimmung der amerikanischen Bevölkerung angesichts ungewohnt schockierender Bilder aus der Kriegsregion kippte und Massenproteste schließlich den Abzug aus Vietnam erzwangen. Ungeachtet der Frage, ob dies tatsächlich die Ursache für die Niederlage der USA darstellte, verwendeten die Militärplaner bei späteren Kriegen weit größere Ressourcen für die Kontrolle und Steuerung der Berichterstattung. Drei Kriege unter US-Führung in den letzten 20 Jahren stehen dabei exemplarisch für verschiedene Strategien des ›Informationsmanagements‹:[93] Im Krieg gegen den Irak 1991 setzten die Alliierten auf Journalisten-Pools. Bildmaterial sollte zentral gesammelt werden, sodass jedem Medienunternehmen möglichst viel Material zur Verfügung steht. Nebeneffekt: Eine zentrale Stelle lässt sich wesentlich einfacher zensieren als eine Vielzahl unabhängiger Beobachter. Einer Einschätzung zufolge gingen diese Überlegungen auf:»Ständig wurden irgendwelche Pool-Kassetten verteilt, deren Entstehung kein Journalist überwachen konnte. Das System griff.

91 Vgl. RUGE, GERD (2008): Was sich nicht geändert hat. In: LÖFFELHOLZ, MARTIN/TRIPPE, CHRISTIAN F./HOFFMANN, ANDREA C. (Hrsg.): Kriegs- und Krisenberichterstattung. Ein Handbuch. Konstanz, S. 17–19.

92 Vgl. STRACHWITZ, VICTORIA (2005): Der Falklandkrieg als Medienevent. Wiesbaden, S. 27ff.

93 Vgl. BILKE, NADINE (2008): Qualität in der Krisen- und Kriegsberichterstattung. Ein Modell für einen konfliktsensitiven Journalismus. Wiesbaden, S. 147ff.

Weil niemand in das eigentliche Kampfgebiet durfte, bedienten sich viele Fernsehanstalten und sendeten unkontrolliert, was sich die PR-Strategen im Auftrag der Militärs ausgedacht hatten.«[94] Bereits vor dem Golfkrieg, im Verlauf der Kuwait-Krise, waren intensive Propaganda-Anstrengungen gegen das Regime Saddam Husseins unternommen worden, um die Weltöffentlichkeit und den UN-Sicherheitsrat von der Notwendigkeit eines Krieges zu überzeugen.[95] Während der Luftangriffe auf den Irak waren die Militärs dann insbesondere daran interessiert, die Kämpfe als unblutig und präzise – letztlich als abstrakt – im US-Fernsehen darzustellen. Ihnen kam dabei entgegen, dass nahezu alle US-Sender ihre Reporter aus dem Irak abgezogen hatten, bevor die Luftangriffe begannen. Eine Ausnahme war Peter Arnett von CNN, der zusammen mit einigen Vertretern internationaler Medien, darunter der ARD, in Bagdad blieb. Nicht nur für Arnetts Karriere, auch für den Ruf von CNN zahlte sich diese Entscheidung aus: CNN besaß ein Quasi-Monopol auf Live-Berichte aus der irakischen Hauptstadt.

Acht Jahre später, im Kosovo-Krieg 1999, griff die Öffentlichkeitsabteilung der NATO auf eine ähnliche Strategie zurück und versuchte, die Angriffe auf Serbien möglichst abstrakt zu vermitteln. Dazu wurden den Journalisten in einem Pressezentrum fernab des Kriegsschauplatzes von Militärs in Zivil Karten und Grafiken erläutert.[96] Diese Idee setzte das US-Militär beim erneuten Waffengang gegen den Irak 2003 ebenfalls ein. Das tägliche Presse-Briefing fand in Doha statt, etwa 700 Kilometer von der irakischen Grenze entfernt.

2.3.2   Embedded Journalism

Die eigentliche Neuerung war 2003 das massive *Embedding* von Journalisten: Gegen Akkreditierung und Unterzeichnung weitgehender Erklärungen wurden Journalisten eingebettet in Kampfverbände, um diese beim Angriff auf den Irak zu begleiten. Das Pentagon erhoffte sich aus der persönlichen Verbindung zwischen Reportern und Soldaten einen Berichterstattungstenor, der dem Militär grundsätzlich wohlgesonnen ist. Entscheidender als der enge Kontakt zwischen Soldaten und Journalisten

94 Vgl. FRÖHDER, CHRISTOPH MARIA (2003): *Ein Bild vom Krieg. Meine Tage in Bagdad.* Hamburg, S. 119.
95 Ebd.
96 Vgl. BILKE, NADINE (2008): *Qualität in der Krisen- und Kriegsberichterstattung. Ein Modell für einen konfliktsensitiven Journalismus.* Wiesbaden, S. 147ff.

dürfte ein rigides Kontrollsystem dafür gesorgt haben, dass eingebettete Reporter kaum Berichte mit wirklichem Nachrichtenwert liefern konnten. So kommentiert die ZDF-Journalistin Nadine Bilke:»Die 775 Reporter, Kamerafrauen und Fotografen hatten die so genannten ›Ground Rules‹ zu beachten: Z. B. mussten alle Interviews auf Band mitgeschnitten werden, Truppenstärke und geplante Operationen waren tabu, und der Truppenführer konnte jederzeit die Vorlage der Berichte verlangen.«[97] Trotzdem betonen erfahrene Praktiker, dass das Embedding Vor- und Nachteile aufweise (vgl. Tab. 1): Aufseiten der Redaktionen könne durchaus in Betracht gezogen werden, eingebettete Journalisten in Krisenregionen zu entsenden. Maßgabe müsse jedoch sein, dass diese nie die einzige Quelle der Berichterstattung sein dürften, sondern allenfalls eine Ergänzung darstellen und stets von nicht eingebetteten Kollegen professionell unterstützt werden.[98]

Auch die Bundeswehr bettet ein. Bettina Gaus berichtet in einem ihrer Bücher von einer Reise nach Afghanistan, die die Stabsstelle Öffentlichkeitsarbeit des Verteidigungsministeriums organisiert hatte.[99] Das Gefühl, dass sich die Armee für ihre Sicherheit verantwortlich fühlte, empfand Gaus als ebenso beruhigend wie vertraute Produkte im deutschen Camp und einen Fernseher mit deutschem Programm. Das offenkundige Dilemma besteht auch für sie zwischen den Vorteilen des Embedding, wie Schutz und Logistik, versus ihre potenzielle Vereinnahmung für die Sichtweise einer Partei. Diese Problematik sei auch nicht durch einen Hinweis auf die problematischen Arbeitsbedingungen zu lösen:»Werden solche Hinweise [...] zur Routine, dann gewöhnt sich die Öffentlichkeit daran und liest darüber ebenso gleichgültig hinweg wie beispielsweise seinerzeit über die Bezeichnung ›mutmaßlich‹ im Zusammenhang mit gesuchten RAF-Terroristen«[100], so Gaus.

97 Ebd.: S. 149.
98 Vgl. ARMBRUSTER, JÖRG (2008): Durch den Sehschlitz des Panzers. In: LÖFFELHOLZ, MARTIN/ TRIPPE, CHRISTIAN, F./HOFFMANN, ANDREA C. (Hrsg.): Kriegs- und Krisenberichterstattung. Ein Handbuch. Konstanz, S. 113.
99 Vgl. GAUS, BETTINA (2004): Frontberichte. Die Macht der Medien im Zeitalter des Krieges. Frankfurt/M., S. 77ff.
100 Ebd.: S. 81.

TABELLE 1

Embedded Journalism, Pro und Kontra (Jörg Armbruster)[101]

Pro	Contra
EJ ist eine von vielen Recherchemethoden.	Ein eingebetteter Journalist wird leicht zum Werkzeug der Konfliktpartei.
EJ kann dann noch ein Weg sein, wenn andere Recherchemethoden zu keinen Ergebnissen führen	Er hat geringe Möglichkeiten zu recherchieren.
Wer über Soldaten berichten will, muss sich ›einbetten‹, anders wird er ihnen kaum näher kommen können.	Der eingebettete Journalist wird leicht Opfer von Instrumentalisierungen.
Der ›eingebettete Journalist‹ muss engen Kontakt zur Heimatredaktion halten, um Informationen auszutauschen.	Es besteht häufig Militärzensur.
Er kann versuchen, seinen Spielraum zu erweitern.	Der Zwang, mit Strafandrohung versehene Verpflichtungserklärungen zu unterschreiben, führt zu Selbstzensur.
Medium, für das der ›eingebettete‹ arbeitet, sollte auch noch nicht eingebettete Reporter in diesem Krisengebiet beschäftigen.	

2.3.3 Informationskrieg

In seinem Erfahrungsbericht über den Irak-Krieg 2003 geht der Nahost-Korrespondent Ulrich Tilgner mit der Kommunikationsstrategie der Amerikaner, die er als ›Informationskrieg‹ bezeichnet, hart ins Gericht:[102] Die Journalisten seien nicht nur getäuscht, sondern geradezu benutzt worden, um den Feind in die Irre zu führen. So wurden der renommierten Zeitung *New York Times* gezielt vermeintliche Planungen zur Angriffstaktik der US-Truppen eingeflüstert. Das Blatt publizierte diese Informationen gerne, bevor sie sich als falsch herausstellten. Laut Tilgner »nutzen die amerikanischen Militärs die mangelnde Transparenz der Berichterstattung in den Medien gezielt für ihre Täuschungsmanöver. Die von ihnen gestreuten

---

101 Vgl. ARMBRUSTER, JÖRG (2008): Durch den Sehschlitz des Panzers. In: LÖFFELHOLZ, MARTIN/ TRIPPE, CHRISTIAN F./HOFFMANN, ANDREA C. (Hrsg.): *Kriegs- und Krisenberichterstattung. Ein Handbuch.* Konstanz, S. 113.

102 TILGNER, ULRICH (2003): *Der inszenierte Krieg. Täuschung und Wahrheit beim Sturz Saddam Husseins.* Berlin.

Informationen, die von Zeitungen und Rundfunk aufgenommen und verbreitet werden, können Leser, Zuhörer oder Zuschauer unmöglich bis zur Quelle zurückverfolgen.«[103] Dabei werde ein doppeltes Ziel verfolgt, nämlich der eigenen Bevölkerung und der Weltöffentlichkeit Informationen vorzuenthalten und gleichzeitig den Gegner zu überlisten. Deutlich werde dies aus einem Zitat des US-Oberkommandierenden Franks:»Einerseits sollte die Öffentlichkeit von unseren Plänen möglichst wenig erfahren, und andererseits sollte das irakische Regime getäuscht werden, damit es genau so reagieren würde, wie wir es wollten.«[104] Eine gesteuerte Kriegsberichterstattung sollte somit für das Militär zur strategischen Ressource werden.

Insbesondere Russland hat in den 1990er-Jahren von der Kommunikationsstrategie westlicher Militärs gelernt.[105] Die russischen Fernsehsender, die noch beim unter Präsident Jelzin begonnenen ersten Tschetschenien-Krieg relativ frei und kritisch berichten konnten, wurden durch die Putin-Administration im Vorfeld des zweiten Tschetschenien-Kriegs ab 1998 mit rigiden Maßnahmen auf Linie gebracht. Dies geschah durch ökonomischen Druck und Einschränkungen der Pressefreiheit.»Statt des früheren ›sowjetischen‹ Schweigens nun also eine moderne ›Kommunikationsstrategie‹«, lautet eine Einschätzung.[106] Es wurde massenhaft Bild- und Tonmaterial mit der offiziellen Sichtweise angeboten. Somit wurden Sprachregelungen durchgedrückt, die eine aseptische Darstellung des Konflikts untermauerten. Eine kontinuierliche, analysierende und kritische Berichterstattung durch gut vernetzte russische Journalisten wurde verhindert. Dabei wurde der Grundsatz guter Propaganda verfolgt:»Je abstrakter die Information [...], desto mehr verhüllt sie die Wirklichkeit und nähert sich damit der Lüge.«[107]

Von Journalisten in Krisenregionen wird erwartet, dass sie in Hintergrundberichten, Kommentaren oder Live-Schalten Entwicklungen fundiert einordnen. Die Herausforderung für Krisenreporter liegt heute häufiger als früher darin, eine Fülle an Bildern zu interpretieren und Inszenierungen zu durchschauen. Um Zusammenhänge zu verstehen, müssen sie vor Ort gut vernetzt sein und gleichzeitig von der Heimatredaktion unterstützt

---

103 Ebd.: S. 133.
104 Zit. nach: Ebd.: S. 134.
105 Vgl. ROTH, THOMAS (2003):»Sag die Wahrheit: Die bringen uns um!« In: CIPPITELLI, CLAUDIA/ SCHWANEBECK, AXEL (Hrsg.) (2003): Nur Krisen, Kriege, Katastrophen? Auslandsberichterstattung im deutschen Fernsehen. Dokumentation der 21. Tutzinger Medientage. München, S. 73 – 93.
106 Ebd.: S. 80.
107 Ebd.: S. 93.

werden. Auch muss sensibel auf die eigene Sprache geachtet werden. Daran erinnert das Diktum Stanley Kubricks, wonach es im Krieg darum geht, »Dinge zu benennen oder besser umzubenennen«.[108] Euphemistische Wendungen wie ›chirurgische Eingriffe‹, ›Kollateralschäden‹ und ›Friendly Fire‹ sollten durchschaut und vermieden werden.

2.4 Medien und Terrorismus – eine symbiotische Beziehung?

2.4.1 Terrorismus als Kommunikationsstrategie

Die Berichterstattung über terroristische Aktionen stellt einen Sonderfall von Krisenberichterstattung dar und birgt für Journalisten eine Reihe von Dilemmata. In der wissenschaftlichen und medienpraktischen Auseinandersetzung mit der Beziehung zwischen Medien und Terrorismus wird darauf hingewiesen, dass Terroristen mit ihren Taten fast immer auf eine Berichterstattung abzielen. Die Rede ist von »Terrorismus als Kommunikationsstrategie.«[109] In einem gleichnamigen Aufsatz stellt der Politikwissenschaftler Herfried Münkler einen qualitativen Wandel der terroristischen Strategie fest: Obwohl der moderne, zunehmend strategische Terrorismus »mit denselben Waffen operiert hat wie seine zumeist anarchistischen Vorläufer, nämlich mit Pistole und Bombe, so unterscheidet er sich von ihnen doch fundamental durch die Verkopplung dieser Waffen mit der Wirkung der Massenmedien. Diese Verkopplung stellt gleichsam die entscheidende Innovation terroristischer Gewaltanwendung dar.«[110]

Beispiele für diese Einschätzung finden sich bei der baskischen Gruppe ETA im Umgang mit der Presse: Laut einer Studie[111] wählte die Organisation ihre Anschlagsziele so aus, dass breite und eventuell internationale Berichterstattung gewährleistet ist, sie liegen daher eher in Ballungszentren als in

108 *Wörterbuch des Krieges/Dictionary of War.* Berlin, 2008.
109 MÜNKLER, HERFRIED (2001): Terrorismus als Kommunikationsstrategie. In: *Internationale Politik,* Jg. 56, Heft 12/2001, S. 11-18. Vgl. WEICHERT, STEPHAN ALEXANDER (2007): Die Propaganda der Tat. Zur Kommunikationsstrategie des modernen Aufmerksamkeitsterrorismus. In: GLAAB, SONJA (Hrsg.) *Medien und Terrorismus – Auf den Spuren einer symbiotischen Beziehung.* Berlin, S. 83-98.
110 Ebd.: S. 11.
111 Vgl. GLÜCK, CORNELIA (2008): ETA und die Medien. In: GLAAB, SONJA (Hrsg.): *Medien und Terrorismus. Auf den Spuren einer symbiotischen Beziehung.* Berlin, S. 22ff.

abgelegenen Landstrichen. Die Taten finden häufig kurz vor Redaktionsschluss bzw. Sendebeginn statt. So sollen Journalisten unter Zeitdruck gesetzt und eine direktere Medienberichterstattung erzielt werden. Zudem werden Redaktionen häufig kurz vor der Tat informiert, damit Journalisten zeitnah vor Ort sind. Nicht zuletzt richten sich auch Pressemitteilungen und Bekennerschreiben an die Medienöffentlichkeit. Im Fall der ETA ist 1990 sogar ein Strategiepapier zum Umgang mit Medien aufgetaucht, demzufolge auch Journalisten Angriffsziele darstellten. Gleichzeitig sollen allerdings eigene Propaganda-Anstrengungen unternommen werden.[112]

Der Erfolg des hypermobilen Aufmerksamkeitsterrorismus hängt also zum wesentlichen Teil davon ab, ob seine Aktionen durch etablierte Medien aufgegriffen werden. Münkler leitet aus diesem Umstand die These ab, dass eine hohe Kommunikationsdichte die Wahrscheinlichkeit von terroristischen Attacken erhöht. Demokratien mit ihrer prinzipiell unabhängigen Medienkommunikation stellten daher bevorzugte Anschlagsziele dar.[113] Es ist unstrittig, dass Journalisten gewaltsame Terrorattacken schlichtweg nicht ignorieren können. Folglich kann eine sinnvolle Diskussion lediglich über Art und Umfang der Berichterstattung geführt werden. Fakt ist auch, dass Nachrichtenmedien von extremen Ereignissen wie terroristischen Anschlägen wirtschaftlich profitieren. Beobachter formulierten vor diesem Hintergrund die provokante Position, Medien und Terrorismus befänden sich in einer »symbiotischen Beziehung.«[114] Zumindest kann eine gegenseitige Abhängigkeit zwischen Medien und Terrorismus festgestellt werden – mit erheblichen Folgen: Diese könnte nach Meinung des Publizisten und Medienwissenschaftlers Klaus Kreimeier »zu einem zentralen Problem demokratischer Gesellschaften werden, die auf umfassende Informationen, Ursachenanalyse, gesellschaftliche Debatten und politische Diskurse angewiesen sind.«[115]

---

112 Ebd.

113 Vgl. MÜNKLER, HERFRIED (2001): Terrorismus als Kommunikationsstrategie. In: *Internationale Politik*, Jg. 56, Heft 12/2001, S. 17.

114 WEICHERT, STEPHAN ALEXANDER (2007): Die Propaganda der Tat. Zur Kommunikationsstrategie des modernen Aufmerksamkeitsterrorismus. In: GLAAB, SONJA (Hrsg.): *Medien und Terrorismus – Auf den Spuren einer symbiotischen Beziehung*. Berlin, S. 83 – 98; SCHILLER, DAVID TH. (2007): »When it bleeds, it leads the headlines...« Ein Essay zum Thema »Medien und Terrorismus« aus journalistischer und sicherheitspolitischer Perspektive. In: GLAAB, SONJA (Hrsg.): *Medien und Terrorismus. Auf den Spuren einer symbiotischen Beziehung*. Berlin, S. 99ff.

115 KREIMEIER, KLAUS (2004): Die Normalisierung des Anomalen. In: *taz* vom 11. September 2004, S. 11.

2.4.2 Berichterstattung über terroristische Taten

Die Defizite der Medienberichterstattung über Terrorismus sind offenkundig. »Wenn es ein Ziel des Terrorismus ist, Furcht zu verbreiten, so ist die Art und Weise, wie sich gegenwärtig unsere Medien mit diesem Phänomen auseinandersetzen nicht ein Teil der Lösung, sondern ein Teil des Problems«, schreibt der Terrorismusexperte David Schiller.[116] Er kritisiert die Art der Berichterstattung und konstatiert einen Trend zur übertriebenen Darstellung, der sich in der häufigen Verwendung des Attributs ›neu‹ widerspiegelt, etwa in den Wendungen ›neue Dimension‹ oder ›neue Spirale der Gewalt‹. Weiterhin beobachtet er eine Beschreibung terroristischer Taten als ›Event‹, das mittels unterhaltsamer Darstellungsweisen (Infotainment) aufbereitet wird. Um den Zuschauer vom Zappen abzuhalten, seien die Darstellungen dabei tendenziell knapp und oberflächlich.

Schiller identifiziert weiterhin drei Hauptmankos in der Berichterstattung über Terrorismus: Erstens werde über vereitelte Anschläge kaum berichtet. Die bisweilen gute und besonnene Arbeit von Behörden werde dadurch kaum gewürdigt. Folge dieses Berichterstattungsmusters sei eine abnehmende Wachsamkeit der Bevölkerung und im Fall von gelungenen Attentaten eine verstärkte Schockwirkung. Zweitens konzentriere sich das Medieninteresse auf Taten und Personen. Über Strukturen, Hintergründe und Arbeitsweisen der terroristischen Organisationen werde kaum berichtet. Dadurch entstünden unangemessene Erwartungen bezüglich der Lösbarkeit des Problems Terrorismus. Drittens sei die Berichterstattung zu kurzatmig. Der neueste Anschlag sei jeweils für ein paar Tage das zentrale Thema, bevor er in Vergessenheit gerate.[117]

Auch der Politikwissenschaftler Hans J. Kleinsteuber sieht Mängel bei der medialen Darstellung des Terrorismus, insbesondere, was Bilder und Stereotype betreffe: Mitunter werde mit Feindbildern gearbeitet, was empirische Studien belegen.[118] So identifizierte eine Untersuchung der Nach-

---

116 SCHILLER, DAVID TH. (2007): »When it bleeds, it leads the headlines...« Ein Essay zum Thema »Medien und Terrorismus« aus journalistischer und sicherheitspolitischer Perspektive. In: GLAAB, SONJA (Hrsg.): Medien und Terrorismus. Auf den Spuren einer symbiotischen Beziehung. Berlin, S. 101.
117 Ebd.: S. 103ff.
118 Vgl. WEICHERT, STEPHAN ALEXANDER (2005): Die Selbstüberbietungsspirale. Probleme und Perspektiven journalistischer Krisenberichterstattung. In: BEUTHNER, MICHAEL/WEICHERT, STEPHAN ALEXANDER (Hrsg.): Die Selbstbeobachtungsfalle. Grenzen und Grenzgänge des Journalismus. Wiesbaden, S. 350f.

richten über einen Anschlag in Kenia zwar keine Feindbildkonstruktion, aber durchaus eine latente negative Stereotypisierung des Islams sowie den Einsatz emotionalisierender Stilmittel bei der Berichterstattung, insbesondere im Privatfernsehen.[119] Auch die Bedeutung des Faktors Visualität bei der Krisenberichterstattung ist empirisch belastbar. Das heißt:»Je schneller Filmmaterial über ein Ereignis zur Verfügung steht und je ungewöhnlicher und exklusiver die Bilder sind, desto schneller wird ein Ereignis zu einem Nachrichtenbeitrag.«[120] Insbesondere das Fernsehen, das auf Ereignisse mit terroristischem Hintergrund meist ad-hoc reagiert und allzu oft dem Druck unterliegt, schnelle Einschätzungen zu liefern, ist demzufolge anfällig für Fehler im Redaktionsalltag. Problematisch wirkt sich ebenfalls ein zu geringes Grundwissen über den internationalen Terrorismus aus – und es mangelt aufseiten der Redaktionen häufig an Ressourcen und Bereitschaft, Weiterbildungskurse für Journalisten zu finanzieren.[121]

2.4.3   Medien und Geiselnahmen

In engem Zusammenhang mit Terrorismus stehen Geiselnahmen, wobei diese statt eines terroristischen auch einen kriminellen Hintergrund haben können. Auch handelt es sich keinesfalls um ein neues Phänomen: Nicht zuletzt versuchte die RAF, mit Entführungen Gesinnungsgenossen freizupressen.[122] Besonders demokratische Gesellschaften sind Ziel solcher Versuche.»In autoritären bzw. totalitären Regimen, in denen das Leben eines einzelnen Menschen weniger Bedeutung besitzt und die Öffentlichkeit auch nicht als Dramatisierungsinstrument eingesetzt werden kann, haben diese Taktiken nie eine vergleichbare Durchschlagskraft entfalten können«, urteilt Münkler.[123]

---

119 Vgl. HAUSSECKER, NICOLE (2007): Zur Berichterstattung über Terrorismus in TV-Nachrichtensendungen am Beispiel der Terroranschläge in Kenia. In: GLAAB, SONJA (Hrsg.): Medien und Terrorismus. Auf den Spuren einer symbiotischen Beziehung. Berlin, S. 139–154.

120 MAIER, MICHAELA/STENGEL, KARIN (2007):»Wir werden diese Bilder nie vergessen!« In: GLAAB, SONJA (Hrsg.): Medien und Terrorismus. Auf den Spuren einer symbiotischen Beziehung. Berlin, S. 137.

121 Vgl. WEICHERT, STEPHAN ALEXANDER (2005): Die Selbstüberbietungsspirale. Probleme und Perspektiven journalistischer Krisenberichterstattung. In: BEUTHNER, MICHAEL/WEICHERT, STEPHAN ALEXANDER (Hrsg.): Die Selbstbeobachtungsfalle. Grenzen und Grenzgänge des Journalismus. Wiesbaden, S. 350.

122 ELTER, ANDREAS (2008): Propaganda der Tat. Die RAF und die Medien. Frankfurt/M..

123 MÜNKLER, HERFRIED (2001): Terrorismus als Kommunikationsstrategie. In: Internationale Politik, Jg. 56, Heft 12/2001, S. 18.

Die Berichterstattung über Geiselnahmen ist folglich ein besonders prekärer Aspekt im Krisenjournalismus. Während der Verhandlungen müssen Journalisten ständig abwägen, ob sie über alles berichten sollen, was sie wissen – zum einen, um Gesundheit und Freilassung der Geiseln nicht zu gefährden, zum anderen, um den Entführern nicht in die Hände zu spielen. Gleichzeitig befinden sie sich in harter Konkurrenz mit anderen Medien um Exklusivmeldungen und Aufmerksamkeit – ein klassisches *Gefangenendilemma*.[124] Bemühungen um journalistische Zurückhaltung bei der Berichterstattung werden vor allem durch das Internet ausgehebelt. Die Situation wird etwa mitunter verschärft durch die ungefilterte Verfügbarkeit von Geiselvideos (vgl. Kap. 2.6.3.). Wurden diese erst einmal per E-Mail oder via Internetforen verbreitet, werden sie von vielen Medien oft unreflektiert übernommen, im Zweifelsfall mit dem Totschlagargument, sie kursierten ja ohnehin schon im Netz oder seien bereits bei ausländischen Sendern gelaufen.

Zwischen Geiselnehmern, Krisenstab und Journalisten kann es im Fall von Geiselnahmen darüber hinaus zu einer merkwürdigen *Dreiecksbeziehung* kommen. Auf der einen Seite stehen diejenigen, die ihre kriminellen Losungen mithilfe von Journalisten breitenwirksam streuen wollen, um hohe Lösegelder zu erpressen. Auf der anderen Seite steht der Staat, der am liebsten die Berichterstattung zensieren würde, um nicht noch mehr Nachahmungstäter auf den Plan zu rufen – denn jede geglückte Erpressung zieht weitere Erpressungsversuche nach sich. Dazwischen stehen die Journalisten als Agenten der Öffentlichkeit, die ein berechtigtes Interesse an Neuigkeiten über das Wohlbefinden entführter Staatsbürger haben, zugleich aber ihr Geheimwissen verklausulieren müssen, um die Verhandlungen nicht zu gefährden.

Mit der Interaktion von Regierungen und Medien bei Geiselnahmen aus Sicht der Behörden setzt sich der ehemalige Pressesprecher im Krisenstab des Auswärtigen Amts Christian F. Buck auseinander.[125] In seiner Dissertation identifiziert er eine Reihe von Problemlagen bei mediatisierten Geiselnahmen am Beispiel der Entführung der deutschen Familie Wallert auf einer philippinischen Urlaubsinsel im Jahr 2000. So stehen die Behörden aufgrund der Medienaufmerksamkeit unter besonderem Druck, was dazu führt, dass sie Aktivität signalisieren müssen. Gleichzeitig können Handlungserwartungen an die deutsche Administration häufig

---

124 Vgl. WEICHERT, STEPHAN (2008): Das Geiselnahmen-Dilemma. In: *Journalist* 1/2008, S. 54–59.
125 BUCK, CHRISTIAN F. (2007): *Medien und Geiselnahmen. Fallstudien zum inszenierten Terror.* Wiesbaden.

nicht erfüllt werden, weil für polizeiliche Fragen der ausländische Staat zuständig ist. Vonseiten des Auswärtigen Amts kann lediglich konsularische Hilfe angeboten werden. Mit Blick auf die Berichterstattung stellt Buck fest:»Das Grundrecht auf freie Meinungsäußerung und ihr privilegierter Zugang zu Informationen können durch den Schutz von Leib und Leben oder der Menschenwürde der Opfer eingeschränkt sein. Dies zu erkennen und abzuwägen, gehört zu der besonderen Verantwortung von Journalisten.«[126] Auch nach einer Freilassung der Geiseln endet die Beziehung zwischen Behörden und Medien häufig nicht. Letztere sind in der Regel stark an einer emotionalen Aufarbeitung der Geschehnisse interessiert und locken mit lukrativen Honoraren. Offizielle Stellen wollen umgekehrt gar nicht erst, dass Hintergründe der Entführungen, vor allem über eventuelle Lösegeldzahlungen, publik werden. Teilweise sorgen sie deshalb dafür, dass die Befreiten von den Medien abgeschirmt werden.

2.5 Journalistische Qualitätsdefizite in der Krisenberichterstattung

2.5.1 *Friedensjournalismus und konfliktsensitive Berichterstattung*

»Don't write about war, write about people!«, verlangt Malzahn[127] und trifft damit den Kern der kommunikationswissenschaftlichen Diskussion, in der die auf den vorangegangenen Seiten beschriebenen Probleme theoretisch gesättigt werden. Dabei wird grundsätzlich davon ausgegangen, dass die Berichterstattung über Konflikte bestimmte Wirkungen auf deren Wahrnehmung in der Bevölkerung und sogar bei Entscheidungsträgern ausübt. Insbesondere verschiedene Ansätze, die unter dem Konzept des ›Friedensjournalismus‹ firmieren, verdienen Beachtung: Diesen Ansatz fordert der Kommunikationswissenschaftler Johan Galtung ein, der als Mitbegründer der Nachrichtenwerttheorie in Europa wie kein anderer weiß, dass Kriege ebenso wie Terrorismus einen besonders hohen Nachrichtenwert haben. Ein solcher Journalismus soll sich auf Hintergründe, Folgen und Lösungsmög-

---

126 Ebd.: S. 258.
127 MALZAHN, CLAUS-CHRISTIAN (2008): Wenn Opfer zu Tätern werden. In: LÖFFELHOLZ, MARTIN/ TRIPPE, CHRISTIAN F./HOFFMANN, ANDREA C. (Hrsg.): *Kriegs und Krisenberichterstattung. Ein Handbuch.* Konstanz, S. 107.

lichkeiten konzentrieren, statt Kampfhandlungen und die Verlautbarungen von Eliten der Konfliktparteien in den Fokus zu rücken (vgl. Tab. 2).[128] Vor dem Hintergrund seines Modells der ›konstruktiven Konfliktberichterstattung‹ postuliert der Sozialpsychologe und Friedensforscher Wilhelm Kempf, Journalismus solle deeskalierend wirken. Kempf geht davon aus, dass die Wahrnehmung von Konflikten wesentlichen Einfluss auf deren Verlauf hat und dass das journalistische System erheblich zur Ausprägung dieser Wahrnehmung beiträgt. Daher beabsichtigt er, »friedenswissenschaftliche Erkenntnisse an Journalisten weiterzugeben und für die journalistische Arbeit fruchtbar zu machen.«[129] Die normativen Forderungen nach einer journalistischen Orientierung an Frieden, Demokratie und Menschenrechten wurde zuletzt um praktische Anforderungen an journalistische Qualität ergänzt.

Bilke verknüpft in ihrer Dissertation Ansätze des Friedensjournalismus mit Modellen der journalistischen Qualität.[130] Das Schlüsselkriterium ist für sie ›Konfliktsensitivität‹. Diese beinhaltet das Bewusstsein für Wirkungen des Journalismus, die Fokussierung auf Konfliktlösungsstrategien, Selbstreflexion, Transparenz, Richtigkeit bei der Analyse und eine vermittelnde Darstellung des Konflikts. Bilke formuliert eine Reihe von Forderungen, die Medienschaffende bei der Krisenberichterstattung beachten sollen: So dürfen ihr zufolge die Vorgeschichte, Ursachen und Zusammenhänge eines Konflikts nicht außer Acht gelassen werden. Notwendig sei ein entsprechend profundes Hintergrundwissen. Strukturelle Zwänge der Medienberichterstattung sollten reflektiert und überwunden werden. Auch über das eigene Rollenbild sollte nachgedacht werden: Bilke plädiert für eine Rolle der Journalisten, die über das bloße Informieren hinaus auch eine »situative Balance aus Distanz und Nähe« anstrebt, um eine »kritische Einordnung und eine empathische Zeugenschaft« zu ermöglichen.[131] In der Praxis bedeutet dies beispielsweise, als Gegenmittel zur Regierungshörigkeit mit Experten au-

128 Vgl. WEICHERT, STEPHAN ALEXANDER (2005): »News sind Entertainment.« Interview mit Johan Galtung. In: *Cover – Medienmagazin*, 5 (2005): Realitätsverlust. Wie Medien die Wirklichkeit verzerren. Hamburg, S. 64–67; BILKE, NADINE (2008): *Qualität in der Krisen- und Kriegsberichterstattung. Ein Modell für einen konfliktsensitiven Journalismus.* Wiesbaden, S. 205.

129 KEMPF, WILHELM (1999): Konfliktprävention und Medien. Plädoyer für einen Friedensjournalismus. In: *epd-Entwicklungspolitik*, Ausg. 6/1999, S. 17.

130 BILKE, NADINE (2008): *Qualität in der Krisen- und Kriegsberichterstattung. Ein Modell für einen konfliktsensitiven Journalismus.* Wiesbaden.

131 Ebd.: S. 233.

TABELLE 2

Gegenüberstellung von Friedens- und Gewaltjournalismus

(Darstellung Weichert, basierend auf Ausführungen von Krotz)

Friedens-/Konfliktjournalismus	Kriegs-/Gewaltjournalismus
Friedens- bzw. konfliktorientiert, d. h. er konzentriert sich auf die Darstellung der Konfliktursachen und Ziele der Konfliktparteien; untersucht die (unsichtbaren) Kriegsfolgen (Traumatisierung und Verherrlichung, Zerstörung von Strukturen); Berichterstattung lässt sich viel Raum/Zeit, auch um die vielschichtigen Ursachen und Folgen des Konflikts in der Geschichte und Kultur zu suchen; macht Konflikte transparent; versucht, sich in ›die anderen‹ einzufühlen und sie zu verstehen; fokussiert die Leidtragenden des Krieges; stellt Konflikte als Problem dar und konzentriert sich auf kreative Lösungen; belässt allen Konfliktparteien die menschliche Seite; berichtet pro-aktiv, d. h. bevor es zu Gewalt kommt.	Kriegs- bzw. gewaltorientiert, d. h. er konzentriert sich auf die Darstellung des Kampfgeschehens/der Konfliktaustragung und die sichtbaren Folgen von Gewalt (Zahl der Toten/Verletzten, Materialverluste); polarisiert (Wir-Sie-Schema); Berichterstattung ist in Raum/Zeit begrenzt: die Ursachenanalyse erfolgt nach dem Motto: Wer warf den ersten Stein?; unterscheidet ›unseren‹ Journalismus von dem ›der anderen‹ (Propaganda); macht den Krieg undurchsichtig und geheimnisvoll; diskreditiert ›die anderen‹; fokussiert die Siegreichen des Krieges; stellt Krieg als Lösung von Problemen dar; versucht, die Konfliktparteien zu entmenschlichen; berichtet reaktiv, d. h. nachdem es zu Gewalt gekommen ist.
Wahrheitsorientiert, d. h. er entlarvt Unwahrheiten und (Verschleierungs)-Lügen auf allen Konfliktseiten.	Propagandaorientiert, d. h. er entlarvt vor allem Unwahrheiten und Verschleierungen der ›anderen‹ (Propaganda).
Volks- bzw. Menschenorientiert, d. h. er fokussiert das Leiden aller (Frauen, Alte, Kinder etc.) und gibt ihnen eine Stimme; nennt alle, die Unrecht tun; lenkt den Blick auf Friedensstifter im Volk.	Elitenorientiert, d. h. er fokussiert Leiden einseitig, benennt nur gegnerisches Unrecht; ist Sprachrohr von Eliten; schaut auf Friedensstifter der Eliten.
Lösungsorientiert, d. h. er versteht Frieden als Gewaltfreiheit plus Kreativität; konzentriert die Darstellung auf Strukturen, Kultur und die friedliche Gesellschaft; berichtet über Folgen des Kriegsausgangs (Lösung, Wiederaufbau, Versöhnung); stellt Friedensinitiativen und Konfliktlösungen heraus, um neue Kriege zu verhindern.	Siegorientiert, d. h. er versteht Frieden als Sieg/Niederlage plus Waffenstillstand; verheimlicht Friedensinitiativen, solange kein Ergebnis in Sicht ist; konzentriert die Darstellung auf Abkommen, Institutionen und die kontrollierte Gesellschaft; vernachlässigt die Nachkriegsphase; berichtete erst über Folgen, wenn Krieg wieder aufflammt.

Quelle: Weichert, Stephan Alexander (2005): Die Selbstüberbietungsspirale. Probleme und Perspektiven journalistischer Krisenberichterstattung. In: Beuthner, Michael/Weichert, Stephan (Hrsg.): *Die Selbstbeobachtungsfalle. Grenzen und Grenzgänge des Medienjournalismus*. Wiesbaden, S. 357.

ßerhalb der Administration und mit Bürgern zu sprechen und sich nicht ausschließlich auf Strategie-Debatten zu konzentrieren.

2.5.2 Widrigkeiten in der Geiselberichterstattung

Sämtliche Empfehlungen für die Verbesserung der Konfliktberichterstattung sind prinzipiell auch auf die Berichterstattung über Terrorismus mit ihren oben geschilderten Defiziten übertragbar.

Der Kommunikationswissenschaftler Friedrich Krotz erklärt mit Blick auf den modernen, medienzentrierten Terrorismus: »Gerade heute wäre es, wenn man einen Krieg der Kulturen verhindern will, wichtig, die Konfrontationen zu versachlichen und sie auf ihren kriminellen Kern zurückzuführen – das wäre m. E. eine sinnvolle Adaption der Überlegung Galtungs, die sich ja auf kriegs- oder friedensbefördernde Medienleistungen beziehen, an die Probleme mit dem Terrorismus und mit verwandten Krisen.«[132] Was aber heißt das praktisch? Einen Klärungsversuch unternimmt die Journalistin und promovierte Medienwissenschaftlerin Andrea Hoffmann. Sie ruft bei der Terrorismusberichterstattung zu Sparsamkeit mit Emotionen auf, zur Vorsicht im Umgang mit schockierenden Bildern, zum Verzicht auf Superlative, zu Behutsamkeit bei Prognosen über mögliche Konsequenzen und zur Vermeidung von Parteinahme. Außerdem empfiehlt sie ihren Kollegen, das Interesse von Terroristen an Medienpräsenz zu thematisieren und – analog zu bereits erwähnten Stimmen – sich auf Hintergründe zu konzentrieren und über Konflikte nicht lediglich aus Anlass eines Gewaltausbruchs zu berichten.[133]

So ist auch der generelle Einfluss von Geiselnahmen auf die Medien innerhalb des journalistischen Berufsstandes heftig diskutiert worden. In der Folge sind Programmverantwortliche, etwa bei der ARD, dazu übergegangen, auf die Ausstrahlung von Geiselvideos ganz zu verzichten. Das ZDF hat sich derweil entschieden, keine Bewegtbilder solcher Videos mehr zu zeigen, weil dies die Menschenwürde verletzt und die Terrorpropaganda noch weiter verstärken würde. Dass dies auch im Sinne der Behörden ist, die gerade zu Beginn einer Geiselnahme an einer unaufgeregten Bericht-

---

132 Vgl. WEICHERT, STEPHAN ALEXANDER (2005): Die Selbstüberbietungsspirale. Probleme und Perspektiven journalistischer Krisenberichterstattung. In: BEUTHNER, MICHAEL/WEICHERT, STEPHAN (Hrsg.): Die Selbstbeobachtungsfalle. Grenzen und Grenzgänge des Medienjournalismus. Wiesbaden, S. 358.
133 Vgl. HOFFMANN, ANDREA C. (2008): Multiplikatoren des Schreckens. In: LÖFFELHOLZ, MARTIN/ TRIPPE, CHRISTIAN F./HOFFMANN, ANDREA C. (Hrsg.): Kriegs- und Krisenberichterstattung. Ein Handbuch. Konstanz, S. 244f.

erstattung interessiert sind, leuchtet ein. *Spiegel-Online*-Reporter Matthias Gebauer erklärt dazu:»Denn es sollte kein Signal an die Geiselnehmer geben, dass ein Land und seine Öffentlichkeit in Panik verfallen. Das würde einen möglichen Preis für eine Freilassung in die Höhe treiben.«[134] Die Zusammenarbeit von Medien und Behörden bleibt dennoch prekär, wie die Kritik des ehemaligen ZDF-Chefredakteurs Nikolaus Brender an der Informationspolitik des Außenministeriums anlässlich der Entführung eines deutschen Ingenieurs 2007 in Afghanistan zeigt.»Noch nie waren wir von Seiten der Bundesregierung so schlecht informiert«, stellt er fest. Dies sei insbesondere problematisch, weil die Entführer inzwischen selbst aktiv Informationen an die Journalisten herantragen würden. So sei dem ZDF ein Erpresservideo für 3 500 Euro angeboten worden, was der Sender jedoch ablehnte.[135] Redaktionelle Selbstbeschränkungen setzen die Einsicht voraus, dass es bei der Konfliktberichterstattung um mehr geht als um Schnelligkeit und Exklusivität. Es ist sicher kein Zufall, dass sich Privatsender mit ihrem kommerziellen Wirken schwerer damit tun. Das erwähnte Erpresservideo wurde von RTL in Teilen gezeigt; laut *Spiegel* ist dafür wohl Geld geflossen.[136] Ein anderes Geiselvideo, das den entführten Deutschen zeigt, wurde zuerst auf AL-JAZEERA gesendet. Der Deutschlandkorrespondent des Kanals betonte jedoch, dass die Bilder nicht exklusiv an den in Katar ansässigen Sender gegeben wurden.[137]

Für Journalisten ist ein engmaschiges Kontakt- und Recherchenetzwerk zu den Behörden unerlässlich, mit dessen Hilfe Informationen überprüft und gegengecheckt werden können. Auch eine behutsame Zusammenarbeit mit Geheimdienstquellen kann dabei in Betracht gezogen werden. Hier kommt den Journalisten eine vorsichtige Öffnung vonseiten der Dienste gegenüber der Öffentlichkeit entgegen. Die Tätigkeit des BND beispielsweise bei der Geiselnahme der Familie Wallert auf den Philippinen ist von offizieller Seite eingeräumt worden.[138] Die Gefahr, Fehlinformationen aufzusitzen, bleibt indes immens, und eine grundlegende Skepsis gegenüber

---

134 WEICHERT, STEPHAN (2008): Durst nach Nachrichten. Interview mit Matthias Gebauer. In: *journalist*, Ausg. 1/2008, S. 38.
135 Vgl. *Der Spiegel* (2007): ZDF-Chefredakteur kritisiert Regierung, Ausg. 35/2007, S. 75.
136 Ebd.
137 Vgl. VORSAMER, BARBARA (2007):»Es wird mit zweierlei Maß gemessen«. Gespräch mit Aktham Suliman. In: *sueddeutsche.de* vom 7. August 2007. Internet-Ressource: http://www.sueddeutsche.de/politik/al-dschasira-korrespondent-aktham-suliman-es-wird-mit-zweierlei-mass-gemessen-1.647661
138 Vgl. BUCK, CHRISTIAN F. (2007): *Medien und Geiselnahmen. Fallstudien zum inszenierten Terror.* Wiesbaden, S. 263.

nicht nachprüfbaren Quellen gehört nach wie vor zum unverzichtbaren journalistischen Handwerkszeug.

2.5.3 Medienselbstregulierung und Richtlinien

Die Frage, wie im Falle von Konflikten, Terrorismus oder Geiselnahmen berichtet werden soll, wurde von verschiedenen Sendern mit der Formulierung von Richtlinien zu beantworten versucht. Als Best-Practice-Modell gelten die Editorial Guidelines der BBC.[139] Während in Deutschland solche Möglichkeiten der Selbstregulierung in vielen Redaktionen häufig nur intern und abstrakt diskutiert werden, hat die BBC im Juni 2005 eine überarbeitete Version ihres teils obligatorischen, teils fakultativen Richtlinienkatalogs vorgelegt, in dem so ziemlich alles geregelt ist, was Reportern, Programmplanern, Journalisten und Moderatoren im Redaktionsalltag begegnen kann: Neben allgemeinen Werten werden praxisnahe Instruktionen zum Reportereinsatz in Krisengebieten, zur britischen Wahlberichterstattung, aber auch zur Übertragung von königlichen Hochzeiten geliefert. Berücksichtigt werden auch Szenarien wie Kidnappings und Erpressungen. Eindeutig ist beispielsweise geregelt, dass keine zugespielten Videos oder Live-Interviews mit Verbrechern gesendet werden dürfen. Zudem müssen Mitarbeiter umgehend Meldung machen, wenn sie Kontakt zu Kriminellen aufnehmen und Regierung oder Geheimdienste informieren. Ähnlich, wenn auch nicht ganz so kleinteilig, hat sich der öffentlich-rechtliche US-Sender PUBLIC BROADCASTING SERVICE (PBS) bereits seit den 1970er-Jahren Editorial Standards and Policies auferlegt, die ebenfalls 2005 erneuert wurden.[140] Hier wird etwa unter der Rubrik »Unaccepable Production Practices« gefordert, dass sich Produktionsteams während terroristischer Ereignisse oder ähnlicher Ausnahmezustände notfalls zurückziehen müssen, wenn sich abzeichnet, dass die Präsenz der Fernsehkameras in irgendeiner Weise den Verlauf der Lage beeinflussen könnte.

Auch die deutschen öffentlich-rechtlichen Sender haben vor einigen Jahren erste Gehversuche mit Richtlinien unternommen: Seit 2004 ist die ARD staatsvertraglich verpflichtet, alle zwei Jahre einen Report über die Qualität ihrer Angebote vorzulegen. Laut einem Bericht von 2009 be-

---

139 BBC (o. J.): *Editorial principles & coverage of conflict.* Internet-Ressource: http://www.bbc.co.uk/ guidelines/editorialguidelines/edguide/war/editorialprinci.shtml
140 PBS (2005): *Public Broadcasting Service. Editorial Standards and Policies.* Internet-Ressource: http:// www.pbs.org/aboutpbs/aboutpbs_standards.html

findet sich ein umfassendes System zur Qualitätssicherung noch im Aufbau.[141] Obwohl der Bericht vom ARD-Intendanten und vom Programmverantwortlichen als ›ARD-Leitlinien‹ bezeichnet wird, ist er mit den BBC-Guidelines kaum zu vergleichen, vielmehr nennt er eher abstrakte Informationen zum ARD-Programm. In puncto Konflikt- und Terrorberichterstattung hält man sich ganz bedeckt. Ein kaum konkreteres Bild liefert das ZDF, das zuletzt 2004 eine Reihe von Selbstverpflichtungen formulierte. Darin wird hinsichtlich der aktuellen Berichterstattung erklärt, zu der natürlich auch die Krisenberichterstattung gehört, man werde »über alle relevanten Ereignisse des Tages« berichten, und zwar »umfassend, schnell und zuverlässig«.[142] Mit konkretem Blick auf die Auslandsberichterstattung verpflichtet man sich allerdings lediglich zu einer schwerpunktmäßigen Berichterstattung aus Europa und Asien. Über Standards der Krisenberichterstattung erfährt der Leser nichts. In Deutschland gibt es also noch eine erhebliche Lücke, was die Formulierung von ethischen Verhaltenskodizes für Mitarbeiter, insbesondere von Fernsehsendern und Zeitungsverlagen betrifft. Um dem Beruf des Krisenjournalisten gerecht zu werden, reicht es offenbar nicht, umfassend und rasch zu informieren. Differenziert aufklären heißt in Krisenfällen auch, die Parameter der Berichterstattung transparent zu machen und für externe Medienkritik empfänglich zu sein.

2.6 Neue Kriege, neue Medien: Aktuelle Entwicklungen

2.6.1 Die ›neuen Kriege‹

Der Charakter kriegerischer Auseinandersetzungen hat sich in den vergangenen Jahrzehnten fundamental geändert, lautet eine These von Herfried Münkler:[143] Ihm zufolge entwickelt sich der Krieg zwischen Staaten zu einem historischen Auslaufmodell. An seine Stelle treten zum einen asymmetrische Konflikte, in denen reguläre Armeen bewaffnete Gruppen, wie

141 ARD (2009): Leitlinien für die Programmgestaltung der ARD 09/10 und der Bericht 07/08, S. 11. Internet-Ressource: http://www.daserste.de/service/ARD-Leitlinien08-2.pdf
142 ZDF (2004): Programmperspektiven des ZDF 2004 bis 2006. Internet-Ressource: http://www.zdfjahrbuch.de/2004/dokumentation/selbstverpflichtung.htm
143 MÜNKLER, HERFRIED (2002): Die neuen Kriege. Reinbek bei Hamburg.

etwa Terroristen bekämpfen. Zum anderen tritt das Phänomen des *neuen Kriegs* auf. Bei diesem handelt es sich um eine unüberschaubare Gemengelage, in der sich verschiedene parastaatliche oder private Gewaltakteure gegenüberstehen, etwa Warlords, Drogenkartelle, Söldnerfirmen oder Terrornetzwerke. Die Grenzen der *neuen Kriege* zu organisierter Kriminalität sind fließend. In diesem Zusammenhang ist auch ihre spezifische Ökonomie zu sehen, die diese Konflikte nicht nur undurchsichtig und langwierig macht, sondern auch äußerst grausam für die Zivilbevölkerung. Für Journalisten bedeuten asymmetrische und ›neue‹ Konflikte neue Bedrohungen: Sie werden nicht nur – wie übrigens auch Mitarbeiter von Hilfsorganisationen wie dem Roten Kreuz – in stärkerem Maße direkt mit Waffengewalt konfrontiert, sie werden auch gezielt ermordet, um Bilder der Tat propagandistisch zu nutzen. Nicht zuletzt ist auch für Journalisten das Risiko gestiegen, Opfer von Entführungen zu werden. Nichtstaatliche Kriegsparteien finanzieren ihren Kampf zunehmend mit Kidnapping und Erpressungen. CNN-Krisenreporterin Christiane Amanpour erklärt im Interview mit dem *Spiegel*:»Ich mache diesen Job seit zwei Jahrzehnten, und er wird immer gefährlicher! Das hat nichts damit zu tun, dass wir versehentlich ins Kreuzfeuer geraten, der Grund ist viel heimtückischer: Egal ob Staaten, Paramilitärs, Aufständische – alle wollen nur noch ihre eigene Sicht der Dinge in der Welt haben und deswegen die unabhängigen Informationsquellen zum Schweigen bringen. Immer mehr Journalisten werden verletzt, gekidnappt oder umgebracht.«[144]

Zu prominenten Entführungsopfern wurden in den letzten Jahren die italienische Reporterin Giuliana Sgrena und ihre französische Kollegin Florence Aubenas, die beide im Irak gekidnappt wurden. Sgrenas Fall sorgte für Aufsehen, weil ihr Fahrzeug kurz nach ihrer Freilassung von US-Truppen beschossen worden war. Ihr Begleiter, der Agent Nicola Calipari, wurde dabei getötet, sie selbst verletzt.[145] Auch die Arbeit in Afghanistan ist hochgefährlich. 2007 wurden dort beispielsweise der italienische Journalist Daniele Mastrogiacomo und sein afghanisches Team von Taliban entführt; sein Fahrer wurde ermordet.[146] Bereits 2002 entführten Islamisten

144 HORNIG, FRANK/SCHULZ, THOMAS (2009):»Es ist eine Tragödie«. *Spiegel*-Gespräch mit Christiane Amanpour. In: *Der Spiegel* vom 26. September 2009. Internet-Ressource: http://www.spiegel. de/spiegel/0,1518,651436,00.html
145 Vgl. KOHL, CHRISTIANE (2005): Tödliches Ende einer siegreichen Mission. In: *Süddeutsche Zeitung* vom 7. März 2005, S. 2.
146 MASTROGIACOMO, DANIELE (2007):»…und plötzlich erfasste sie unerklärliche Wut«. In: *Zeit Online* vom 29. März 2007. Internet-Ressource: http://www.zeit.de/2007/14/Mastrogiacomo

in Pakistan den amerikanischen Journalisten Daniel Pearl und ermordeten ihn vor laufender Kamera. Das Video wurde im Internet veröffentlicht.[147] Die Situation verbesserte sich auch nicht mit der Verabschiedung der Resolution 1738 des UN-Sicherheitsrats im Dezember 2006, die Angriffe auf Journalisten in Konfliktsituationen verurteilt. Mit Blick auf die asiatischen Krisenregionen stellt das *International News Safety Institute* nüchtern fest:»Die Ermordung von Journalisten stellt nach wie vor eine risikolose Zensurmethode dar, da neun von zehn Tätern nicht zur Rechenschaft gezogen werden.«[148]

2.6.2   Die Macht der Bilder, Web 2.0 und WikiLeaks

Der Unterlegenheit gegenüber staatlichen Armeen hinsichtlich Ausrüstung und Technik versuchen bewaffnete Gruppen in asymmetrischen Konflikten in zunehmendem Maße Bilder entgegenzusetzen. Diese sollen die Öffentlichkeit in der Heimat der Feinde demoralisieren und Druck aufbauen. 1993 waren im US-Fernsehen Bilder aus der somalischen Hauptstadt Mogadischu zu sehen, die Anhänger des lokalen Warlords beim Schänden der Leichen amerikanischer Soldaten zeigten. Als sich die US-Armee kurz darauf aus dem afrikanischen Land zurückzog, war vom *Mogadischu-Effekt* die Rede. Münkler konstatiert:»Auch die mächtigste Supermacht ist verletzbar, lautete die Botschaft von Beirut und Mogadischu, die von den Gegnern und Feinden der USA begierig aufgegriffen wurde, und sie ist besonders dann verletzbar, wenn man den Konflikt auf anderen Feldern und mit anderen Mitteln austrägt als denen, die herkömmlich dem Krieg zugerechnet wurden. Dabei gewannen die Medien zunehmend an Bedeutung: Über sie gelangten Bilder in die amerikanische Öffentlichkeit, mit denen Gewaltakteure aus aller Welt versuchten, Entscheidungen der USA zu beeinflussen.«[149]

Die Entwicklungen der vergangenen zehn Jahre haben allerdings entscheidende Neuerungen gebracht: Eine Kontrolle und Zensur der Bilder ist mit dem Aufkommen von ›sozialen Medien‹, Smartphones und Kamera-Handys nur noch unter großem Ressourceneinsatz möglich. Im Internet

147 PATALONG, FRANK (2002): Die zweite Hinrichtung des Daniel Pearl. In: *Spiegel Online* vom 11. Juni 2002. Internet-Ressource: http://www.spiegel.de/netzwelt/web/0,1518,200219,00.html
148 KOEGLER, CHRISTOF (2009): Reporting Conflicts – An Asian Perspective. In: DEUTSCHE WELLE: *Conflict Prevention in the Multimedia Age*, Dokumentation des Global Media Forum 2009, S. 92.
149 MÜNKLER, HERFRIED (2002): *Die neuen Kriege*. Reinbek bei Hamburg, S. 52.

zirkulieren dabei zum einen Bilder, die von klassischen Massenmedien aus ethischen Gründen häufig nicht gezeigt werden. Beispiele umfassen Bilder von verstümmelten Toten oder von der brutalen Ermordung von Geiseln. Zum anderen werden im weltweiten Datennetz ebenfalls Dokumente veröffentlicht, die offiziell der Geheimhaltung unterliegen.

So sorgte die Website *WikiLeaks* wiederholt für Diskussionen, als sie ihr zugespielte Dokumente und Videos von Pentagon und CIA publizierte. Einen ersten großen Coup landete das Webportal des australischen Internetaktivisten und Journalisten Julian Assange im Juli 2010, als es circa 90 000 Dokumente des US-Militärs über den Afghanistan-Krieg publizierte und damit ein weithin gegenläufiges Bild des militärischen Engagements der alliierten Streitkräfte am Hindukusch an die Öffentlichkeit brachte als das bisher von offiziellen Stellen propagierte.[150] Gleiches gilt für ein *WikiLeaks*-Video, das den Angriff auf eine Gruppe von Menschen in Bagdad aus der Cockpit-Perspektive eines Kampfhelikopters zeigt.[151] Bei dem Angriff kamen auch zwei Reuters-Journalisten ums Leben. Auch der klassifizierte Feldjägerbericht der Bundeswehr zum Tanklasterangriff in Kundus, bei dem im September 2009 zahlreiche Zivilisten getötet wurden, ist auf *Wiki-Leaks* veröffentlicht worden. »Es ist nicht schwer, an geheime Dokumente zu gelangen. Die Schwierigkeit besteht darin, sie zu veröffentlichen, ohne enttarnt zu werden«, erklärte ein Mitglied des *Advisory Boards* auf einer Konferenz in Kopenhagen.[152] Ende 2010 schließlich avancierte *WikiLeaks* zum Kristallisationspunkt in der Diskussion um Transparenz und den Umgang mit Informationen im Netz: Durch die Veröffentlichung geheimer Botschaftsdokumente des US-Außenministeriums wurde das Portal von der einen Seite zur Bedrohung, von anderer Seite als Heilsbringer hochstilisiert.[153] Kritiker werfen der Website vor, Persönlichkeitsrechte und andere demokratische Schranken bei Veröffentlichungen zu verletzen oder Soldaten durch Geheimnisverrat wissentlich in Gefahr zu brin-

150 Vgl. GEBAUER, MATTHIAS/FISCHER, SEBASTIAN/WITTROCK, PHILIPP (2010): Taskforce 373. Die dreckigste Seite des Krieges. In: *Spiegel Online* vom 26.07.2010. Internet-Ressource: http://www.spiegel.de/politik/ausland/0,1518,708507,00.html
151 Vgl. PUTZ, ULRIKE (2010): US-Helikopter feuert auf Zivilisten in Bagdad. In: *Spiegel Online* vom 6. April 2010. Internet-Ressource: http://www.spiegel.de/politik/ausland/0,1518,687427,00.html
152 In: *Der Tagesspiegel* (2009): Verräter! Verräter? 28. Dezember 2009. Internet-Ressource: http://www.tagesspiegel.de/medien/verraeter-verraeter/1654766.html
153 Vgl.: Enthüllt. Wie Amerika die Welt sieht. Die Geheimdienstberichte des US-Außenministeriums. In: *Spiegel* v. 29.11.2010.

gen.[154] Von Journalisten kann *WikiLeaks* als Rechercheinstrument genutzt werden, allerdings stellt es sie auch vor Herausforderungen: Die Echtheit der Dokumente und die einzelnen Quellen lassen sich in der Regel nicht zurückverfolgen. Wird aus privaten Daten zitiert, drohen gerichtliche Auseinandersetzungen. Auf der anderen Seite ist es Klägern, anders als bei Medienunternehmen, bislang nicht gelungen, *WikiLeaks* zur Herausgabe von Quellen zu zwingen.[155]

Auch weitere Neuerungen der digitalen Kommunikation verändern die Berichterstattung über Krisen – insbesondere, weil potenziell eine breitere Öffentlichkeit Material liefert. Auch Menschen, die sich nicht in erster Linie als Journalisten verstehen, können online aktuelle Kommentare ebenso wie Amateurvideos veröffentlichen, etwa in Blogs oder auf der Videoplattform *YouTube*. Außerdem können mittels des Dienstes *Twitter* kurze Nachrichten massenhaft versendet werden. In Online-Fotodatenbanken stehen darüber hinaus häufig aktuelle Aufnahmen zur Verfügung. Aufgrund der starken Vernetzung der einzelnen Quellen im Internet ist eine einmal einsetzende Kommunikationswelle kaum zu steuern und von autoritären Regimen nur durch starke Repression zu kontrollieren. Für die Krisenberichterstattung ergeben sich aus den neuen Kommunikationswegen Chancen – aber es bestehen auch Risiken hinsichtlich fehlerhafter Darstellungen und Manipulationen.

Als es 2009 im Iran infolge einer undemokratischen Präsidentschaftswahl zu wochenlangen Unruhen kam, wurde fremden Journalisten die Einreise verwehrt, Korrespondenten wurden an der Arbeit gehindert und Kontakte ins Ausland erschwert. ARD-Korrespondent Peter Mezger etwa durfte tagelang sein Hotelzimmer nicht verlassen und seine Kommentare für die *Tagesschau* wurden mit Kameras des iranischen Fernsehens aufgezeichnet.[156] Gleichzeitig berichtete eine Vielzahl von Demonstranten in Blogs über die gewaltsame Niederschlagung der Demonstrationen. Hunderte mit Mobiltelefonen aufgenommene Kurzvideos im Internet zeigen Demonstrationen und Übergriffe von Polizei und Paramilitärs. In den Fernsehredaktionen war das Videoportal *YouTube* eine willkommene

---

154 Ebd.
155 Vgl. MÜLLER, MARTIN U. (2010): Globale Enthüllung. In: *Der Spiegel* 15/2010, 12. April 2010. Internet-Ressource: http://www.spiegel.de/spiegel/print/d-69946905.html
156 Vgl. STÖCKER, CHRISTIAN/NEUMANN, CAROLIN/DÖRTING, THORSTEN (2009): Ahmadinedschads Angst vor dem Netz. In: *Spiegel Online* vom 18. Juni 2009. Internet-Ressource: http://www.spiegel.de/netzwelt/web/0,1518,631030,00.html

Quelle, weil das Material die fehlende Berichterstattung durch eigene Journalisten kaschieren konnte. Allerdings mussten die Videos vor der Ausstrahlung aufwendig verifiziert werden. So wurde das Material beim ZDF nur unter der Bedingung publiziert, dass übereinstimmende Bilder aus unterschiedlichen Quellen und außerdem passende Texte vorliegen. Laut Maßgabe der Chefredaktion muss stets auf die unsichere Quellenlage hingewiesen werden.[157] Der Bilderstrom versiegte jedoch zusehends, als die Polizei härter gegen filmende Demonstranten und gegen Blogger vorging. Im Zusammenhang mit der Iran-Berichterstattung wurde auch Kritik an dem amerikanischen TV-Network CNN laut: Obwohl der Sender mit der Reporterin Amanpour aus Teheran berichtet hatte, äußerten viele Zuschauer ihr Missfallen darüber, dass CNN eine Show-Wiederholung zeigte, während in der iranischen Hauptstadt die Proteste eskalierten.[158] Der Ruf als erstklassiger Krisensender mit dynamischen Krisenreportern vor Ort, den CNN aufgrund seiner Berichterstattung vom Tiananmen-Massaker 1989 und vom Irak-Krieg 1991 besitzt, hat gelitten.

Die Kehrseite des ungefilterten Informationsflusses über das Web besteht in der Unmittelbarkeit der Botschaften. Die Bilderflut ist schneller als der Journalismus. In Krisenzeiten verändert sich die Berichterstattung, weil sich der »permanente Aktualisierungsdruck«[159] insbesondere in Online-Redaktionen noch verschärft. Mit modernen Kommunikationsmitteln werden Proteste in Minutenschnelle organisiert und können plötzlich ausbrechen, so geschehen beim Sturz des philippinischen Ministerpräsidenten Estrada 2001.[160]

Gleichzeitig werden Videoportale von Konfliktparteien genutzt, um die Berichterstattung für die jeweilige Perspektive zu vereinnahmen. »Information und Fehlinformation, Cyberterrorismus, Hackeraktivitäten und Militär-Blogs – das sind nur einige der Phänomene und Konzepte, die militärische Konflikte im Multimedia-Zeitalter mehr und mehr prägen,« schreibt der Journalist Michael Münz. Hinzu kommt eine Vielzahl von

157 Vgl. *Spiegel Online* (2009): Handy-Fotografen riskieren Prügel. 1. Juli 2009. Internet-Ressource: http://www.spiegel.de/netzwelt/mobil/0,1518,633665,00.html
158 Vgl. STELTER, BRIAN (2009): Real-Time Criticism of CNN's Iran Coverage. In: *New York Times* vom 14. Juni 2009. Internet-Ressource: http://www.nytimes.com/2009/06/15/business/media/15cable. html?_r=1
159 MANNTEUFEL, INGO (2008): Permanenter Aktualisierungsdruck. In: LÖFFELHOLZ, MARTIN/ TRIPPE, CHRISTIAN F./HOFFMANN, ANDREA C. (Hrsg.): *Kriegs- und Krisenberichterstattung. Ein Handbuch.* Konstanz, S. 177ff.
160 MÜNZ, MICHAEL: Kanonenfutter für Cybervögel. In: *Weltzeit*, Ausg. 03-2009, S. 8.

Online-Tagebüchern von Soldaten und Zivilisten in Krisengebieten.[161] Teilweise wecken Online-Informationen professionelle Selbstzweifel bei Krisenreportern. So räsoniert Antonia Rados in einem ihrer Bücher über den Folterskandal im US-Militärgefängnis Abu Ghraib im Irak:»Der bisher größte Erfolg, wenn man es so bezeichnen kann, des Internet war der Abu-Ghraib-Skandal [...]. Warum? Der Skandal kam auf, weil eine Wächterin, ein weibliches Mitglied der US-Armee, auf Posten im Abu-Ghraib-Gefängnis, Fotos von Gefangenen, wie sie gequält und erniedrigt wurden, einigen Kollegen per Internet, zum Spaß sozusagen, zuschickte, von denen wiederum einer seine Vorgesetzten informierte, weil er die Fotos nicht in Ordnung fand. Erst dann ging die amerikanische Justiz an die Arbeit. Kein einziger Journalist war involviert, wir können also schwer sagen, dass Abu Ghraib ein wirklicher Erfolg des Journalismus ist. Niemand kann uns im Moment mit klaren Worten sagen, ob das Journalismus ist. Einerseits schon, denn es wurde etwas Wichtiges berichtet, andererseits nicht, denn es war vielmehr ein Zufallsprodukt als eine gezielte Information, die an die Öffentlichkeit sollte. Alles war Zufall. Nichts war organisiert.«[162]

2.6.3 Terrorismus und Internet

Auch Terroristen nutzen Online-Plattformen intensiv. Unter bestimmten Bedingungen genügt ein Internetanschluss, um die politische Agenda auch ohne großen logistischen Aufwand aufs heftigste zu irritieren.[163] Dem Terrorismusforscher Gabriel Weimann zufolge kommt modernen Terroristen die Funktionsweise der Kommunikationsinfrastruktur entgegen, denn diese macht die Terrorpropaganda nicht nur einfacher, billiger und anonymer, sondern vor allem auch schnell und global.[164] Genutzt werde die computervermittelte Kommunikation insbesondere,

- um Nachrichten vergleichsweise frei und einfach zu übermitteln,
- für an die Bevölkerung, an Unterstützer und Feinde gerichtete Propaganda,

---

161 Ebd.: S. 9.
162 RADOS, ANTONIA (2009): *Die Fronten sind überall. Aus dem Alltag der Kriegsreportage*. Wien, S. 141.
163 Vgl. WEICHERT, STEPHAN (2006): Terror in Internet. Eine aktuelle Bestandsaufnahme. In: *Medienheft* vom 27. November 2006. Internet-Ressource: http://www.medienheft.ch/kritik/ bibliothek/k26_WeichertStephanAlexander_4.html
164 WEIMANN, GABRIEL (2006): *Terror on the Internet. The new Arena, the new Challenges*. Washington, D.C.

- um mittels einer ausgefeilten Online-Kommunikationsstrategie wichtiger und einflussreicher zu wirken, als es tatsächlich der Fall ist,
- um Desinformation, Drohungen und Bilder ihrer Taten zu veröffentlichen sowie
- um eine diffuse Angst in der Bevölkerung angesichts der Beherrschung der Internet-Technik auszulösen (>Cyber-fear<).

Hinzu kommen praktische Anwendungsbereiche des Internets für Terroristen. Bei Finanzierung, Rekrutierung, Ausbildung, Informationsbeschaffung und der Koordination von Aktionen spielt das Web eine wesentliche Rolle. Nach Einschätzung von Experten hat die Informationstechnologie ebenfalls zu einer zunehmenden Radikalisierung terroristischer Vereinigungen geführt.[165] Die qualitative Untersuchung der Internetpräsenz terroristischer Gruppen förderte zutage, dass üblicherweise Informationen über die Geschichte der Organisation sowie Biografien ihrer Führer und Helden verfügbar sind. Darüber hinaus wird über politische und ideologische Ziele informiert, was oft mittels Karten von umstrittenen Gebieten geschieht. Teilweise besteht die Möglichkeit, Propagandamaterial herunterzuladen. Auch wird sich mitunter direkt an Journalisten und die Öffentlichkeit gewandt: Oft werden Pressemitteilungen, aktuelle Statements und Meldungen publiziert. Eine Seite der libanesischen Hisbollah spricht Journalisten sogar direkt an und fordert sie auf, per E-Mail mit der Pressestelle der Organisation in Kontakt zu treten.[166]

Beobachter attestieren insbesondere islamistischen Gruppen wie Al-Qaida einen äußerst professionellen Einsatz moderner Kommunikationsmittel. Bereits in den 1990er-Jahren sei die entsprechende Propaganda über weltweite Netzwerke auf CDs verteilt worden. Mittlerweile übernimmt das globale Datennetz die Distribution und dient darüber hinaus als eine Art virtuelles Ausbildungslager.[167] Mit exzellenten Kenntnissen der Möglichkeiten verschlüsselter Kommunikation, geschickter Agitation und regem Veröffentlichen von Videos sind die Islamisten ihren Verfolgern dabei häufig einen Schritt voraus.[168] Online-Publikationen wir das von Al-Qaida heraus-

165 Vgl. RID, THOMAS/HECKER, MARC (2009): Virtueller Erfolg. Terrorismus- und Aufstandsbekämpfung im 21. Jahrhundert. In: *Internationale Politik*, 64. Jg., Juli/August 2009, Nr. 7/8, S. 51.
166 WEIMANN, GABRIEL (2007): Online Terrorism – Modern Terrorists and the Internet. In: GLAAB, SONJA (Hrsg.): *Medien und Terrorismus. Auf den Spuren einer symbiotischen Beziehung*. Berlin, S. 56f.
167 THEVESSEN, ELMAR (2007): Die Nutzung der Medien durch Terroristen. In: GLAAB, SONJA (Hrsg.): *Medien und Terrorismus. Auf den Spuren einer symbiotischen Beziehung*. Berlin, S. 59.
168 Ebd.: S. 60ff.

gegebene Webzine *Inspire* stehen außerdem für die Anpassungsfähigkeit der islamistischen Ideologie an westliche Sichtweisen und Gepflogenheiten.[169] Islamisten wissen daher genau, wie sie die Mechanismen der globalen Medienkommunikation nutzen können. Die auf die arabische Region spezialisierte Kommunikationswissenschaftlerin Carola Richter schreibt: »Auch und gerade westliche liberale Medien übernehmen die publizistischen Produkte der islamistischen Terroristen und verbreiten deren Weltbild weiter. Die Videos der militanten Islamisten beispielsweise sind an sich wenig professionell und nicht viel mehr als gesprochene Bekennerschreiben mit visueller – und oftmals grausigster – Untermalung. Sie passen jedoch perfekt in die Arbeitsweise der Massenmedien, die authentisches und überraschendes Material brauchen, um ihre selbst konstruierten Nachrichtenfaktoren zu erfüllen. Konkurrenzdruck führt zusätzlich oft dazu, dass exklusives Material nicht aus ethischen Gründen unterdrückt, sondern – wenn auch gekürzt und kommentiert – verbreitet wird.«[170]

2.6.4 Neue Entwicklungen in der Krisenkommunikation

Terrorpropaganda ist im Cyberspace oft nur wenige Klicks entfernt von zweckmäßigen Informationsquellen und Anwendungen: Moderne Informations- und Kommunikationstechnologien, Online-Netzwerke oder -Datenbanken stellen immer öfter wertvolle Recherche-Instrumente für Krisenjournalisten dar. So wurde 2003 beim Weltgipfel der Informationsgesellschaft in Genf die Initiative ICT4Peace ins Leben gerufen. Eines ihrer Projekte ist die Website *Ushahid*, auf der mittels ›Crowdsourcing‹ Informationen über die Krisensituation in Kenia nach der Wahl 2007/2008 zusammengetragen werden. Die Datenbank verknüpft Informationen zu Übergriffen, Schäden und der aktuellen Lage der Infrastruktur mit Google-Maps und kann online abgerufen werden.[171]

Ein weiteres innovatives Feld der Kommunikation von Krisen und Konflikten bilden die aufkommenden *Serious Games* der Computerspiel-

---

169 Vgl. HACKENSBERGER, ALFRED (2010): ›Inspire‹ – ein Magazin wie ein Sprengsatz fürs Hirn. In: *Welt Online*, 16. Oktober 2010. Internet-Ressource: http://www.welt.de/politik/ausland/article10337937/Inspire-ein-Magazin-wie-ein-Sprengsatz-fuers-Hirn.html

170 RICHTER, CAROLA (2007): Kommunikationsstrategien islamistischer Terroristen. In: GLAAB, SONJA (Hrsg.): *Medien und Terrorismus. Auf den Spuren einer symbiotischen Beziehung.* Berlin, S. 81.

171 Vgl. ASHKENAZI, MAAYAN (2009): How can Technologies and Information be leveraged to manage crisis better? In: DEUTSCHE WELLE (2009): *Conflict Prevention in the Multimedia Age*, Dokumentation des Global Media Forum 2009, S. 93.

industrie. Dabei handelt es sich um digitale Lernspiele, die bestimmte Situationen simulieren und so zum Nachdenken anregen sollen. Mitunter werden auch politische Krisen- und Konfliktsituationen thematisiert. Das Lernspiel *Peacemaker*[172] etwa hat den israelisch-palästinensischen Konflikt zum Gegenstand. Der Spieler hat die Aufgabe, als Regierungschef einer der beiden Seiten Frieden in der Region zu schaffen. In dem von den Vereinten Nationen herausgegebenen Spiel *Food Force* geht es um die Schwierigkeiten bei der Verteilung von Hilfsgütern in Konfliktzonen.[173] Natürlich können diese Programme ein solides journalistisches Training nicht ersetzen, wohl aber können sie, so deren Befürworter, als Schnittstelle zwischen Medien und Journalismus fungieren und zum Verständnis von komplexen Zusammenhängen in Konflikten beitragen.[174] Werden didaktische Spiele kostenlos angeboten, erreichen sie zudem bisweilen eine erstaunlich große Reichweite: Das UN-Game *Food Force* wurde allein im ersten Monat nach Veröffentlichung 700 000 Mal gespielt.[175]

Solchen Serious Games stehen Spiele gegenüber, die eher Propagandazwecken dienen. So setzt das amerikanische Militär das Game *America's Army* zu Rekrutierungszwecken ein.[176] Überhaupt steht dem um Aufklärung bemühten Krisenjournalismus eine mächtige Multimedia-Industrie entgegen, die in Kooperation mit dem Militär sogenannte ›Militainment‹-Produkte produziert.[177] Das Pentagon unterstützt bereitwillig Filme wie *Top Gun* (Tony Scott, 1986) oder *Pearl Harbor* (Micheal Bay, 2001), in denen das Militär in positivem Licht gezeigt wird. Der langjährige Leiter des Pentagon-Verbindungsbüros in Hollywood, Phil Strub, erklärte hierzu: »Any film that portrays the military as negative is not realistic to us.«[178]

172 Internet-Ressource: http://www.peacemakergame.com/
173 Vgl. THOMPSON, CLIVE (2006): Video Games. Saving the World, One Video Game at a time. In: *New York Times* vom 23. Juni 2006. Internet-Ressource: http://query.nytimes.com/gst/fullpage. html?res= 9901E3DB163FF930A15754C0A9609C8B63&sec=&spon=&pagewanted=1
174 Vgl. BJOERN, KLAUS/BAKER, MATT: From Representation to Simulation: Serious Games and new Approaches to Crisis. In: DEUTSCHE WELLE (2009): *Conflict Prevention in the Multimedia Age*, Dokumentation des Global Media Forum 2009, S. 133.
175 Vgl. THOMPSON, CLIVE (2006): Video Games. Saving the World, One Video Game at a Time. In: *New York Times* vom 23. Juni 2006. Internet-Ressource: http://query.nytimes.com/gst/fullpage. html?res= 9901E3DB163FF930A15754C0A9609C8B63&sec=&spon=&pagewanted=1.
176 Internet-Ressource: http://www.americasarmy.com/
177 Vgl. SCHWARZBECK, NADINA (2009): Pleasure, Ideology and Algorithm. The Rise of the Military Entertainment Complex. In: DEUTSCHE WELLE: *Conflict Prevention in the Multimedia Age*, Dokumentation des Global Media Forum 2009, S. 148ff.
178 BOGGS, CARL/POLLARD, TOM (2007): *The Hollywood War Machine. U.S. Militarism and Popular Culture*, Boulder, CO, S. 226.

In Bezug auf die öffentlichen Diskurse in Deutschland sind solche Vorgänge allerdings kaum vorstellbar. Bettina Gaus stellt hierzulande eine sachliche, unaufgeregte und unsentimentale Tonlage fest und attestiert der Gesellschaft einen hohen Reifegrad. Dennoch sei »das Bedürfnis nach möglichst ›interessant‹ gestalteten Informationssendungen in einer prononciert zivilen Gesellschaft nicht geringer als andernorts. Wobei ›interessant‹ in diesem Zusammenhang häufig nur eine schönfärberische Bezeichnung für ›unterhaltend‹ ist. [...] Im Zusammenhang mit der Berichterstattung über Kriege und Krisen ist es regelmäßig die militärisch überlegene Seite, die den höheren Unterhaltungswert zu liefern imstande ist.« Nachdenklich fügt sie hinzu: »Elend ist statisch und langweilig. Erfolge sind dynamisch und wecken Neugier auf die weitere Entwicklung.«[179]

179 GAUS, BETTINA (2004): *Frontberichte. Die Macht der Medien in Zeiten des Krieges.* Frankfurt/M., S. 116.

3. ÜBER ROLLENBILDER, TRENDS UND DEFIZITE IM KRISENJOURNALISMUS: ANALYSE

Um die Hintergründe und Hürden der journalistischen Arbeit in und über Krisenherde zu analysieren, haben wir eine Reihe erfahrener deutscher Auslandskorrespondenten und Reporter befragt. Diese Interviews, die im Folgenden dokumentiert werden, bilden das Herzstück der vorliegenden Studie. Um typische Schwachpunkte und Missstände in der Krisenberichterstattung zu identifizieren und nach deren Ursachen zu suchen, wurde die Methode leitfadengestützter Experteninterviews gewählt. Dabei steht keine repräsentative Auswahl im Vordergrund, sondern die Komposition typischer Fälle, die einen möglichst ertragreichen Einblick in die kommunikativen Abläufe und praktischen Strategien im Krisenjournalismus ermöglichen. Die befragten Praktiker fungieren aufgrund ihrer Erfahrungen und Kompetenzen als Experten, deren Einschätzungen für die Einzelbefunde und Gesamtanalyse des Gegenstands von zentraler Bedeutung waren.

Zur empirischen Vorgehensweise: Auswahl und Methodik

Konkret wurden 17 Gespräche mit Journalisten geführt, die für deutsche Medien tätig sind oder es über einen langen Zeitraum waren. Mit Souad Mekhennet konnte des Weiteren eine Reporterin für die Befragung gewonnen werden, die für das ZDF und unter anderem auch für die *New York Times* arbeitete. Unsere Gesprächspartner waren im Einzelnen:

ANTONIA RADOS (RTL)
ARIANE REIMERS (ARD/NDR)
CAROLIN EMCKE (u. a. *Die Zeit*)

CHRISTOPH MARIA FRÖHDER
(freier Journalist, u. a. ARD)
CHRISTOPH REUTER (*Stern*)

ELMAR THEVESSEN (ZDF)
FIONA EHLERS (*Der Spiegel*)
GERHARD KROMSCHRÖDER
(ehem. *Stern*)
KATRIN SANDMANN (ehem. N24)
MAIKE RUDOLPH (ARD/NDR)
MATTHIAS GEBAUER (*Spiegel Online*)
REINER LUYKEN (*Die Zeit*)

SOUAD MEKHENNET
(u. a. ZDF, *New York Times*)
STEPHAN KLOSS (freier Journalist)
SUSANNE FISCHER
(freie Journalistin)
SUSANNE KOELBL (*Der Spiegel*)
ULRICH TILGNER (SF, ehem. ZDF)

Die Gesprächspartner werden in den Interviews mit vollem Namen genannt, um eine eindeutige Zuordnung der Expertenaussagen zu ermöglichen.
Für eine Studie dieser Art ist es unabdingbar, die Herkunft der zum überwiegenden Teil innerhalb ihrer Branche bedeutenden Personen zu identifizieren,
um ihre Erfahrungen und Einschätzungen besser in den Kontext stellen zu
können. Alle Interviews wurden persönlich von den Autoren durchgeführt
(Face-to-Face-Gespräch oder telefonisch) und elektronisch aufgezeichnet.
Mit der vergleichsweise offenen Methode qualitativer Intensiv-Interviews
ist es möglich, das nur schwach konturierte Forschungsfeld zu explorieren;
dabei wird flexibel auf den jeweiligen Gesprächsverlauf reagiert. Gleichzeitig wird eine gewisse Vergleichbarkeit ermöglicht. Die Schwerpunkte in den
Interviews bestanden aus den Kritikpunkten und Defiziten, mit denen sich
Krisenjournalisten hauptsächlich konfrontiert sehen: Der Leitfaden griff
dementsprechend neben (1) dem jeweiligen *(biografischen) Zugang des Befragten
zum Berufsfeld* primär die Themenkomplexe (2) *Trends und Entwicklungslinien
in der Krisenkommunikation und -berichterstattung*, (3) *Arbeit im Krisengebiet und
Recherche-Netzwerke* sowie (4) *Qualitätssicherung und Verbesserungsbedarf* auf.[180]

180 Die Aufnahmen der Gespräche, deren Dauer zwischen ca. 30 und 90 Minuten variierte, wurden transkribiert und standen so der Analyse zur Verfügung. Als Grundvoraussetzung für die
lückenlose Auswertung der Expertengespräche wurden die Tonaufnahmen vollständig unter
Maßgabe einer annähernd wörtlichen Wiedergabe des Gesprächsverlaufs transkribiert. Auf
Wunsch fast aller Befragten wurde die Möglichkeit zur Autorisierung eingeräumt, sodass eine
nachträgliche Bearbeitung und Freigabe des Interviews als wichtiger Faktor zur Bewertung der
Äußerungen zu berücksichtigen ist – und einzelne Interview-Passagen für die thematische Analyse im (seltenen) Fall von sinnentstellenden Änderungen und Streichungen nicht verwendet
wurden. Nach der Autorisierung wurden solche Aussagen, die für die Analyse relevant waren,
hervorgehoben und nach den Themenschwerpunkten des Interview-Leitfadens sortiert. Danach wurden die betreffenden Aussagen empirisch analysiert, zunächst durch die Suche nach
Stichworten und durch Zuordnung zu den einzelnen Problembereichen. Für die eigentliche
Interpretation wurden besonders die wiederholt angesprochenen Themen hervorgehoben
sowie singuläre und ungewöhnliche Äußerungen gekennzeichnet. Abschließend haben wir
die Aussagen unter Berücksichtigung unserer Vorüberlegungen und anhand der Forschungs-

Die in einem solchen qualitativen Verfahren gewonnenen Aussagen sollen keine repräsentativen Erkenntnisse formulieren, jedoch ein tieferes Verständnis der Arbeitssituationen von Krisenjournalisten ermöglichen. Insofern handelt es sich bei den angeführten Zitaten keineswegs um allgemeingültige Tatsachenbehauptungen der befragten Personen, sondern um individuelle Wahrnehmungen, deren Wahrheitsgehalt ebenso streitbar ist wie ihr Geltungsanspruch. Außerdem besteht bei persönlich geführten Interviews das latente Risiko, dass es zu dem ungewünschten Effekt einer Beeinflussung der Antworten in eine bestimmte Richtung kommt, die von der sozial-dynamischen Gesprächssituation abhängt. Mit anderen Worten: Es ist nicht auszuschließen, dass unsere Gesprächspartner vereinzelt in einer Weise geantwortet haben, die sich an einem gesellschaftlichen Konsens orientiert (›soziale Erwünschtheit‹), vor allem wenn es sich um moralisch aufgeladene Problembereiche wie beispielsweise journalistische Rollenbilder, professionelle Fehltritte oder Ideale in der politischen Berichterstattung handelt.[181]

Aufbau des Analyseteils

Im *ersten Analysekapitel* wird zunächst das Selbstbild und das Rollenverständnis der befragten Krisenjournalisten näher untersucht: Wie wird ein Journalist gerade in Zeiten des weltpolitischen Aufruhrs zum Auslandsreporter? Wie geradlinig – oder, im Gegenteil – kurvenreich verlaufen sol-

fragen interpretiert. Bei der schriftlichen Ausarbeitung der Studie wurden die maßgeblich angesprochenen Themen um Interviewauszüge ergänzt, die sich durch ihre Deutlichkeit bei der Beschreibung eines Problembereichs oder durch ihre besondere Originalität in der Beschreibung eines Problembereichs oder durch ihre besondere Originalität in der der individuellen Wahrnehmung der Befragten auszeichnen. Einzelzitate und Blockzitate können dabei das Verständnis des erhobenen Interview-Materials veranschaulichen und vermeiden helfen, dass die Analyse durch etwaige Verdichtungen und Kategorisierungen durch den Forscher allzu stark vereinfacht wird.

181 Ein wesentlicher Faktor, der ebenfalls zur Beeinträchtigung der Gesprächsergebnisse führen kann, ist eine gewisse Zurückhaltung der Interviewpartner in Bezug auf eine Beurteilung ihrer Arbeitgeber und Kollegen, was sich in unserem Fall konkret bei den Themen ›Zusammenarbeit mit Heimatredaktionen‹ und ›Kollegenorientierung/Recherche-Netzwerke‹ bemerkbar machte. Weil die Gesprächspartner in unserer Studie durch die namentliche Nennung leicht identifizierbar sind, ist diese Enthaltsamkeit bzw. der Mangel an Kritikbereitschaft aus Gründen der Loyalität und Fairness durchaus nachvollziehbar und erwartbar. Entsprechend konnte auch eine nachträgliche Korrektur betreffender Passagen wegen der (üblichen) Autorisierungspraxis nicht ausgeschlossen werden. Diese inhaltlichen Kontraktionen haben wir angesichts der Ergiebigkeit des Gesagten jedoch in Kauf genommen, zumal wir im Nachhinein festgestellt haben, dass die Rücknahme von Aussagen die Ausnahme war und sich einige Befragte trotzdem kritisch zu den neuralgischen Punkten Arbeitgeber/Kollegen äußerten. Dennoch sind wir bei der Interpretation der persönlichen Einschätzungen äußerst sensibel vorgegangen.

che Karrieren? Was erwarten die Korrespondenten von ihrem Beruf? Wie abgeklärt oder idealistisch gehen sie mit den alltäglichen Problemen und Herausforderungen im Krisengebiet um? Und wie stehen sie dazu, dass sie immer wieder von den Kollegen und dem Publikum in der Rolle des Helden gesehen werden?

Es folgt im *zweiten Kapitel* die Analyse übergreifender Entwicklungen und Trends im Krisenjournalismus aus Sicht der Befragten: Welche Zwänge entstehen durch die wirtschaftlich angespannten Verhältnisse in den Redaktionen, speziell in der Fernseh- und Zeitungsbranche? Wie haben sich die Voraussetzungen für Recherche und Nachrichtenaggregation angesichts der virtuosen PR-Maschinerie von Regimen und Konfliktparteien im Umgang mit den professionellen Medien verändert? Welche Gefahren und Chancen birgt die Vielzahl neuer Medientechnologien? Welchen Kriterien und Prinzipien folgt die redaktionelle Themensetzung? Welche Kämpfe hat der Krisenreporter nicht nur in der Ferne, sondern auch im Verhältnis zu seiner Heimatredaktion auszufechten?

Im *dritten Analysekapitel* werden die Recherchestrategien und Recherche-Netzwerke der Krisenjournalisten näher untersucht: Warum entscheiden sich immer weniger Journalisten für eine dauerhafte Präsenz in Krisenregionen? Welche kulturellen und sozialen Hürden gilt es in Zeiten der Globalisierung und der religiösen Radikalisierung zu überwinden? Wie gehen Krisenreporter mit Gefahrensituationen im Einsatzgebiet um? Wodurch ist die Zusammenarbeit mit Stringern und Informanten vor Ort gekennzeichnet? Welche Gründe können für das ›Palestine-Syndrom‹ ausgemacht werden? Und wie gestalten sich die Beziehungen zu offiziellen Stellen beziehungsweise inwiefern konfligieren deren Propagandaziele mit dem Ideal einer unabhängigen Berichterstattung aus Krisenregionen?

3.1   Wie wir wurden, was wir sind:
        Beruf Krisenreporter

»Wenn ich dort bin, wo es knallt, dann kann ich nur eines schreiben: ES KNALLT! Das war es dann auch schon!« Zu dieser Einsicht kam Ulrich Ladurner, Jahrgang 1962 und Politikredakteur bei der *Zeit*, als er Anfang der 1990er-Jahre in Kroatien landete und inmitten von Häuserruinen und menschlichem Leid versuchte, ein guter Krisenreporter zu sein. »Der schreibende Kriegsberichterstatter ist gut beraten, immer einen Schritt zurückzutreten. Er soll die Hitze des Krieges spüren, aber er darf sich von ihr nicht verzehren lassen. Der Krieg fährt mit solcher Wucht auf die Menschen ein, dass er Herzen verwirrt und Köpfe vernebelt«, schrieb er später.[182] Was in Journalisten vorgeht, die fernab der Heimat ihr Leben aufs Spiel setzen, um über eine Welt in Schieflage zu berichten und Einblicke zu geben in Kriege, Konflikte und Katastrophen, ist ein Geheimnis geblieben. Was treibt Krisenreporter an? Mit welchen Idealen treten sie ihre Reisen an – und welche Karrierechancen versprechen Einsätze in Terrorregionen, Erdbebengebieten oder Kriegszonen? Die Arbeitsmethoden von Krisenjournalisten werden zutiefst von ihren biografischen Hintergründen geprägt, da ihnen ihr Spezialgebiet wie kein anderes journalistisches Ressort Flexibilität genauso wie Standfestigkeit abverlangt und sie ihren Aufträgen unter physischen und psychischen Extrembedingungen nachgehen.

3.1.1   Werdegänge und Stolpersteine in den Beruf

Die Lebensbahnen von Krisenreportern verlaufen denkbar unterschiedlich – geografisch wie auch seelisch. Mit jeder Ausnahmesituation verändern sich die persönlichen Blickwinkel, Gefühle, manchmal auch Haltungen.»Es gab Situationen, wo meine Sympathien sogar innerhalb eines Konflikts mehrmals die Seite gewechselt haben. Das ist schlicht und ergreifend menschlich«, sagt die Fernsehjournalistin Katrin Sandmann (ehem. N24). Durch die Erfahrungen menschlichen Leids, von Unrecht oder akuter Gefahr für das eigene Leben werden Weltbilder erschüttert und die eigene Rolle hinterfragt. Mit jeder neuen Krisenerfahrung verändern sich auch die Erwartungen, mit welchen der Berichterstatter den nächsten Einsatz antizipiert. Ein klar konturiertes Berufsprofil für den Krisenjournalismus hat sich in Deutschland nach Ansicht der Befragten bislang aber noch nicht entwickelt. Dies liege auch an dem noch relativ schwach ausgebildeten Bewusstsein der deutschen Bevölkerung und ergo auch des journalistischen Personals für diese Form der Berichterstattung, vor allem über Kriege oder militärische Konflikte. Dies wird in erster Linie auf den jahrzehntelangen Grundsatz zurückgeführt, dass sich die Bundesrepublik auch nicht im NATO-Bündnis an kriegerischen Auseinandersetzungen im Ausland betei-

---

182 LADURNER, ULRICH (2005): Ein Kriegsreporter (Bosnien, Afghanistan, Kosovo, Irak) stellt Fragen an sich selbst und an seinen Beruf. In: *Kursbuch 162 – Ritter, Tod und Teufel – Krieg, Terror, Pandemien*, S. 74–77.

ligt. Ariane Reimers (NDR) spricht von einer »Kriegsferne« im öffentlichen
Bewusstsein, die verhinderte, dass sich – anders als in weltweit militärisch
engagierten Nationen wie den USA, Großbritannien oder Frankreich – in
den deutschen Nachrichtenredaktionen eine Tradition speziell der Kriegsberichterstattung manifestieren konnte:

»Dadurch, dass Deutschland im Krieg ist, hat es sich insofern schon verändert,
dass die Aufmerksamkeit eine andere ist. Bis 2000 oder bis zu den Jugoslawien-
Kriegen gab es eine Kriegsferne von Deutschen, das heißt, deutsche Soldaten waren nicht im Krieg. Das heißt auch, deutsche Berichterstattung, wenn sie denn
im Krieg war, war immer bei anderen im Krieg. Es gab sicherlich die großen
Vietnam-Geschichten, aber das war immer in einem geringeren Ausmaß, als es
in den USA oder in Frankreich oder in England war. Die haben eine viel größere
Tradition von ›journalism on war‹ und haben dementsprechend auch eine viel
größere Abdeckung von diesen Feldern gehabt« (Ariane Reimers).

Gleichwohl hat es auch in der jungen Bundesrepublik große Journalis-
tenkarrieren mit einem starken Krisenprofil gegeben. Peter Scholl-Latour
und Gert Ruge zog es in ihrer Rolle als Weltentdecker in den unruhigen
Zeiten der 1950er- bis 1970er-Jahre zwangsläufig in krisengemartete Zo-
nen. Der Kalte Krieg, das ideologische Kräftemessen zwischen Kapitalis-
mus und Kommunismus sowie zwischen Islam und Christentum oder
auch der Kampf um Bürger- und Menschenrechte wurden zu Hintergründen ikonischer publizistischer Werdegänge wie von dem Islam-Experten
Scholl-Latour oder dem Russland-Kenner und langjährigen China-Korres-
pondenten Ruge. Die Strahlkraft solcher Lebensläufe erweist sich auch
heute noch als stark genug, um von einigen der befragten Journalisten als
vorbildhaft und prägend für ihre persönlichen beruflichen Entscheidungen bezeichnet zu werden.

Nur wenige Befragte haben sich gezielt für eine Karriere als Krisenreporter entschieden, indem sie bewusst Einsatzregionen ansteuerten,
die von andauernden politischen, ethnischen oder religiösen Konflikten
gezeichnet waren. Stephan Kloss versucht seit Beginn seines Journalis-
tikstudiums, seinen Vorbildern, die er um ihr Wissen und ihre Erfahrung
beneide, nachzueifern und es ihnen gleichzutun. Zielstrebig ging er nach
seinem Diplom an der Universität Leipzig für knapp drei Jahre nach Indien,
wollte herausfinden und dokumentieren, was die Menschen in der latent
krisenanfälligen Region über den Lauf der Politik denken, fühlen, erzählen. Ab 2007 lebte er mit seiner Familie in der pakistanischen Hauptstadt
Islamabad und berichtete für die ARD über die Folgen der Terroristenjagd

am Hindukusch. Er sei zwar durchaus blauäugig in den Beruf gestartet, doch habe er 20 Jahre lang konsequent sein Ziel verfolgt, aus tatsächlichen Krisenherden heraus in die Heimat zu berichten. Die überwiegende Mehrheit der Befragten fand eher zufällig zu ihrer Berufung und beschränkt sich auch nicht ausschließlich auf die Berichterstattung über schwelende Konflikte, Kriege und Naturkatastrophen. Reiner Luyken von der *Zeit*, der auch gerne über Wellenkraftwerke vor der Atlantikküste oder Prinz Charles schreibt, sagt rückblickend auf eine lange Laufbahn als Nahost-Korrespondent sogar, er habe nie Journalist werden wollen und fand vor seiner eigenen Karriere die Arbeit von Krisen- und Auslandsreportern auch nicht sonderlich beneidenswert. Ähnlich sieht es Maike Rudolph (NDR), die heute für das ARD-Politmagazin *Panorama* Beiträge z. B. über Mütter-Mobbing in Betrieben oder den Handel mit falschen Doktortiteln produziert und sich selbst trotz ihrer Erfahrungen mit Ausnahmezuständen in fernen Weltregionen nicht als typische Krisenjournalistin sieht:

»Ich fand es total affig, wie sich Stephan Kloss im Fernsehen immer mit seinem Knöpfchen im Ohr wegduckte und wegdrehte. Da habe ich gedacht: Wieso macht man so etwas? Ich fand das nicht bewundernswert und auch nicht erstrebenswert, in Kriegsgebiete zu gehen. Aber ich glaube, mich mit dem Leid von Menschen auseinanderzusetzen und nicht davor wegzurennen, war immer eher die Motivation« (Maike Rudolph).

Rudolph wusste durchaus, auf was sie sich an ihren Einsatzorten im indischen Gujarat, danach in den Palästinensergebieten, in Afghanistan, in Birma und Bangladesch einließ. Nichtsdestotrotz habe für sie nicht der Reiz von Gefahr und Chaos den Ausschlag gegeben, sondern allgemeine übergreifende Problemfragen wie die Bewältigung von kulturellen und praktischen Herausforderungen bei der Berichterstattung. Für die Konfrontation mit Tod und Traumatisierungen sei sie jedoch erst vor Ort sensibilisiert worden:

»Im Endeffekt wurde ich nicht mit Toten konfrontiert, aber natürlich wurde ich in eine fremde Kultur hineingeworfen, mit vielen traumatisierten Menschen. Sie alle hatten Massaker erlebt und ich habe dann dort in den Flüchtlingslagern Radio-Interviews geführt. Das war das erste Mal, dass ich angefangen habe, mich mit Krisenjournalismus und Trauma auseinanderzusetzen. [...] Inder reden über Katastrophen ganz anders als Deutsche. Das hat mich schon fasziniert, aber nicht auf mich als Krisenreporterin bezogen, sondern eher unter dem Eindruck, in was für einer Situation hier die Menschen waren und wie sie damit umgehen. Die Kinder haben da völlig offen und frei in ganzen Sätzen über Gräueltaten geredet, das war für mich eigenartig und beeindruckend. Aber dadurch, dass ich durch Zufall am Anfang schon in so einer Situation war, war das Thema Krisenberichterstattung nicht generell ein Horror für mich« (Maike Rudolph).

Ihren Weg in den Beruf des Krisenreporters beschreiben weitere Kollegen wie Fiona Ehlers (*Der Spiegel*), Ariane Reimers (NDR) oder Elmar Theveßen (ZDF) ebenfalls als eher zufällig denn geplant: Dem studierten Politikwissenschaftler und Germanisten Theveßen fiel der Status des Terrorismusexperten des ZDF nach den Anschlägen vom 11. September 2001 in den USA zu, weil er sich als Washington-Korrespondent, Enthüllungsreporter des Politikmagazins *Frontal21* und späterer Chef vom Dienst und Leiter der Redaktion ›Aktuelles‹ des Senders schwerpunktmäßig mit den Folgen und Hintergründen der sich fortsetzenden Terrorwelle beschäftigte. Ehlers erzählt wiederum, sie sei als Kultur- und Gesellschaftsreporterin, nachdem sie an der Berichterstattung über den Irak-Krieg von 2003 beteiligt war und die Chance ergriff, nach dem Sturz Saddam Husseins direkt im Irak zu recherchieren, neugierig geworden und in ihre Rolle als Krisenberichterstatterin vielmehr »reingeplumpst«. Nun sitzt sie im *Spiegel*-Büro in Rom, reist weiterhin in Krisengebiete wie Pakistan oder Burma und fühlt sich auch als Italien-Korrespondentin nicht deplatziert, da es auch Italien in der jüngeren Vergangenheit immer wieder geschafft hat, unter anderem mit Polizeigewalt und Flüchtlingselend als Krisenschauplatz in die Nachrichten zu kommen – was auch Reimers erfuhr.

Ariane Reimers' anstrengendstes Krisenereignis war laut eigenem Befinden der G8-Gipfel in Genua im Jahre 2001. Dort habe sie ein Ausmaß an Polizeigewalt erlebt, mit dem sie nicht gerechnet hatte:

> »Seit Genua muss ich sagen, dass ich nie wieder etwas so Schlimmes erlebt habe. Ich war dort für *Panorama* damals. [...] Da habe ich zum ersten Mal eine unmittelbare Bedrohung empfunden, dass ich wegrennen, mich der Situation stellen und mich mit irgendwelchen Wahnsinnigen auseinandersetzen musste. Das hat mich negativ beeindruckt. Das lag auch daran, dass ich völlig von der Situation überrascht war, weil ich mit dem Ausmaß nicht gerechnet habe, und ich hatte schon das Gefühl, dass ich nach Genua relativ lange Zeit gebraucht habe, um das zu verkraften. Das einzige, was mich in die Richtung von Empfindlichkeit oder leichter Traumatisierung gebracht hat, war wenn überhaupt Genua« (Ariane Reimers).

In den Folgejahren hat Reimers ihrer Redaktion bei verschiedenen Auslandseinsätzen nachdrücklich unter Beweis gestellt, dass sie unter erschwerten Bedingungen aus entlegenen Regionen und in angespannten Situationen berichten kann. Bekannt wurde sie einem größeren Publikum durch ihre Berichte aus dem Himalaya, wo sie am Mount Everest ausharrte, um auf die verzögerte Ankunft der chinesischen Delegation des olympischen Fackellaufs zu warten, und den Wahnwitz der politischen Inszenierung kommentierte. Reimers leistete auch zwei Jahre Dienst als freie Junior-Korrespondentin im Studio Singapur und berichtete über mehrfach eskalierende ethnische und religiöse Unruhen in Indonesien sowie über eine Reihe von Umweltkatastrophen – wie den Tsunami Ende 2004 im indonesischen Aceh, über die Flutkatastrophe in Jakarta 2006, und über das Erdbeben in China 2008. Das alles sei aber nicht geplant gewesen, sondern vielmehr »holterdipolter« abgelaufen – angetrieben von der journalistischen Neugierde.

Sprichwörtlich auf den Geschmack zu kommen und sich konsequent eine Expertise in der Krisenberichterstattung zu erarbeiten, kann auch nach den Erfahrungen von Katrin Sandmann ganz zufällig und intuitiv geschehen. Sandmann stolperte förmlich nahtlos von einer Krise in die nächste: vom Kosovo-Konflikt in die zweite Intifada in Israel. Diese Aneinanderreihung von Ausnahmezuständen habe ihr gezeigt, dass sie auch das nötige mentale Rüstzeug mitbringe, um als Krisenjournalistin zu arbeiten: »Ich bin 1999 nach Israel gegangen, da war nichts. Da war es ganz friedlich und dann war aber gleichzeitig Jugoslawien, der Kosovo-Krieg und da war ja die Bundeswehr, wie wir alle wissen. Das ging aber ewig nicht los und keiner wusste, was da passierte. Aber die Bundeswehr saß in Mazedonien herum und alle waren aufgeregt. Und da sollte ich, weil ich in Jerusalem wenig zu tun hatte, mal hinfahren und auf die Bundeswehr aufpassen, wie das bei uns hieß. Und just in dem Moment, in dem ich da ankam, ging es dann tatsächlich los. Dann musste ich innerhalb von 12 Stunden entscheiden, ob ich mit der Bundeswehr ins Kosovo fahre oder nicht und da habe ich gesagt: Dafür sind wir ja alle hier. Dann sind wir da mit reingefahren und so hat es dann angefangen. Dann bin ich nach Israel zurückgekommen [...] und da ging die Intifada los, die zweite. Und da habe ich einfach festgestellt, dass es mir erstens nicht so viel ausmacht. Die Frage ist ja immer, kann man das oder rastet man sofort aus, mental auch. Irgendwann sieht man logischerweise das erste Mal, dass jemand erschossen oder in die Luft gesprengt wird. Das muss man ja auch alles verarbeiten können. Und es gibt dann auch genug, die gesagt haben: Das wollen wir nicht und können wir auch nicht« (Katrin Sandmann).

Später berichtete Sandmann ähnlich vielseitig wie zum Beispiel auch ihre Kollegin Antonia Rados (RTL): von Sri Lanka, nachdem der Jahrhundert-Tsunami die Insel verwüstet hatte, über den vom Wirbelsturm Katrina zerstörten Süden der USA, aus dem von der Schweinegrippe geplagten Mexiko oder auch aus dem Jemen über die Entführung deutscher Staatsangehöriger. Beispielhafte Karrieren wie diese oder solche von ambitionierten Nachwuchsreporterinnen wie Reimers und Rudolph erwecken den Eindruck, dass der zeitgenössische Krisenjournalismus in Deutschland für weibliche Berichterstatter erkennbar an Attraktivität gewonnen hat. Dies wird auch durch die Untersuchungsergebnisse erhärtet: So hat Souad Mekhennet nach ihrem ersten konkreten Kriseneinsatz während des Irak-Kriegs im Jahr 2003 für die *New York Times* und das ZDF viele Länder bereist, machte Station in Pakistan, im Irak, im Libanon, in Syrien und Jordanien, aber auch in den Emiraten Katar und Dubai, war in Nordafrika, speziell in Marokko und Algerien und arbeitete als freie Korrespondentin außerdem in diversen europäischen Staaten und Nordamerika. Als eine von wenigen Frauen ist sie bei der *New York Times* für die Krisenberichterstattung zuständig, glaubt aber zu beobachten, dass immer mehr Journalistinnen in dieses Berufsfeld drängen:

>Ich kann Ihnen nur sagen, dass in dem Bereich, in dem ich arbeite, ich eine der wenigen Frauen bin innerhalb der *New York Times*. Da sind noch nicht so viele. Aber ich sehe schon, dass es viele Reporterinnen gibt, die auch Krisenberichterstattung machen und dass das mehr geworden ist in den letzten Jahren. [...] Ich glaube, dass sich dadurch auch der Journalismus auf gewisse Art und Weise, oder das Bild, was man bekommt, verändert« (Souad Mekhennet).

Die befragten Journalistinnen geben hauptsächlich Karrieregründe für ihre Entscheidung an, sich den Gefahren und Herausforderungen des Krisenjournalismus auszusetzen. Susanne Fischer spricht von einem »Karrieresprung«, den sich viele Kolleginnen davon versprechen, sich gegenüber ihren Redaktionskollegen zu beweisen und zu bewähren, was »sonst in der Form nicht möglich gewesen wäre: dass man ein, zwei Jahre nach Bagdad geht und dann einen guten Korrespondentenposten woanders bekommt, den man als Frau nicht so ohne Weiteres bekommen hätte, dass Irak für sie also eine Karriere-Überholspur war. Weshalb manche wohl auch zu diesem Risiko bereit waren.« Antonia Rados (RTL) unterstreicht dies an ihrem eigenen Werdegang:

>Als junge Journalistin bekam ich,– und das wird vielen anderen Frauen auch so gehen, einfach keine Chance auf einen ›wichtigen‹ Korrespondentenposten in NY, London und Paris. Die wurden damals regelmäßig mit Männern besetzt und ich musste mir meine Sporen anderswo verdienen. [...] Es ist auch eine Generations-

frage: heute wohl etwas akzeptierter, aber zu Beginn meines Berufslebens noch eine große Herausforderung, einen Männerberuf zu ergreifen, was Kriegsreporter ja sind, obwohl es immer Frauen gab, die das machten. [...] Als junge Reporterin wird man ja ständig belächelt. Das kann einen ärgern, also möchte man es den Männern ›zeigen‹« (Antonia Rados).

Dass man sich selbst in heutiger Zeit gegenüber einer von Männern dominierten Redaktionshierarchie beweisen muss, zeigt auch die berufliche Entwicklung von Fiona Ehlers (*Der Spiegel*), die ihren Kollegen habe zeigen wollen, was in ihr steckte – aber auch sich selbst: »Ich wollte selber schauen, wie ich mit unvorhergesehen Situationen zurechtkomme. Wie ich spontan entscheide, nach links oder nach rechts zu fahren oder mitten hinein. Oder ob ich mich lieber gar nicht bewegen sollte.« Und wenn es schlecht ausgehe? Da schweigt Ehlers lieber. Krisenjournalismus, so lässt sich mit Rados folgern, muss keine berufliche Einbahnstraße sein, da niemand den Beruf »hundertprozentig« ausübe, sondern allenfalls durch verschiedene Einsätze über besondere Erfahrungen bei der Berichterstattung über Krisen verfüge. Von einem Krieg zur nächsten Naturkatastrophe zu tingeln, das sei ohnehin kein Arbeitsmodell, weshalb sämtliche Krisenreporter eine Gemeinsamkeit verbinde: dass sie auch bereit sind, über ganz gewöhnliche Themen zu berichten.

Schlussfolgerungen

Die meisten der befragten Krisenjournalisten definieren sich nicht als solche, sondern verstehen sich entsprechend der übergreifenden Entwicklung des Berufsfeldes als *Krisen-Hopper*, die je nach Nachrichtenlage der Aufgabe eines Krisenberichterstatters nachkommen. Dies wirkt sich auch auf die Verwurzelung der einzelnen Interims-Korrespondenten und deren Einsatzgebiete aus: Es gibt immer weniger fest ansässige Krisenreporter, die sich über lange Zeit intensiv mit einer bestimmten Region befassen können.

Journalist*innen* fühlen sich durch Kriseneinsätze animiert, sich innerhalb der Heimatredaktion zu beweisen, um bessere Aussichten darauf zu haben, *Karriere zu machen*. Weitere Motivationen von Krisenreportern sind ein ungebändigter *Reisedrang*, ihr *Wissen* über eine bestimmte Region zu *vertiefen* und die Welt *authentisch* mit eigenen Augen zu sehen, was wiederum eine kritische Wahrnehmung der medienvermittelten Bilder über fremde Regionen und Kulturen impliziert.

Die Risikobereitschaft, sich durch kurzfristige Einsätze in weithin unbekannten Krisengebieten tödlichen Gefahren auszusetzen, hat unter den
Krisenjournalisten zugenommen, wenngleich die genannten Motive hierfür
recht unterschiedlich sind – angefangen bei Erfolgsdruck und Karriere-
orientierung bis hin zum journalistischen Ideal der Aufklärung und dem
Drang, auf Reisen zu sein.

Wie kaum ein anderes journalistisches Tätigkeitsgebiet wird der Krisenjournalismus als Karrieresprungbrett – vor allem von Frauen und jüngeren Kollegen – genutzt. Die Hoffnung, sich in einem der gefährlichsten Berufsfelder vor
Redaktion, Kollegen und Arbeitgeber beweisen zu können, zeigt sich in den
beeindruckenden Karriereverläufen einiger charismatischer Reporterinnen.

3.1.2 Zwischen Wunsch und Wahnsinn: Rollenbilder im Krisenjournalismus

Wie unterscheiden sich Berufsbild, Funktionen und Rollen, die von Journalisten im Krisenfall eingenommen werden? Welchen Einfluss haben Art
und Ausprägung einer Krise auf das Selbstbild eines Reporters, der über
sie berichtet? Unterscheiden Korrespondenten zwischen verschiedenen
Krisenkategorien? Mit welchen Idealen und Überzeugungen versuchen die
Berichterstatter, Ausnahmezustände zu bewältigen und an ihr Publikum zu
vermitteln? Einigkeit besteht unter den Befragten bei der Unterscheidung
zwischen Krieg bzw. bewaffneten Konflikten und Naturkatastrophen, die
jeweils besondere Herangehensweisen erforderten und Recherchehürden
bereithielten, aber letztlich beide unter den Oberbegriff ›Krise‹ fielen: »Ein
Krieg ist natürlich immer eine Krise und auch die Katastrophe bringt Menschen in eine Krisensituation«, fasst Maike Rudolph (NDR) stellvertretend
für ihre Kollegen knapp zusammen. Beide Krisenformen verbinde indes
eine Richtschnur für den Berichterstatter: das journalistische Grundge-
spür, meint Susanne Koelbl vom Spiegel:

> »Ich glaube, die Situation für einen Reporter ist eigentlich immer dieselbe: Er wird
> in eine Situation gestellt, die ihn völlig überrascht, in der er ganz schnell und ganz
> nüchtern alles heranziehen muss, was er benötigt, um eine gute Berichterstattung
> zu leisten. Die Lage, in die er kommt, ist für ihn selbst herausfordernd, gefährlich
> und unvorhersehbar. Ob das eine Naturkatastrophe ist, in der es oft viele Tote gibt
> und in der es auch Unsicherheiten gibt, oder ob das ein Krieg ist, in dem geschos-
> sen wird und in dem man nicht genau weiß, wo steht der Feind oder wo beginnt die

feindliche Linie und wo bringe ich mich selbst in Gefahr. Das sind Übergänge, die
nicht erkennbar sind und auch der Krieg ist in gewisser Weise eine Naturkatastrophe, die über einen hereinbrechen kann« (Susanne Koelbl).

Letztlich steht der Krisenreporter immer vor dem epistemologischen
Problem, Krisen- oder Kriegszustände zu beschreiben, die herkömmliche
Maßstäbe oder Kriterien der Urteilkraft übersteigen. Wie soll etwas beurteilt oder beschrieben werden, das schwer zu begreifen ist? Dies unterscheide sich erheblich von den Schwierigkeiten eines Lokaljournalisten,
ihm unbekannte Kontexte zu beschreiben und zu beurteilen, sagt Carolin
Emcke (Die Zeit). Krisengebiete sind nicht einfach nur fremd und anders,
sondern moralisch verstörend:»Ich spreche über einen Kontext, in dem
man mit enormem Unrecht konfrontiert wird, mit enormem Leid«, so
Emcke. Es sei eine hermeneutische Aufgabe, gerade in Krisengebieten,
die dem Journalisten selbst fremd (geblieben) seien, die eigenen Eindrücke deuten zu können:»Diese reflektierte Unsicherheit und diese
hermeneutische Achtsamkeit muss ich immer haben als internationaler
Reporter, ganz gleich in welcher Gegend oder in welcher Kultur. Aber in
Kriegsgebieten kommt eine besondere Schwierigkeiten hinzu, nämlich,
dass es nicht einfach nur anders ist, sondern dass es sowohl moralisch
wie auch existenziell bedrohlich und verstörend ist«, erklärt Emcke und
ergänzt:»Deshalb sagen wir so oft diese Floskeln: ›unfassbar‹, ›unaus-
sprechlich‹, ›unbegreiflich‹.« All diese Worte, die immer wieder benutzt
werden, hätten den Kern, dass dramatisches Unrecht schwer zu fassen sei.
Es gebe eine»Lücke des Verstehens«:»Wir wollen nicht begreifen, dass
sich Menschen Verbrechen antun, wir wollen nicht verstehen, wie Gewalt
sich einschreibt in Menschen.« Das sei, so Emcke, ein psychisches Phänomen, dem sich auch Reporter nur schwer entziehen könnten, dem sie
sich aber entziehen müssten. Krisenreporter müssten gegen diesen inne-
ren und äußeren Widerstand des Nicht-Verstehen-Könnens und -Wollens
anschreiben:»Das ist einer der wichtigsten Gründe, warum ich in diese
Gegenden fahre«, sagt Emcke.

»Warum wird man Journalist? Hoffentlich wird ja auch niemand Arzt, weil er
weiße Kittel toll findet. Ein Journalist sollte schon eine Vision haben, warum
er diesen Beruf macht. Journalismus hat für mich etwas mit der Vorstellung
zu tun, dass man durch diesen Beruf, durch das geschriebene Wort, durchs fo-
tografierte Bild die Welt verändern und vielleicht ein bisschen besser machen
könnte. Zu dem Beruf gehört daher auch eine Skepsis, die Dinge nicht so zu
nehmen, wie sie sich einem darbieten. [...] Ich will den Krieg in seiner schauri-

gen Konsequenz darstellen und nicht als strategisches Spiel, was ja dann sogar
so weit gehen kann, dass die Leute den Eindruck haben, das sei tatsächlich nur
ein Computerspiel, ganz ohne echtes Blut« (Gerhard Kromschröder).

Die Ideale und Wunschbilder der befragten Journalisten ergeben eine
recht große Bandbreite: von der Abenteurerin zum Weltverbesserer, vom
klassischen Rechercheur bis zur Chronistin, von der Aufklärerin bis zum
Prinzipienverfechter. Katrin Sandmann (ehem. N24) erzählt, abgeklärt und
auch ein wenig enttäuscht, dass sie nur zwei Mal in ihrer Karriere das Gefühl
gehabt habe, etwas bewegen zu können. Daher habe sie es – im Gegensatz
beispielsweise zu Gerhard Kromschröder (ehem. *Stern*) während seiner aktiven Zeit – aufgegeben, daran zu glauben, die Welt verbessern zu können:

>»Es gibt ganz wenige Momente, wo man eventuell im Ansatz ganz vorsichtig
> mal das Gefühl hatte, man hätte etwas bewegen können. Das hatte ich in meiner
> journalistischen Karriere exakt zwei Mal, das finde ich nicht wirklich viel. Und
> ich weiß in letzter Konsequenz nicht, ob ich etwas erreicht habe mit dem, was
> ich dort getan habe. Insofern habe ich diesen hehren Anspruch nicht, der ist bei
> mir so ein bisschen weg« (Katrin Sandmann).

Andere haben für sich die Rolle von Vorkämpfern bzw. Pionieren angenommen, die sich, wie Koelbl es formuliert, in Regionen wagen, über die
seit langer Zeit niemand mehr berichtet hat oder sogar (so gut wie kein)
Wissen (mehr) vorhanden sei. Gleichwohl sei es vermessen zu denken, der
Korrespondent sei der erste Mensch, der über diesen oder jenen Flecken
Erde schreibe. Der Pioniercharakter findet vielerlei Ausdruck in den Schilderungen der Befragten, welche Widerstände und Hürden sie zu überwinden hätten, mit welch hohem Aufwand bisweilen die Anreisemodalitäten
und Recherchetätigkeiten verbunden seien. Angetrieben würden diese
Entdeckungs- und Kontextualisierungsleistungen von einer zeitlosen
Motivation. So sagt Antonia Rados (RTL): Ob sie nun über die Bundeswehr
oder afghanische Frauen berichte, ob aus dem Jemen, dem Iran, aus dem
Krieg oder über die Ruhe vor dem Sturm –»meine Neugierde ist eigentlich immer dieselbe.« Weniger festzustellen sind beinah klischeehafte
Motive wie die Faszination, sich zu verkleiden, zu verstellen und sich für
das hehre Ziel der Aufklärung in Gefahr zu begeben, wie Reporterveteran
Kromschröder die Ideale seiner Zeit beschreibt:

>»Ich war lange genug Extremkletterer, kenne also das, was sich Gefahr nennt. Insofern
> habe ich als Krisenreporter auch gefährliche Dinge gemacht, ohne mich verbiegen
> zu müssen. Das geht aber nicht jedem so. Oft wird von Korrespondenten ja auch ver-
> langt, dass sie in Krisengebiete gehen, aber viele sind dazu nicht imstande aufgrund

ihrer persönlichen Konstitution. Es gibt halt Leute, die sich sicherer fühlen, wenn sie in der Redaktion die Aktenhengste sind. Die gute Geschichten machen aufgrund einer Aktenlage. Ich bin dann eher einer, der rausgeht und auch Dinge macht, die nicht ganz so einfach sind und nicht ganz so ungefährlich« (Gerhard Kromschröder).

Die neue Reportergeneration folgt etwas anderen Beweggründen: möglichst unter Vermeidung von Gefahr Konflikte zu verstehen, zu beobachten und zu bewerten, wie sich der Wiederaufbau einer zerstörten Region oder eines ganzen Landes gestaltet, kurzum: wie sich Ordnung ins Chaos bringen lässt. Ariane Reimers (NDR) unterstellt ihrer eigenen Zunft einen geringen Hang zum Zynismus, weil sich wohl niemand Krisensituationen aussetze, der nicht in gewisser Weise Spaß daran habe. Doch ist unter dem Begriff ›Spaß‹ nach der Befragungsanalyse eher ein wesentliches Interesse an der eigenen Leistungsfähigkeit und Organisationsfähigkeit zu verstehen, die mit den Kriseneinsätzen getestet werden sollen: Wie weit lässt es sich vordringen in die fremde Kultur? Wie reagiert der eigene Verstand auf den Ausnahmezustand? Wie lässt es sich bewerkstelligen, der großen Verantwortung, das »Auge der Vielen« zu sein (Matthias Gebauer, *Spiegel Online*), auch gerecht zu werden? Gesprochen wird von Neugierde und Wissbegierde als »Urtriebfeder« (Stephan Kloss), von innerer Unruhe und sogar Sucht: Ja, irgendwie machten Kriseneinsätze süchtig, meint Sandmann, und ja, es habe etwas Betörendes, an den Ort zu fahren, »über den alle deine Freunde reden«, und zu erkunden, was dort geschehe – und doch: »Ganz so süchtig wie Heroin macht es dann am Ende doch nicht«, merkt Gebauer an. Und Rados glaubt: »Der ›Suchtfaktor‹ scheint mir eine typisch männliche Angelegenheit zu sein: Als Frau habe ich mit Armee, Militär und Krieg eigentlich nichts gemeinsam. Wenn ich in den Iran oder Irak fahre, dann fahre ich dorthin, um politische Reportagen zu machen, nicht um endlich eine Waffe in die Hand zu bekommen oder in einem Militärlager zu übernachten.«

Die Steckenpferde und Spezialgebiete der befragten Berichterstatter folgen hierbei jedoch in nachvollziehbarer Weise den weltpolitischen Brenn- und Krisenschwerpunkten des ersten Jahrzehnts des 21. Jahrhunderts, das bereits als »Zeit der Exzesse« beziehungsweise als »Das verlorenes Jahrzehnt« (*Spiegel*-Titel vom 7. Dezember 2009) in die Geschichte eingegangen ist: Irak, Iran und immer wieder Afghanistan werden als hauptsächliche Einsatzorte genannt. Selten noch werden Israel und die Palästinensergebiete erwähnt, deren Konflikt zwar schwelt und regelmäßig eruptiv eskaliert, aber in den Augen der Krisenreporter im Vergleich zu den Einsatzorten der Bundeswehr am Hindukusch stark an Relevanz im Nachrichtenwesen eingebüßt hat. Das Hauptinteresse zeitgenössischer Krisenreporter gilt primär der Anatomie und Ideologie des islamistischen Fundamentalismus und Terrorismus.

Bei dieser in der Regel abgeklärten und differenzierten Erwartungshaltung gegenüber der eigenen Rolle als Krisenjournalist mussten sich die Gesprächspartner von erstaunlich wenigen Idealen trennen, weil diese bei den meisten Befragten von vornherein auf die Begrenztheit der eigenen Handlungsmöglichkeiten beschränkt waren. Auffällig ist aber die untereinander durchaus widersprüchliche Haltung zum Engagement von Journalisten in Krisengebieten. Ersichtlich wird dies am Beispiel einer Grundsatzhaltung, die im Krisenjournalismus eine besondere Relevanz innehat: Die mahnenden Worte des früh verstorbenen Fernsehjournalisten Hanns-Joachim Friedrichs (*Tagesthemen*), dass sich ein Journalist nicht mit einer Sache gemein machen dürfe, nicht einmal mit einer guten, beanspruchen bei humanitären Katastrophen jeglicher Art eine hohe Geltung. Eingeschränkter Widerspruch kommt von Emcke: Der Satz sei ausgesprochen missverständlich, und es sei daher auch sehr unglücklich, dass er dauernd als ethische Richtschnur für Journalisten ausgegeben werde. Zuzustimmen sei Friedrichs in seiner Überzeugung, dass sich ein Journalist nicht mit einer Partei gemein zu machen habe oder mit einer einzelnen Bevölkerungsgruppe, einem Land oder bestimmten kollektiven Identitäten – aber mit einer Sache sofort:»Ich stelle mich gerne hin und sage, dass ich mich selbstverständlich mit einer Sache gemein mache, nämlich mit Menschenrechten, der Genfer Konvention.«

Nach Ansicht von Elmar Theveßen (ZDF) sei aber mit der zulässigen und begrüßenswerten Prinzipientreue eines Korrespondenten noch nicht die Intensität bestimmt, mit welcher der Journalist sich als Schnittstelle zwischen Krisen und Medienöffentlichkeit mit den Geschehnissen gemein mache:

»Ich halte das absolut für richtig, was Hanns-Joachim Friedrichs damals gesagt hat, und wir müssen peinlich genau darauf achten, weil wir uns nur so unterscheiden von denen, die da keinen Wert mehr drauf legen. Und diese Journalisten und Medien werden leider auch immer mehr und leider auch immer mehr gesehen, gehört und gelesen. Deswegen bin ich da sehr deutlich gegenüber meinen Mitarbeitern: Wer vor laufender Kamera im Katastrophengebiet in Haiti operiert und [...] sich selber wichtiger nimmt als das Objekt der Berichterstattung, der seine Distanzlosigkeit in welcher Form auch immer zeigt, ist aus meiner Sicht kein guter Journalist mehr. Wir müssen unsere Kollegen auch immer wieder genau an dieses Problem erinnern. Die Gefahr ist sehr groß, dass man sich mitreißen lässt« (Elmar Theveßen).

Die von Theveßen angesprochene Gefahr des Distanzverlustes unter dem Eindruck unsäglichen menschlichen Leids betrifft auch die zum Teil von Korrespondenten ausgesprochenen Spendenaufrufe für die Opfer von z. B. Erdbeben, wie unter anderem in Haiti. Katrin Sandmann (ehem. N24) sieht es als notwendig und gerecht an, dass Journalisten, die meist schneller als Hilfsorganisationen vor Ort seien, bei Katastrophen Menschen helfen.

Manche Kollegen sehen das anders: Christoph Maria Fröhder konstatiert, er würde ein solches Engagement, gar Aufrufe an das Publikum, zu spenden, »nie über den Sender und auch nie während der Berichterstattung« kommunizieren. Einem Sender sei es freigestellt, sich in der Weise zu engagieren, doch das gehöre nicht zur Arbeit eines Krisenreporters, weil dieser sich sonst instrumentalisieren lasse – »und auch für eine gute Sache lässt man sich möglichst nicht instrumentalisieren.« Auch Emcke sieht Journalisten in Katastrophenfällen in einem unangenehmen Rollenkonflikt, eben weil es Hilforganisationen brauche, aber nicht immer Journalisten:

»Mein Gefühl ist, dass ich bei Naturkatastrophen falsch am Platz wäre. Da wäre ich mit der Frage beschäftigt, ob ich nur im Weg stünde. Anders als bei militärischen oder politischen Krisen und Konflikten gibt es bei einer Naturkatastrophe seltener einen Adressaten der Kritik. Worin bestünde denn die aufklärerische Rolle des Journalisten in so einem Fall? Es ist zunächst einmal eine Natur-Katastrophe: Schicksal, Unglück, wie auch immer. Da braucht es primär wirkliche Helfer, technische Hilfsdienste, Ärzte, Logistiker, aber nicht unbedingt Reporter. Es mag Fälle geben, in denen die Präsenz von Journalisten wichtig ist, weil überhaupt niemand hingeht und es gar keine Information über eine Naturkatastrophe gibt, sodass eine Berichterstattung notwendig ist, um politische Aufmerksamkeit dafür zu schaffen. [...] Aber mein Eindruck ist, dass ich bei den meisten Naturkatastrophen eher eine Voyeursrolle einnehmen würde. Ich möchte nicht diejenigen Kollegen, die in Haiti mit schrecklichen und traurigen Bedingungen zu kämpfen hatten, in Misskredit bringen. Viele von denen haben hervorragende Arbeit geleistet, wie Peter Burghardt von der *Süddeutschen Zeitung*. Aber wenn ich nach den Unterschieden zwischen Kriegs- und Krisenberichterstattung gefragt werde, fallen für mich persönlich erst einmal Naturkatastrophen raus, weil dort in erster Linie Helfer gebraucht werden. Die sinnvolle Berichterstattung bei Naturkatastrophen, scheint mir, ist die, die langfristig solche Krisen betrachtet, die verfolgt, wie der Wiederaufbau gelingt oder scheitert. Da gibt es dann wieder Kritik und Aufklärung, die wichtig und nötig sein kann« (Carolin Emcke).

Auch nach den Meinungen von Maike Rudolph (NDR) und Fiona Ehlers (Der Spiegel) heiße es, mehrere Schritte vom Geschehen zurückzutreten, sich Raum zu verschaffen, um aus professioneller Distanz und doch aus der physischen Nähe heraus zu erklären, was hinter den Schlagzeilen und Zahlen steckt: Welches Leben, welche Schicksale, welche Mechanismen, welcher Alltag verstecken sich hinter der Krise? Dann könne sich das Publikum auf der Basis einer ausgeglichenen und möglichst umfassenden Berichterstattung selbst einen Eindruck machen, Mitgefühl empfinden und spenden, wenn es helfen möchte – denn letztlich stelle sich, so Rudolph, aus der persönlichen Sicht des Reporters stets die Frage:»Ist nicht ein Bericht auch ein Appell?« Demnach schimmerten die eigene Subjektivität und Betroffenheit häufiger durch, als es manche Korrespondenten zugeben wollen oder selbst an sich bemerken. Reiner Luyken (Die Zeit) stand durch die enorme seelische Belastung durch seine Kriseneinsätze schon kurz davor, ernüchternde Konsequenzen zu ziehen:»Dann kam ich zu Weihnachten nach Hause und ich war völlig kaputt und habe meiner Frau gesagt: Ich kann das nicht machen, die ganze Zeit nur Krieg und Leute kämpfen usw., ich will das nicht. Es gibt ja auch andere Sachen in der Welt.« Im Krisenjournalismus fahre man sich nur allzu leicht fest.

Schlussfolgerungen

Krisenreporter sind, wenn es brenzlig wird, auf schicksalhafte Weise auf Zufälle sowie auf ihre beruflichen Netzwerke angewiesen: Natürlich stehen auch Kompetenz, Talent, Besonnenheit sowie professionelle Coolness und Abgeklärtheit im Vordergrund ihrer Tätigkeit, doch entzieht sich im Einsatzgebiet Vieles der Kontrolle des einzelnen Korrespondenten. Antrieb für den Beruf des Krisenreporters ist vor allem ein unspezifischer Suchtfaktor, bei dem sich Abenteuerlust, Nervenkitzel, Herausforderung des eigenen Organisationstalents, das Bedürfnis nach Grenzerfahrungen und ein Aufklärungsideal (›Stimme der Unterdrückten‹) mischen. Vor allem Zeitungs- und Magazinjournalisten sind bestrebt, die Geschichte hinter der Geschichte zu erzählen und ›ihre‹ Krisenberichterstattung als Gegenentwurf zur Fernsehwirklichkeit zu präsentieren, der gemeinhin nachgesagt wird, die Emotionalisierung und Sensationsmache im Krisenjournalismus ganz wesentlich vorangetrieben zu haben.

Unter Krisenjournalisten ist dabei ein uneindeutiger Krisenbegriff weit verbreitet. Vereinzelt wird Krise als Oberbegriff für Krisentypen wie Katastrophen und Kriege/Konflikte verwendet, andererseits wird der Krisenbegriff stark mit bewaffneten und gewaltsamen, das heißt: für den Reporter existenzbedrohlichen Situationen in Zusammenhang gebracht. Dies mag auch daher rühren, dass die Aufklärungsfunktion von Journalisten vor allem in Konflikten und Kriegen vonnöten ist, während bei Katastrophen (zunächst) eher die emotionale Auf- und Verarbeitung im Vordergrund steht, in deren Folge sich die Journalisten oftmals in der Rolle des Helfers oder Fürsprechers der Opfer wiederfinden.

Im Rollenverständnis unterschieden sich die befragten Krisenreporter in dieser Studie zum Teil gravierend voneinander: Verstehen sich die einen eher als Abenteurer, Aufklärer oder gar Weltverbesserer, sehen sich andere eher als klassische Rechercheure, Prinzipienverfechter oder auch als Chronisten. So liefern die auf sich selbst projizierten Rollenbilder Hinweise auf einen *uneinheitlichen Status* des Berufsbildes Krisenjournalist.

> Wunsch und Wirklichkeit liegen im Alltag des Krisenjournalismus weit auseinander. Kaum ein Reporter kann seine Ideale – ob Aufklärer oder Weltverbesserer – verwirklichen, sondern scheitert allzu häufig an dem Widerspruch zwischen den komplizierten Verhältnissen vor Ort und der heimischen Medienlogik. Gefahren sind eine Abstumpfung des Korrespondenten und eine fortschreitende Desillusionierung, die auch inhaltliche Auswirkungen auf die Berichterstattung haben können.

3.1.3 Über Renegaten, Solisten und Solitäre: Wertschätzung des Berufs

Der Abend des 11. Oktober 2008 wurde für Maike Rudolph (NDR) zu einem Wechselbad der Gefühle. Sie war nicht etwa in einer entlegenen Region auf sich allein gestellt, war weder unsäglichem Leid noch lebensgefährlichen Bedrohungen ausgesetzt. Sie saß für sie ganz ungewohnt im festlichen Abendkleid im Kölner Coloneum, wo der Deutsche Fernsehpreis verliehen wurde. Nach der ›Besten Serie‹ würden die Anchormen Claus Kleber (ZDF) und Peter Kloeppel (RTL) ihr den Preis als ›Beste Moderation Information: Auslandsreporter‹ übergeben. Überrascht und ein wenig perplex öffnete sie ihr Herz und gab Einblick in das Seelenleben einer Krisenreporterin, die nicht mit Lebensmitteln, sondern mit einer Kamera Menschen gegenübertreten müsse, die alles verloren hätten. Dass sich die

gesamte Veranstaltung im Verlauf des Abends durch die Preisverweige-
rung des Literaturkritikers Marcel Reich-Ranicki zu einer Groteske entwickelte, schmälerte Rudolphs Rührung nicht. Doch sie machte sich im
Nachhinein einige Gedanken darüber, was ein solcher Preis gerade für
eine Journalistin wie sie bedeute:

>Ich habe die Fernsehpreisgala als totalen Kontrast zum Thema empfunden und
habe ich mich dort auch wie ein Fremdkörper gefühlt. [...] Ich hatte sogar manchmal das Gefühl, ein bisschen das Feigenblatt der Veranstaltung zu sein. [...] So ein
Fest rauscht einfach so an einem vorbei. Ich fand das toll, aber es ist natürlich auch
irgendwie absurd. [...] Mir war wichtig, dass sie die Geschichte gewürdigt haben
und insofern auch diese Katastrophe noch einmal in die Öffentlichkeit gebracht
wurde. [...] Aber dass man sich da grundsätzlich komisch fühlt zwischen all den
Schauspielern und den ›Deutschland sucht den Superstars‹, ist ja verständlich.
Ich weiß zum Beispiel noch, wie der Moderator von *Deutschland sucht den Super-
star* neben mir stand auf der Bühne und hinterher sagte: ›Wow, das ist ja echt toll.
Ich habe auch einmal so eine Reportage gemacht über die Rallye Dakar durch
die Wüste und da habe ich auch echt arme Menschen getroffen.‹ Da habe ich nur
gedacht: Oh Gott, oh Gott, wo bin ich hier?« (Maike Rudolph).

Dass sich die junge Fernsehjournalistin im Potpourri des bunten Fern-
sehschaffens zum einen fehl am Platz fühlte, zum anderen mit einer stark
verzerrten Wahrnehmung ihrer Arbeit durch Kollegen konfrontiert wurde,
weist auf die Ambivalenz der Wertschätzung hin, mit der Journalisten be-
gegnet wird, die sich in schwierigen, oft auch lebensbedrohlichen Situationen weit weg vom gewöhnlichen Wahrnehmungsradius ihrer Kollegen und
ihres Publikums bewährt haben. Aus dem Kreis der Befragten wird von teils
gegensätzlichen Erfahrungen berichtet: Zurück von ihren Kriseneinsätzen
wurden die Korrespondenten mal mit Bewunderung empfangen, zum Teil
aber auch mit Neid konfrontiert, mussten mit klischeehaften Vorstellungen
ihrer Familien, Freunde und Kollegen zurechtkommen und bemerkten bei
ihrem Gegenüber auch eine graduelle Unsicherheit im Umgang mit ihnen.

Der professionelle Beistand der Redaktion, den nicht nur Maike Rudolph für »wahnsinnig wichtig« hält, um die Krisenerfahrungen zu verarbeiten, ist nicht garantiert. Vor allem freie Korrespondenten wie Susanne
Fischer räumen ein, dass man mitunter »im leeren Raum« hänge, alleingelassen, und diese fehlende seelische Unterstützung mit einem eigenen
Netzwerk aus Vertrauenspersonen quasi als »Redaktionsersatz« kompensieren müsse. So wichtig professionelle Anerkennung aus dem Kollegen-
kreis ist, um die eigene Verunsicherung, die eigenen Erlebnisse zu verar-

beiten und zu überwinden, werden heimgekehrte Krisenreporter auch an den Rand gedrängt und nehmen qua ihrer einzigartigen Erfahrungen einen Sonderstatus innerhalb der Redaktion ein, der als förderlich, aber auch als hinderlich verstanden werden kann, wie Ariane Reimers (NDR) erklärt: »Es bewegt sich so ein bisschen zwischen Neid, Anerkennung und Bewunderung und das neutralisiert sich weitestgehend. Ich glaube, es gibt alles das und ich glaube, es gibt Leute, die sagen: ›Warum darf die das und ich nicht?‹ Weil das natürlich auch immer eine Chance ist, sich zu profilieren und sich zu zeigen und aufzufallen, keine Frage. Insofern fragen sich die Leute: ›Warum habe ich die Chance nicht, warum hat die Person die Chance?‹« (Ariane Reimers).

Scheint Reimers hier den Krisenreporter in der prekären Lage eines Renegaten zu sehen, kann auch das Gegenteil – die Überhöhung des krisenerfahrenen Berichterstatters – laut Christoph Maria Fröhder unangenehme Formen annehmen: Es bleibe manchmal nicht aus, dass man unangemessen und oberflächlich zu einem Solitär aufgebaut werde, meint Fröhder. Die aufoktroyierte Rolle als Held führe – wenn auch häufig implizit – vonseiten der Kollegen wie des Publikums gleichermaßen zu einer solchen Prominenzierung des Journalisten, dass es »fast peinlich« sei – was bisweilen am deutlichsten Ausdruck finde im Interesse der Boulevardpresse an der Privatperson:

»Hier ist die *Bunte* aufgekreuzt während irgendeines Konflikts und wollte mit meiner Frau ein Interview und Porträt machen. Sie hat eines mal ganz zu Beginn gemacht, da war sie noch etwas unerfahren. Dann haben wir drüber geredet und ich habe sie gebeten, das nicht zu tun. Ich habe mich solchen Geschichten auch immer verweigert. Wenn es sich um inhaltliche Geschichten dreht, sofort. Aber nicht um die Persönlichkeit, die Person. Ich werde natürlich jedes Mal gefragt: Wie gehen Sie und Ihre Familie mit der Angst um? Aber das ist eine Geschichte, die ausschließlich meine Familie und mich angeht. Die geht die Öffentlichkeit nichts an« (Christoph Maria Fröhder).

Krisenjournalist hätten in Deutschland – zumal wenn sie im Fernsehen aufträten – immer noch einen gewissen Heldenstatus, dem könne niemand entfliehen, meint Susanne Fischer. Dies liege primär an der klischeehaften Rezeption des Korrespondenten als einsamer Solist in gefährlicher Mission, die aufseiten des Publikums auch ganz natürlich sei, zumindest wenn die Kollegen »vielleicht noch mit schusssicherer Weste und Helm auf dem Kopf« und vor der aus Wohnzimmerperspektive unwirklichen Szenerie des Krisengebiets – »unmittelbar vor der Front« – auf dem Bildschirm zu sehen seien. Dass hier zum Teil auch ein wesentliches – bewusstes oder unfreiwilliges – Selbstverschulden bei der Konstruktion von scheinbar fremdinduzierten Rollenbildern festzustellen ist, wird im Befragtenkreis nicht bestritten. Der Quell allgemeiner Wertschätzung scheint noch allzu sehr auf Klischees zu basieren, dabei treffe es nicht zu, dass Krisenreporter ständig in Gefahr, geschweige denn lebensmüde seien, betont Carolin Emcke (*Die Zeit*). Andererseits müsse sich jeder Korrespondent bewusst sein, dass die öffentliche Wertschätzung der Berichterstatterrolle weniger von den hehren Intentionen und Vorsätzen des Journalisten abhänge, sondern in der Regel vom Ergebnis her entstehe, warnt Antonia Rados (RTL) und verweist damit ebenfalls auf die oberflächliche Rezeption der allgemeinen Öffentlichkeit, die recht einfache Maßstäbe bei der Bewertung der Reporterleistung anlege:

> »Ein Journalist, der nicht entführt wird, ist ein Held, einer, der entführt wird, ist ein Dummkopf in den Augen der Öffentlichkeit. Das ist eine einfache Regel. Er ist ein Dummkopf, denn jeder fragt sich, warum hat er denn überhaupt hinfahren müssen usw. Die Öffentlichkeit sagt sich: Wieso muss der überhaupt dorthin, das sind ja alles Verrückte! Das ist eine sehr heikle Geschichte, die sehr paradox ist« (Antonia Rados).

Ob die allgemeine Wertschätzung nun nachgelassen hat (Fröhder) oder ob sie vorhanden und zufriedenstellend ist (Koelbl) lässt sich abschließend und übergreifend auf der Basis der Befragungsergebnisse nicht beantworten. Festzustellen ist jedoch eine von der teils paradoxen, aber meist ambivalenten Anerkennung der beruflichen Leistungen abhängige Grundhaltung der Krisenreporter, sich in ihrem Selbstbewusstsein und ihrer Arbeitshaltung nicht wesentlich vom Echo ihrer Umgebung abhängig zu machen. Vielmehr werden der eigene Verstand, die eigenen Überzeugungen und die eigene Intuition bemüht, um sich immer wieder selbst der aufklärerischen Funktion des Jobs zu versichern. Dies wiederum manifestiert den Solitärstatus der Journalisten nachhaltig. Die Umstände ihrer Arbeit in Krisengebieten könnten weder vom Großteil der Kollegen noch von den Verwandten oder der breiten Bevölkerung nachvollzogen werden. Dies sei aber aus Sicht einiger Befragter notwendig, um sich in ihre Rolle hineinzuversetzen. Dessen ungeachtet herrscht allgemeine Ratlosigkeit, ob die verzerrten Eindrücke von der Arbeitssituation im Krisenjournalismus jemals korrigiert werden können.

Schlussfolgerungen

Krisenreporter wollen nach eigener Aussage zwar keine Helden und Draufgänger sein, können sich aber der zum Teil prominenten Außenwirkung ihrer Funktion und Präsenz als mutige Berichterstatter in Ausnahmesituationen nicht erwehren – und räumen sich mehrheitlich einen *gewissen Heldenstatus* ein, der ihnen öffentlich zuerkannt wird. Die Selbstwahrnehmung der Krisenjournalisten wird durch das Fehlen einer offenherzigen Feedback-Praxis und eines konzisen Berufsbildes wenig gefördert. Eher im Gegenteil haben sie mit einem *Neid-Komplex unter Kollegen* zu kämpfen, nur selten wird ehrliche Anerkennung artikuliert. Diese Exklusionsprozesse drängen die Auslandskorrespondenten und -reporter in die unkomfortable Position eines professionellen Renegaten und Solitärs, der sich z. T. mit seinen Problemen und seiner Agonie alleingelassen fühlt.

Krisenreporter haben ebenfalls damit zu kämpfen, dass die *öffentliche Wertschätzung* für ihre Arbeit spürbar nachgelassen hat. In der Vergangenheit kam es sogar hin und wieder vor, dass prominente Auslandskorrespondenten zur Zielscheibe von Hohn und Spott in den Medien wurden (z. B. Antonia Rados), was ihre aufopferungsvolle Tätigkeit schmerzlich herabwürdigt und das Image des Krisenreporters insgesamt verunglimpft.

> Die Divergenz zwischen der öffentlichen Wahrnehmung von Krisenreportern als Helden im Fadenkreuz und der eigenen Selbstauffassung übt auf den einzelnen Journalisten einen kritischen Druck aus, der bei fehlender Erfahrung zu Leichtsinn oder falschem Ehrgeiz führen kann.
>
> Krisenreporter werden redaktionsintern tendenziell eher an den Rand gedrängt und genießen einen Sonderstatus, als dass sie zur Stärkung der Redaktionsgemeinschaft beitragen. Dies liegt einerseits an Neidgefühlen oder auch an der Bewunderung, die ihnen von Kollegen – auch über Redaktionsgrenzen hinweg – entgegengebracht wird, aber auch an dem aufgezwungenen Status des Korrespondenten als Einzelgänger.

3.2 Die Selbstüberbietungsspirale: Krisenjournalismus im Wandel

Welche übergreifenden Trends lassen sich in der journalistischen Kriegs- und Krisenberichterstattung beobachten? Wo liegen nach Meinung der Befragten die größten Defizite im Krisenjournalismus? Gibt es auch Veränderungen, die die Berichterstattung über Krisen positiv beeinflussen? Es gibt nach Auffassung der Befragten eine ganze Reihe auffälliger Ent-

wicklungen innerhalb der Krisenberichterstattung, die wir im Folgenden
überblicksartig nennen:

- der gestiegene Bedarf an journalistischer Krisenberichterstattung,
- der Trend zum Unterhaltungsjournalismus,
- die zunehmende Vermischung von Information und Unterhaltung,
- die Prädominanz der Fernsehbilder,
- die starke Emotionalisierung der Krisenkommunikation,
- das generelle, aber immer schon vorhandene Sensationsinteresse,
- der Hang zur Event-Berichterstattung,
- die Amerikanisierung der TV-Krisenberichterstattung,
- der Mangel an Authentizität in der TV-Krisenberichterstattung,
- die Agenda-Setting-Funktion durch das Fernsehen,
- die Vermittlung falscher Eindrücke in den Heimatredaktionen,
- die Renaissance des Reportage-Formats,
- die Vor-Ort-Suggestivkraft des Fernsehens,
- das Festwachsen der Reporter in den Hotels (*Palestine-Syndrom*),
- eine unterschiedliche Involviertheit der Krisenreporter,
- die Rolle von AL-JAZEERA als Agenda-Setter in der arabischen Medienwelt,
- der stärkere Zugzwang westlicher Journalisten durch AL-JAZEERA,
- die gestiegene Tendenz zum *Passionate Journalism*,
- die erhöhte Schlagzahl der Nachrichten aus Krisengebieten,
- die verändert Quantität und Qualität durch das Internet,
- der Kontrollverlust der Krisenberichterstattung durch das Internet,
- die gestiegenen technologischen Erfordernisse,
- das enorme Potenzial des Internets im Hinblick auf multimediale
Möglichkeiten,
- die Abnahme ganzheitlicher Berichterstattung und die Zunahme
der Spezialisierung.

3.2.1   *Trends in der Krisenberichterstattung*

Trotz der zunehmenden Schließung von Auslandsbüros, anhaltendem Per-
sonalabbau und anderen ökonomischen Zwängen, von denen die Korres-
pondentensituation besonders drastisch betroffen ist, glaubt die Mehrheit
der Befragten, dass in den vergangenen Jahren insgesamt ein *gestiegener Bedarf an journalistischer Krisenberichterstattung* zu verzeichnen ist. Bereits der
Irak-Krieg 1991 habe den »Hunger« vergrößert – das behauptet zumindest

Christoph Maria Fröhder (ARD). Allerdings habe die folgende Krisenberichterstattung bis zum Irak-Krieg 2003, die »praktisch fast an die Grenze von Unterhaltungsjournalismus ging«, eine verheerende Auswirkung auf die Krisenberichterstattung gehabt, weil die Krisen- und Kriegsreporter »mit schlichter, aber moderner Technik praktisch alles machen [konnten], ohne sich großartig zu bewegen«, glaubt Fröhder. Mit dem *Trend zum Krisenunterhaltungsjournalismus* habe sich ein System aufgebaut, das »mit einer Krisenberichterstattung, mit der Recherche vor Ort, mit dem Hinterfragen oder Erleben von Abläufen und dem Analysieren nichts mehr zu tun« hätte:

> »Da turnten ein paar italienische Mädels auf High-Heels vor der Kamera abends herum, die haben den ganzen Tag in ihrer Suite gesessen und sich pflegen lassen, und da kamen fertige Texte, die dann abends von ihnen vor der Kamera vorgetragen wurden« (Christoph Maria Fröhder).

Nach solchen kleinen Irritationen, die man Fröhder zufolge »immer wieder erlebt«, wundere man sich: »Was ist hier eigentlich wichtig?« Aber man müsse mit diesen »menschlichen Schwächen leben«. Die *zunehmende Vermischung von Information und Unterhaltung* gehört auch nach Auffassung von RTL-Reporterin Antonia Rados zu den wesentlichen Schwächen, die die gesamte Krisenberichterstattung kennzeichnen und der kein Kriegsreporter entkommt:

> »Und in einer gewissen Perversion geht das soweit, dass sogar Leute, die praktisch keinen Stoff zum Berichten haben, die also im Hotel sitzen und gar nichts zu erzählen haben, dann auch noch Unterhaltung daraus machen. Mit Unterhaltung meine ich im Falle von Kriegsreportagen vor allem das Über-sich-selbst-Reden: Sein eigenes ›Erleiden‹, seine eigenen Probleme als Reporter« (Antonia Rados).

Natürlich habe »der Krieg an sich was ›Schauerlich-Faszinierendes‹ an sich«, dazu komme aber, dass einige ihre »eigene kleine Tragödie zur einzigen Tragödie des Krieges« machten. Diese Selbstdramatisierung fällt Rados zufolge unter die Kategorie Unterhaltung: »Wir leiden und sind gleichzeitig alle Teil dieser Unterhaltungsmaschine.« Dem Medium Fernsehen, für das Rados vorwiegend arbeitet, spricht sie eine katalytische Funktion zu, vor allem sei AL-JAZEERA eine »perfekt gemachte Unterhaltungsmaschine«, die Unterhaltung für den arabischen Raum böte. Dies bestätigen verschiedentlich Reiner Luyken (*Die Zeit*) und Gerhard Kromschröder (ehem. *Stern*), die in dem arabischsprachigen Nachrichtensender beide das Pendant zum US-amerikanischen News-Kanal FOX NEWS sehen; Kromschröder glaubt in AL-JAZEERA überdies einen »skrupellosen« Antreiber der Sensationalisierung zu erkennen, indem dessen Redakteure »spektakuläre Ereignisse darbieten, ohne sie

journalistisch verantwortungsvoll in einen bestimmten Hintergrund einzu-
betten«. Dennoch habe der Sender bei uns in Deutschland praktisch kaum
Relevanz, die beschränke sich überwiegend auf den muslimischen Raum.
Eine weitere Entwicklung ist, dass die momentan noch erheblichen Unterschiede zwischen der Bildgewaltigkeit des Fernsehens und der Printmedien durch das Internet zwar zunehmend verschwimmen würden, »weil
wenn ich die Webseiten der Zeitungen sehe, dann sehe ich da irgendeinen
Journalisten, der mir die Welt erklärt und dabei gefilmt wird. Webkameras
verwandeln unsere ganze Welt in Bilder«, erklärt Antonia Rados. Trotz aller Konvergenz der klassischen Medien durch das Internet erkennt Ariane
Reimers (ARD) nach wie vor eine *klare Prädominanz der Fernsehbilder in der internationalen Krisenberichterstattung*:

>»Ich glaube, dass die Verarbeitung von bewegten Bildern bei Katastrophen und
> Krisen eine ganz große Rolle spielt. Und wie die Verarbeitung stattfindet, ob im
> Internet oder im Fernsehen, ist eigentlich egal. Wobei das Fernsehen eine viel
> größere Rolle spielt, insofern ist die Wichtigkeit gigantisch. Bilder von einer Ka-
> tastrophe werden immer beeindruckender sein, als was die Printkollegen über
> Katastrophen berichten können. Wobei die Analysen im Print wesentlich intel-
> ligenter sein können als die des Fernsehens, weil das Fernsehen eben vor allem
> mit Bildern spricht« (Ariane Reimers).

Die bewegten Bilder im Fernsehen könnten bei Kriegen mitunter sogar
die Stimmung an der Heimatfront entscheiden, sagt Reimers, und führt als
historisches Beispiel den Vietnam-Krieg an: Die Bilder dieses grausamen
Krieges hätten in den USA eine Empathiewelle ausgelöst, die »letztlich
den Krieg ja auch gewendet« habe, weil niemand diese Bilder mehr sehen
wollte und konnte. Sie glaube, dass heute Bewegtbilder, früher waren es
Fotos, eine große Rolle spielen, aber dessen seien sich »natürlich auch Militärs und kriegsführende Parteien bewusst«.

Neben der unvermindert hohen Bedeutung von (Symbol-)Bildern, die
Carolin Emcke zufolge auch aus der starken Nutzung der Nachrichtenagenturen resultiert, manifestiert sich laut Reimers noch ein weiterer gravierender Metatrend in der aktuellen Krisenkommunikation, den vor allem
das Fernsehen beschleunigt: die *starke Emotionalisierung*. Die emotionale
Berichterstattung läge allerdings in der Natur der Sache: Wenn Reporter
in Krisen- oder Katastrophengebieten stationiert seien, berichteten sie
vor allem über menschliches Leid, das »sehr stark emotionalisiert«. Es sei
ihrer Meinung nach daher weniger eine Sensationalisierung, die zu beobachten sei, »weil die Sensation im eigentlichen Wort ist ja schon da«. Da

müsse man gar nichts mehr »aufbauschen«, sondern, im Gegenteil, seien die zurückgenommenen Emotionen eher stärker und würden Empathien schaffen, die zum Beispiel Spendenwellen bewirkten.

Wie Gerhard Kromschröder, der eine starke Zunahme der Sensationalisierung registriert, weil »der professionelle Umgang mit unterschiedlichen Quellen nicht mehr angesagt« sei oder die Journalisten »zu faul oder zu dumm« seien, glaubt auch Christoph Reuter (*Stern*), ein *Sensationsinteresse* auszumachen, das für ihn allerdings nicht neu ist, sondern schon immer vorhanden war: »Wenn es kracht, dann ist es interessant für das Fernsehen und für die *Bild*-Zeitung.« Er habe nicht das Gefühl, dass »Dinge besser oder schlechter geworden sind, was das Sensationsinteresse angeht«. Reiner Luyken (*Die Zeit*) bestätigt das: Er glaube, dass Sensationen zur »menschlichen Natur« gehörten. Im Unterschied zum Krisenjournalismus von vor 30 Jahren gebe es jedoch quantitative Unterschiede, zumal »nicht so viele Medien« existiert hätten. Außerdem eigne sich das Medium Fernsehen »für diese Neigung noch sehr viel mehr« als der Printjournalismus. Auch Reuter zufolge hat das Tempo, in dem sensationelle Krisengeschehnisse vermittelt würden, durch das Fernsehen angezogen: »Es wird schneller berichtet, der Weg vom Ereignis in den Fernseher hat sich verkürzt, weil einfach mehr Kamerateams unterwegs sind, weil die Übermittlung viel einfacher ist, insofern geht es schneller.«

Maike Rudolph (NDR) erkennt in der Sensationalisierung von Krisen sogar einen *Hang zur Event-Berichterstattung*: »Man muss offenbar die Bomben über den Kopf fliegen sehen, und erst dann ist man richtig dran. Das wird schon erwartet. Diese Anspruchshaltung, was kriegt man an Krisenberichterstattung und wie dicht ist man dran, ist enorm gestiegen.« Sie finde, dass »wir in Deutschland [...] da ja immer noch sehr zurückhaltend [sind], was sensationslüsterne Sachen angeht, aber [...] manchmal nähern wir uns da schon dem Amerikanischen ein bisschen stärker an«. Diese *Amerikanisierung der TV-Krisenberichterstattung* habe zur Folge, dass auf Reportern wie ihr ein höherer Druck laste, dichter an das Geschehen heranzukommen.

Zeit-Reporterin Carolin Emcke attestiert dem Fernsehen im Umgang mit Krisensituationen neben dieser Sensations- und Ereignisfixierung noch ein ganz anderes Problem: Sie spricht bei der Herstellung von Bildern von einem »Inszenierungsdiktum«, das einen *Mangel an Authentizität in der TV-Krisenberichterstattung* erzeuge. Gerade beim Fernsehen gebe es »eine enorm große Lücke an Mit-Berichten der eigenen Arbeitsbedingungen«, obgleich es das Medium sei, das ja gerade damit arbeite, dass sich die Journalisten als Beobachter, Kommentatoren und Meinungsmacher vor die Kamera stellten und sichtbar seien:»Inwieweit der Zuschauer wirklich weiß, dass viele Bilder einfach gestellt sind, dass einem Porträtierten vorher gesagt wird, dass er den Telefonhörer so oder so halten soll oder durch das Bild laufen soll, ist ja fraglich«, meint Emcke. Solche Inszenierungen seien zwar nicht die Regel, gerade in der Krisenberichterstattung sei das meist nicht nötig,»weil de facto die ganze Zeit immer so viel passiert«. Aber hin und wieder gebe es Situationen, in denen Fernsehreporter zu gestellten Szenen aufforderten, etwa so Sachen wie ›Nehmen Sie doch einfach mal dieses Trümmerstück in die Hand und halten es in die Kamera und sagen, dass dies ihren Sohn erschlagen hat‹.

Die generelle Fernsehlastigkeit der Krisenberichterstattung und die damit verbundenen Defizite bleiben nicht folgenlos für die Printjournalisten. Fiona Ehlers vom Nachrichtenmagazin *Der Spiegel* konstatiert vor allem eine deutliche *Agenda-Setting-Funktion durch das Fernsehen*:»Natürlich sind wir von diesen Bildern beeinflusst. Natürlich sieht meine Redaktion die Breaking-News auf dem Fernsehschirm im Hamburger Büro und sagt: ›Da musst Du sofort hin‹«. Das sei»erst mal positiv«, habe aber den Nachteil, dass die Heimatredaktionen»vorgefertigte Bilder und Geschichten im Kopf« hätten, gegen die sie als Reporterin vor Ort manchmal ankämpfen müsse. Die Herausforderung, so Ehlers, bestehe darin, manchmal auch die Redaktion davon zu überzeugen, dass die Realität im jeweiligen Land eine andere ist, als es den Anschein im Fernsehen hat – dass sich beispielsweise der Konflikt verschoben hat oder die Naturkatastrophe nur mehr eine Nebenhandlung ist, nicht mehr die eigentlich wichtige Geschichte, die erzählt werden müsse.

Weil Ehlers die Fernseh-Inszenierungen für die *Vermittlung falscher Eindrücke in den Heimatredaktionen* verantwortlich macht, fordert sie ihre Printkollegen dazu auf, gegen»diesen Überdruss der Bilder« anzukämpfen: »Indem wir eben Analysen zeigen, Hintergründe und eben: Wie denkt ein Busfahrer darüber«, um zu vermitteln,»unter welchen Problemen die dort leben und wie die das für sich lösen«. Auch der freie Fernsehjournalist Stephan Kloss, der für die ARD häufig als Erster aus Krisenregionen berichtet hat, erkennt eklatante Unterschiede zwischen der Fernseh- und Presseberichterstattung:»Die großen Sender machen einen Wettlauf um ›wer ist zuerst vor Ort‹ nur um des Vor-Ort-Sein-Willens und berichten im Grunde überhaupt gar nicht, was wirklich passiert.« Die»wirklich nachhaltige Berichterstattung« leisteten für ihn ganz klar die Printjournalisten:»Die lassen sich Zeit, die kennen sich aus, und da ist das Medium Fernsehen zu schnell und zu oberflächlich«, sagt der Fernsehjournalist Kloss.

Carolin Emcke sieht daher das heimische Fernsehen in der Pflicht,»mehr über die Bedingungen der eigenen Arbeit zu berichten«. Der Haken daran sei, dass es mittlerweile einerseits eine »Abneigung gegen sogenannte *Talking Heads*« gebe, andererseits die Renaissance des Reportage-Formats dazu führe, dass »man nicht einfach Experten interviewt, sondern immer [selbst] dabei sein will«. Das Dilemma der TV-Reporter sei jedoch häufig, dass diese gar nicht immer dabei sein könnten, sondern aus großer Entfernung berichten müssten. Problematisch sei daher, dass dem TV-Publikum trotzdem suggeriert werde, die Berichterstatter seien vor Ort:

»Es war doch absurd, als zur Krise in Tibet ständig nur Leute die Ereignisse in Tibet kommentierten, die ganz woanders im Studio saßen. Es ist per se doch völlig legitim, dass Experten auch aus der Distanz eine Lage betrachten und kommentieren können – aber sie sollen gefälligst dazu sagen, dass sie diese Einschätzung aus Peking oder Singapur abgeben« (Carolin Emcke).

Gegen diese Vor-Ort-Suggestivkraft des Fernsehens fordert Emcke, dass den Zuschauern die Hintergründe der jeweiligen Szenen mitgeteilt werden müssten. Sie wolle schließlich als Zuschauerin wissen,»wie die dort hingekommen sind, was sie sonst noch gesehen haben, was sie nicht gesehen haben«, die Krisenreporter sollten »das Verhältnis zwischen Bild und wichtigen beziehungsweise unwichtigen Informationen reflektieren«. Das Fernsehen verhandele diese Probleme noch viel zu wenig mit. Emcke teilt auch die Auffassung von Antonia Rados, dass es notwendig sei,»selbst hinzufahren«, auch wenn dies nicht immer gelinge. Allerdings räumt sie ein:»Natürlich ist es nicht so, dass man nur ein guter Kriegsreporter ist, wenn man in jedes Dorf fährt und überall sich selbst erkundigen will. Aktionismus allein bringt nichts.«

Generell sei das *Festwachsen der Reporter in den Hotels* – ein Phänomen, das wir ›Palestine-Syndrom‹ (vgl. Kap. 3.3.5.) nennen – inzwischen ein professioneller Defekt:»Zunehmend, wegen des großen Bedarfs an Krisenreportern, wegen des Zeitdrucks müssen viele Kriegsreporter in den Hotels bleiben, immer abrufbar sein, schauen dort CNN und BBC und sonst etwas und berichten das«, so Rados. Die Folge sei, dass man dem Reporter früher oder später nicht mehr glaube:»Denn im Hotel sitzen könnte jeder, auch der Zuseher«. Rados bedauert sehr, dass es Reporter, die Augenzeugen sind, eigentlich so nicht mehr gebe. Auch Christoph Maria Fröhder ärgert, dass es etwa im Irak Reporter gegeben habe, die »so gut wie nie aus dem Umfeld und Dunstkreis des Hotel Palestine« herausgekommen seien. Dass zum Beispiel besonders britische Medien traditionell dorthin gehen, wo etwas passiert und nicht wie deutsche Reporter eher aus der Ferne, aus dem Hotel berichten, bestätigt Katrin Sandmann (ehem. N24):

>»Die haben eine andere Einstellung auch zu Kriegen und gehen da einfach hin. Und die haben sich zu eigen gemacht, was ich in Deutschland relativ wenig verbreitet finde, und das ist die Tatsache, wenn du über etwas berichten willst, solltest du da auch stehen, wo es passiert und nicht im Hotel 150 Kilometer rechts außen sitzen« (Katrin Sandmann).

Auch die freie Krisenjournalistin Susanne Fischer hat beobachtet, dass die Briten, aber auch die Amerikaner, die auf eine viel längere Geschichte und Erfahrung in der Kriegsberichterstattung zurückblicken können, eher an der Frontlinie stehen als die Deutschen, weil »deren Soldaten viel stärker in das Geschehen involviert sind«. Dass sich die jeweilige historische und kulturelle Verwurzelung auch auf eine *unterschiedlich gewichtete Involviertheit der Krisenreporter* niederschlägt, zeigt sich im arabischen Sprachraum: Dem Nachrichtensender AL-JAZEERA, dem einerseits vorgeworfen wird, die Sensationalisierung der Krisenberichterstattung vorangetrieben zu haben (siehe oben), wird zugleich bescheinigt, hochprofessionell zu arbeiten und authentischer zu berichten als westliche Medien, glaubt Susanne Koelbl (*Der Spiegel*):

>»AL-JAZEERA halte ich für sehr wichtig. [...] AL-JAZEERA ist einfach eine neue Art Nachrichten zu machen. Die haben diese Kombination aus Professionalität und dem authentischen Blick derer, die dort leben, der daher kommt, dass sie mit Leuten arbeiten, die aus und in dem Land sind und die mit ihrem Netzwerk ganz anders arbeiten, als wenn ein ausländischer Journalist, wie ein westlicher, ein US-Sender wie CNN oder ein britischer Sender wie BBC [...] dorthin kommen und auch ihre Sicht mitbringen. AL-JAZEERA bringt die Sicht der Profis vor Ort mit. Das ist eine andere Perspektive. Ich finde das sehr interessant und CNN kann an AL-JAZEERA auch nicht vorbei. Das heißt nicht, dass sie ihren Blick nicht weiter aufrecht erhalten, aber sie müssen den Blick von AL-JAZEERA-Berichterstattungen mit einbeziehen« (Susanne Koelbl).

Auch Christoph Maria Fröhder (ARD) bescheinigt AL-JAZEERA – trotz starker kommerzieller Einflüsse auf die Themensetzung – durchaus positive Effekte: Er halte es »grundsätzlich für in Ordnung, dass der Nahe Osten ein Sendesystem hat, das ihre Interessen stärker bedient als die Ausländischen, sprich die der Großmächte wie CNN oder DEUTSCHE WELLE«. Insofern habe AL-JAZEERA »einen guten Effekt« und es sei »hochinteressant, mit den Kollegen zu reden«. Die Stellung von AL-JAZEERA *als Agenda-Setter in der arabischen Medienwelt* betonen auch Katrin Sandmann und Souad Mekhennet. Mekhennet sieht AL-JAZEERA klar im Vorteil, wenn es um journalistische Zugangsvoraussetzungen geht: Es gebe dort Kollegen, vor denen sie »wirklich großen Respekt« habe, weil sie »ein gutes Netzwerk von Leuten [haben], die ihnen zuarbeiten und die gute Informationen und gute Kontakte haben«. Dennoch bleiben die Meinungen der Befragten zweigeteilt: Ulrich Tilgner moniert, dass AL-JAZEERA *westliche Journalisten stärker unter Zugzwang setze*, weil der arabischsprachige Sender dazu tendiere, mit Sensationsmeldungen auf Sendung zu gehen, woraufhin sich die westlichen Nachrichtenmedien offenbar genötigt sähen, gleichziehen zu müssen. Demgegenüber werde der US-amerikanische Nachrichtensender CNN »hochgehypt«, obwohl dessen Rolle inzwischen »völlig überbewertet« sei, glaubt Fröhder. Dennoch habe CNN die Krisenberichterstattung vor 20 Jahren revolutioniert und damit nach Meinung des stellvertretenden ZDF-Chefredakteurs Elmar Theveßen die *allgemeine Tendenz zum »Passionate Journalism«* verstärkt: »Das Paradebeispiel ist Anderson Cooper von CNN und andere, die ihm das nachmachen«, konzediert Theveßen. *Passionate Journalism* bezeichne den Umstand, dass Journalisten zunehmend die Distanz zum Objekt ihrer Betrachtung verlören. Das spiele nach seiner Beobachtung »momentan besonders bei Krisen wie Erdbeben oder Tsunamis eine Rolle«, sei aber auch »in den großen politischen Krisen dieser Welt« nicht mehr auszuschließen. Einen Vorgeschmack habe der Irak-Krieg geliefert, als »CNN und NBC live von den Panzern im Vormarsch auf Bagdad berichtet« hätten.

Generell stellen die Befragten eine *erhöhte Schlagzahl der Nachrichten aus Krisengebieten* quer durch alle Medien fest, mit unterschiedlichsten Konsequenzen – glaubt Susanne Fischer:

>»Die Zeit zwischen dem Geschehen und dem Erscheinen auf dem Bildschirm oder in der Zeitung ist sehr viel kürzer geworden, mit den verschiedensten Folgen. Einerseits fühlt man sich dadurch besser informiert und hat das Gefühl, man sei unmittelbar bei dem Geschehen dabei. Ich habe aber auch das Gefühl, dass die Berichte dadurch oberflächlicher geworden sind« (Susanne Fischer).

Vor allem ein Medium hat neben dem Fernsehen die *Quantität und Qualität der Krisenberichterstattung* drastisch verändert: *das Internet*. Matthias Gebauer, Chefreporter von *Spiegel Online*, ist von der Vorreiterrolle seines Mediums zumindest im deutschsprachigen Raum überzeugt: »Im besten Sinne, das klingt vielleicht arrogant, ist es so, dass *Spiegel Online* den Takt vorgibt, gerade bei aktuellen Themen.« Gerade die Medienmacher, die in den Redaktionen säßen, läsen *Spiegel Online*. »Und wenn sie da eine Reportage lesen über ein bestimmtes Thema, dann versuchen sie möglicherweise, da auch etwas draus zu machen«, sagte Gebauer.

Susanne Fischer wiederum glaubt, vor allem in den »sozialen Medien
wie Twitter und Facebook« neue Beschleunigungsinstrumente zu erkennen,
»wo Dinge zum Teil ja in Echtzeit übertragen werden und wo überhaupt
keine Filterfunktion mehr stattfindet«. Sie habe deshalb das Gefühl, dass
»wir oft mit Informationen überflutet werden, aber deswegen nicht unbedingt mehr wissen«. Auch Elmar Theveßen und Gerhard Kromschröder stehen der schnellen und ungefilterten Verfügbarkeit von Informationen durch
das Internet überaus skeptisch gegenüber, vor allem der ungeprüften Übernahme von exklusivem Bildmaterial, etwa von Amateuren, die in der Regel
keinen journalistischen Validierungsprozess einer Redaktion durchlaufen:

> »Die Alternative, die sich jetzt bietet, auch im Krisenjournalismus, ist, dass es gar
> keinen Vermittler mehr gibt. Da werden jetzt zum Beispiel ungeprüft Twitter-
> Nachrichten verbreitet oder irgendwelche Clips, die angeblich auf den Straßen
> von Teheran aufgenommen sind. Aber man weiß nicht, welche Seite dahintersteht
> und es fehlt der Glaubwürdigkeitsstempel des Journalisten, der sagt: Ja, ich bin
> da gewesen, ich bin Augenzeuge, und, lieber Leser, du kennst meine Geschichten
> sonst und ich kann dir versichern, es ist so und so gewesen« (Elmar Theveßen).

Die Nachrichten würden, so Kromschröder, auf diese Weise »anonymi-
siert und damit manipulierbarer«, also anders, als wenn sie von professionellen Journalisten verbreitet worden wären, die mit ihrem Namen für die
Richtigkeit gerade stehen. Das Internet sei somit auch bei der Verbreitung
von spektakulären Terror-Videos zum wichtigen Faktor geworden, die sich
der Gatekeeper-Funktion durch die Journalisten bewusst entziehen: »Nein,
natürlich kann man nicht jedes Material nehmen, nur weil's knallt und exklusiv ist. Aber um solche Sachen unter die Leute zu bringen, dazu brauchst
Du ja heute keinen Fernsehsender, keine Zeitung, dafür gibt's das Internet.
Und wenn dann Al-Qaida einen entführten Journalisten vor laufender Kamera
enthaupten, dann stellen die das ins Netz und haben damit eine maximale
Verbreitung.« Vor allem für die Fernsehmacher bedeuteten solche zweifelhaften Veröffentlichungen eine professionelle Herausforderung, betont auch
Elmar Theveßen. Weil »alles an Bildmaterial im Internet in Rohfassung mittlerweile verfügbar ist, heißt das im Umkehrschluss: Wenn wir uns beschränken, wenn wir weniger senden, dann gibt es leider auch Menschen, die uns
nicht ganz zu Unrecht vorwerfen könnten, dass wir Wirklichkeit zensieren
und gar nicht die ganze Wirklichkeit zeigen. Und das ist ein ganz schwieriger
Spagat in der Berichterstattung.« Ungeachtet des *Kontrollverlustes der Krisenberichterstattung durch das Internet* schätzt Susanne Fischer das *enorme Potenzial
des Internets im Hinblick auf multimediale Möglichkeiten*:

»Ja, und dass ich das jetzt für möglich halte, liegt daran, dass wir seit einem Jahr Kurse anbieten für junge Syrer in Multimedia-Journalismus, davon habe ich sehr profitiert. Ich habe den Kurs natürlich nicht selber gegeben, weil ich das Know-how nicht habe, aber ich habe den Trainer angeheuert und habe die Kurse organisiert und war immer dabei und habe gesehen, was man mit kleinen Videokameras alles machen kann. Wir haben kurze Videofilme und Audio-Slideshows produziert und das ist schon ein sehr reizvolles Medium. Ich glaube, für die Veröffentlichung im Internet kann man das schon alles allein machen, gerade mit den ständigen Neuerungen in der digitalen Technik« (Susanne Fischer).

Abgesehen vom Nutzen des Echtzeitjournalismus für Krisenjournalisten machen die *gestiegenen technologischen Erfordernisse* vor allem den Reportern, die für das Fernsehen arbeiten, zu schaffen, meint Katrin Sandmann. Sie glaubt, dass sich Schnelligkeit und Technikanforderungen, auch der Druck, immer sofort auf Sendung gehen zu müssen, negativ auf die Vorbereitungszeit und die Recherchen auswirken: »Es wird einfach alles so wahnsinnig schnell und das verändert vieles dramatisch«, sagt Sandmann. Anders als die Herren Ruge und Scholl-Latour, die sich in ihren Anfangszeiten irgendwo in Vietnam haben absetzen lassen, mit ihren Teams gedreht und dann darauf gewartet hätten, dass sie ein Helikopter wieder herausbringt, hätten Krisenjournalisten heute keine Leerzeiten, in denen sie noch einmal in sich hineinhören und nachdenken könnten über das, was geschehen sei und was sie erlebt hätten: »Im Moment ist es einfach so, ich komme irgendwo an, springe aus irgendeinem Flugzeug. Wenn es richtig gut gelaufen ist, habe ich im Flugzeug noch etwas gelesen, wenn ich etwas zur Hand gekriegt habe. Dann komme ich an und kann im Prinzip direkt übertragen«.

So entwickeln sich Krisenreporter, angetrieben von den technischen Errungenschaften, offenbar zu professionellen Komplettlieferanten, wie Carolin Emcke bemerkt, wodurch *ganzheitliche Berichterstattung ab- und die Spezialisierung zunimmt*. Das Alleskönnertum der Einzelgänger wirkt sich jedoch vor allem negativ auf die Qualität der Berichterstattung aus: Die Reporter könnten sich weniger auf das Wesentliche konzentrieren und laufen somit Gefahr, sich zum Beispiel von den Propaganda-Anweisungen der jeweiligen Machthaber blenden zu lassen, wie Christoph Maria Fröhder bemerkt. Abhilfe schaffen könnte nach Meinung einiger Befragter gerade unter Jungjournalisten und Aufsteigern im Krisenjournalismus daher eine konstruktive, aber durchaus kritische Selbstwahrnehmung, die zur Qualitätssicherung beiträgt.

Schlussfolgerungen

Zwar hat die Globalisierung der Medienlandschaft insgesamt dazu geführt, dass über Krisen aus allen möglichen Weltregionen berichtet wird, doch liefert die Studie zahlreiche Anhaltspunkte dafür, dass insbesondere die Berichterstattung über Krisen im Fernsehen durch eine massive Vermischung von Information und Unterhaltung geprägt ist. Ein Indiz für die starke *Entertainisierung* ist aus Sicht der Befragten, dass vor allem globale Nachrichtensender wie CNN und AL-JAZEERA diese Entwicklung seit der Jahrtausendwende – offenbar zur Stärkung der eigenen Markenphilosophie – exzessiv vorantreiben. Auch die Hinwendung zur *Sensationalisierung* und insbesondere zur *Emotionalisierung* nimmt nach Auffassung der Befragten überhand. Zwar wurde Krisenjournalismus – auch in Deutschland – schon immer ein Hang zur ›Sensationsmache‹ nachgesagt, doch die Beschleunigung der Krisenberichterstattung hat zu einer erheblichen Reduktion komplexer Sachverhalte zugunsten personalisierter (Einzel-)Schicksale geführt.

Zu den allgemeinen Trends im Krisenjournalismus zählt auch der *Distanzverlust*: Der gestiegene Exklusivitätsdruck drängt die Journalisten ebenfalls dazu, sich immer stärker auf die Objekte ihrer Beobachtung einzulassen. Es mutet paradox an, dass trotz dieser Entwicklung die sogenannte *Hotel-Berichterstattung* generell zunimmt, das heißt, dass die Journalisten Krisenereignisse immer weniger am Ort des Geschehens selbst verfolgen, sondern aus sicherer Entfernung von einem Hotel aus. Persönliche Erlebnisse und die Wahrnehmung, auch das ›Leid‹ des Journalisten (und nicht das der einheimischen Bevölkerung) rücken damit ins Zentrum des Interesses. Reporter sind also immer seltener vor Ort, kompensieren diese Einschränkung aber nicht – wie vielleicht anzunehmen wäre – mit einer transparenten Darstellung der Hintergründe ihres Verweilens in den örtlichen Hotelanlagen (das wegen einer erhöhten Gefahrensituation durchaus nachvollziehbar ist), sondern deuten diese in teilweise fragwürdige Selbstdarstellungen um.

Eine nicht weniger bedeutende Entwicklung in der Krisenberichterstattung ist der sogenannte *Pictorial Turn* oder *Pictorial Overkill*: Damit ist die Vorherrschaft und Übersättigung durch Bilder gemeint, ein Trend, der längst nicht nur das Fernsehen dominiert, sondern auch die Presse und das Internet erreicht hat. Haben Sender wie AL-JAZEERA die Visualisierung von Krisen stetig vorangetrieben, beschleunigt die Multimedialität des Internets diesen Prozess um ein Vielfaches: Amateuraufnahmen und Terrorvideos sowie professionell produzierte Bewegtbilder haben die Verfügbarkeit von

Bildmaterial zum beinahe alleinigen Relevanzfaktor in der Wahrnehmung von Krisen gemacht, der andere Nachrichtenfaktoren immer unwichtiger werden lässt. Parallel zu dieser Entwicklung ist eine *Verengung des Fokus* auf bestimmte Krisentypen und Krisenregionen festzustellen: Demnach konzentriert sich die Berichterstattung vor allem auf Krisenereignisse, die eine hohe Bilderdichte aufweisen. Fehlen Bilder zu einer Katastrophe, einem Krieg oder Konflikt, ist die Wahrscheinlichkeit hoch, dass darüber nur am Rande oder gar nicht berichtet wird. Hinzu kommt ein *Meute-Effekt*: Über Krisenregionen, die – aus welchen Gründen auch immer – ohnehin die Masse der Berichterstatter anziehen, wird vielfach und redundant berichtet.

Insgesamt attestieren die Befragten schließlich ein *enormes Qualitätsgefälle* von Print über Internet bis zum Fernsehen, was offenkundig auf die Verflachung der Krisenberichterstattung durch die Bildgewalt der elektronischen Medien zurückzuführen ist. Die Folgen sind inhaltliche Defizite bei der Vermittlung der Hintergründe der Krisen, wichtiger Randereignisse, ungewöhnlicher Perspektiven und authentischer (Schicksals-)-Geschichten, die möglicherweise für ein ganzheitliches Verständnis der jeweiligen Krise notwendig sind.

Der globale 24-Stunden-Nachrichtenfluss steigert den Drang zur Exklusivmeldung in allen Weltregionen (CNN-Effekt und AL-JAZEERA-Effekt) und beschleunigt die drei Metatrends der Entertainisierung, Sensationalisierung und Emotionalisierung der Nachrichten – immer häufiger soll auch die Sensationslust des Publikums befriedigt werden und stehen kommerzielle Kriterien wie die Vermarktung, Quote oder die Exklusivität im Vordergrund der Krisenberichterstattung, die meist hohe Kosten verursacht.

Die Wahrheitsfindung innerhalb des Krisenjournalismus wird deutlich erschwert: Der Erwartungsdruck einer ständigen Verfügbarkeit von Nachrichten und Bildern aus Krisengebieten erhöht die Wahrscheinlichkeit von Vereinfachungen, Schnellschüssen und monokausalen Zuschreibungen – und läuft tendenziell dem journalistischen Ideal von tiefergehender Reflexion, multikausalen Erklärungsmodellen und einer umfassenden Selbstbeobachtung des Berufsstandes zuwider.

Um sich in Anbetracht der weltweit verschärfenden Krisenpolitik absichern und schützen zu können, aber auch um den redaktionellen Gefahreneinsatz besser zu kompensieren, wird das Tätigkeitsfeld des Krisenjournalismus zusehends aufwendiger, unpraktikabler, teurer – und damit für viele Medien in der Wirtschaftskrise unbezahlbar.

3.2.2 Ökonomische Zwänge im Krisenjournalismus

Die professionellen Rahmenbedingungen für Krisenjournalisten haben
sich gerade unter dem Druck der Medienkrise in den vergangenen Jahren
drastisch verschlechtert – meinen zumindest die Betroffenen: Auch wenn
die ökonomische Leidensfähigkeit nach Aussage einzelner Befragter bei
einschlägigen deutschen Wochenzeitungen, Nachrichtenmagazinen und
auch den öffentlich-rechtlichen Medien größer zu sein scheint als bei Tageszeitungen, gibt es sogar hier erste spürbare Einschnitte und Rationali-
sierungsansätze. Selbst der Umstand, dass offenbar die »Gelder lockerer«
sitzen (Maike Rudolph) und öffentlichkeitswirksam berichtet wird, wenn
Reporter zu größeren Krisen-Events ausschwärmen, kann nicht darüber
hinwegtäuschen, dass immer mehr Auslandsbüros geschlossen werden
und Korrespondenten eher punktuell und sporadisch als kontinuierlich
in Krisengebieten eingesetzt werden. Es ist nicht wegzudiskutieren, dass
sich der allgemeine Sparzwang mittelfristig und unmittelbar durch die
Qualität der Krisenberichterstattung frisst. Ein Verlust wird vor allem im
Bereich der Recherchereisen beklagt, die Souad Mekhennet (*New York Times*,
ZDF) zufolge weniger würden:

> »Ich denke dass insgesamt auch in deutschen Medien eingespart wird, jetzt weni-
> ger bei öffentlich-rechtlichen Sendern wie dem ZDF, aber im Zeitungsbereich – und
> da sind deutsche Zeitungen auch noch etwas schlimmer dran als amerikanische,
> im Sinne von: Viele meiner deutschen Zeitungskollegen klagen, sie könnten nicht
> einfach mal irgendwo hinfahren, um eine Recherchereise zu machen, wenn man
> nicht wirklich weiß, dass dabei auch ein Artikel herauskommt. Das war vor fünf
> Jahren noch anders« (Souad Mekhennet).

Die Verliererin auf ganzer Linie ist in diesem journalistischen Tätigkeitsfeld nach dem Eindruck vieler Befragter die Tagespresse. Matthias
Gebauer (*Spiegel Online*) glaubt, die Krise habe gerade bei deutschen Tageszeitungen »sehr viel stärker eingeschlagen«, was sich auch auf deren
»Beobachtungstiefe« auswirke: »Die schicken nicht mehr so viele Leute
irgendwohin oder müssen dann eben vor Ort auch sparen.« Auch wenn das
beim *Spiegel* anders sei, weil Recherchereisen als sehr wichtig erachtet würden, merke er deutlich, dass bei Kollegen »Reisen eingeschränkt werden«.
Im eigenen Hause sei es eher so, dass zwar Reisebudgets zurückgekürzt
würden, das Sparen aber auf hohem Niveau stattfinde, indem lediglich
»diese ganze First-Class-Fliegerei« eingeschränkt worden sei – was das
Reisen aber durchaus beschwerlicher mache. Auch laut Susanne Koelbl

gehört der *Spiegel* »trotz der Finanzkrise ja immer noch zu den Medien, die sich diese Berichterstattung als zentrales Kernthema intensiv weiter leisten«. Wegen der Reduktion des Budgets sei es bisher noch zu keinen Einschränkungen in der Krisenberichterstattung gekommen – eher im Gegenteil: »Wir reisen unkomfortabler und überlegen, wie wir das Geld besser einsetzen und manchmal auch, ob das eine oder andere wirklich notwendig ist. Aber es gibt nichts, was wir deswegen nicht machen können. Das sind noch immer angenehme Arbeitsweisen und -möglichkeiten«, erklärt Koelbl. Ein Beispiel für einen zentralen Krisenherd, über den der *Spiegel* seine Berichterstattung seit eineinhalb Jahren weiter intensiviert habe, sei Afghanistan: Darauf habe der *Spiegel* »sehr stark reagiert und sein Budget und Personal in der Auslandsberichterstattung daraufhin ausgerichtet«.

Als Insel der Seligen erweist sich auch die Gesamtsituation bei den öffentlich-rechtlichen Sendern, die von vielen Krisenjournalisten als Ausnahmefall mit signifikanten Unterschieden gegenüber der Zeitungsbranche klassifiziert wird: Hier sind die Auslandsbüros und engmaschigen Korrespondentennetze nicht nur besser vor ökonomischen Widrigkeiten geschützt, auch scheint die langwierige Krisenbeobachtung mit allen zusammenhängenden Notwendigkeiten eher gewährleistet zu sein als bei der kommerziellen Konkurrenz. Zumindest herrschen dort nach dem Eindruck einiger Befragter noch »ganz andere Möglichkeiten« (Maike Rudolph, NDR), zum Beispiel auch, was die Recherchekapazitäten in diesem Tätigkeitsbereich angeht. Demgegenüber hat Katrin Sandmann (ehem. N24) beobachtet, dass beim Privatfernsehen nicht nur an Komfort, sondern vor allem bei Dienstreisen in Krisengebiete gespart werde, die ohne konkrete Ergebnisse endeten, obwohl sie der Vorbereitung und Kontaktaufnahme hätten dienen sollen. Deshalb würden einige Reisen, die man vielleicht angetreten hätte, gar nicht mehr angetreten:

> »Die First-Class-Zeiten sind lange vorbei, die habe ich leider nicht mehr erlebt, ich
> habe nur die Business-Class-Zeiten erlebt. Nicht nur bei uns im Haus, sondern bei
> jedem, den ich kenne, werden bestimmte Reisen, die notwendig sind, teilweise
> auch nur um Krisenberichte vorzubereiten oder um Zugang zu bekommen, nicht
> mehr gemacht. Das ist das erste, woran man spart. ›Wenn es nicht wirklich brennt,
> musst Du da wirklich unbedingt hin?‹ – das ist so eine Diskussion, die führt man
> mehr oder weniger einmal die Woche« (Katrin Sandmann).

Dass als erstes an Vorbereitungsaufenthalten gespart wird, ist ein Dilemma, das Verlage und Fernsehsender gleichermaßen verfolgt. Nach Auffassung von Christoph Reuter (*Stern*) fehle es schlicht an genügend Mitteln um in Krisenregionen »dahinterzukommen, was wirklich passiert«. Die »große Aufgabe« von Print- und Fernsehjournalisten in Krisengebieten erfordere aber genau dies, um eine wahrheitsgemäße, propagandafreie Berichterstattung zu ermöglichen:

> »Geld zu investieren, dass man die Möglichkeit hat, drei oder vier Wochen lang in Kundus zu recherchieren, dort Kontakte zu unterhalten um zu wissen, was die Bundeswehr wirklich getan hat oder was die Amerikaner wirklich gemacht haben, oder ob die afghanische Regierung, von der es immer heißt, dass sie demokratisch aufgebaut ist, wirklich demokratisch ist: Das sind alles Bereiche, über die auch im Irak sehr viel gelogen wird« (Christoph Reuter).

Um zu zeigen was wirklich passiert, ist es für Reuter »extrem wichtig, dass sorgfältig lange recherchiert« wird. Man müsse sich in einem Land lange aufhalten, um es richtig zu kennen und transparent machen zu können, was geschieht: »Es reicht nicht, einfach nur kurz vorbeizukommen«, sagt Reuter lakonisch und kritisiert damit implizit den Trend zu einem oberflächlichen, unbeständigen Krisenjournalismus, der sich vorrangig über Kurzeinsätze von immer mehr freien Korrespondenten definiert. »Natürlich« leide die Berichterstattung darunter, ist sich Fiona Ehler (*Spiegel*) sicher. In der Regel habe man jemanden, »der dahin fliegt und sagt: ›Am Haiti-Flughafen sind jetzt so und so viel Tote‹, und dann ist er einen Tag später, wenn überhaupt, wieder weg.« Ihre Kollegin, die freie Journalistin Susanne Fischer, vermutet, dass die wirtschaftliche Medienkrise eine »zweigeteilte Entwicklung« befördere, die sich auch im internationalen Maßstab nachhaltig auf die konkreten Beschäftigungsverhältnisse auswirke:

> »Zum einen konzentriert sich die Krisenberichterstattung auf die wenigen, die sich das tatsächlich noch leisten können, wie die *New York Times*, die über einen langen Zeitraum wirklich enorm viel Geld in ihr Bagdad-Büro gesteckt hat, und die großen Medienkonzerne, die sich diese Infrastruktur vor Ort noch erlauben. Und auf der anderen Seite, da diese Großen nicht so viele sind und viele keinen Korrespondenten mehr vor Ort haben, gibt es viele freie Journalisten, die das mit sehr viel geringeren Kosten, aber eben auch größerem Risiko machen und die Geschichten dann jenen anbieten, die sich keine Korrespondenten vor Ort mehr leisten können oder wollen« (Susanne Fischer).

Ein weiterer beunruhigender Negativtrend ist für viele der Befragten, dass aufgrund der Rationalisierungstrends nicht nur ein verstärktes Outsourcing an freie Journalisten betrieben wird, sondern sich die Heimatredaktionen auch immer häufiger an den internationalen Agenturen orientieren, um den Bedarf an schnellem Bildmaterial zu decken. Vor allem das Internet verleite Redakteure zu der Annahme, dass »bereits alles auf dem Markt« sei und im Zweifelsfall kein Journalist mehr in das Krisengebiet reisen würde, sagt Gerhard Kromschröder (ehem. *Stern*):

>»Tatsächlich musstest Du ja früher wirklich noch den Fotografen umständlich in ein Krisengebiet schicken. Also zum Beispiel bei mir, im ersten Irak-Krieg, da musste ich mit dem Flieger mit den analogen Filmen erst nach Hamburg zurückfliegen. Die wurden dann dort entwickelt und erst danach kamen die Bilder ins Blatt. Heute gehst Du ins Internet und hast tausende von Angeboten. Aber dieses wahnsinnig breite Angebot enthebt den Journalisten nicht seiner Aufgabe, das Gezeigte zu gewichten, auf Glaubwürdigkeit zu prüfen. Und da ist es oft immer noch das Beste, er ist selbst vor Ort« (Gerhard Kromschröder).

Die zunehmende Bequemlichkeit der Redaktionen, zentral auf Nachrichtenbilder im Netz zuzugreifen, um Krisen möglichst umfassend und schnell abdecken zu können, statt Reporter in Krisenregionen zu entsenden, ist ein Trend, den auch Stephan Kloss (ehem. ARD) beobachtet:

>»Sie können ja heute von Berlin oder Hamburg aus, weil dort ja alle Nachrichtenbilder aufschlagen von der ganzen Welt, die gesamte Berichterstattung machen. Und es geht schneller. Es ist heute viel schwieriger, wenn man einen Mann im Feld hat, der sich gut auskennt, aber es dauert einfach länger, dort Geschichten auf die Beine zu stellen. Heute muss alles schnell gehen und sofort und nach zwei, drei Tagen ist alles umfassend abgedeckt. Zwar oberflächlich, aber es ist abgedeckt« (Stephan Kloss).

Eine nachhaltige Krisenberichterstattung werde immer schwieriger, meint Kloss, auch wegen des Wettbewerbs zwischen Hörfunk, Zeitung und Fernsehen. Das merke er persönlich »ganz deutlich«. Kromschröder erkennt in diesem Sinneswandel allerdings nicht nur eine Sparmaßnahme, sondern auch eine Reaktion auf die veränderte Konsumhaltung des Publikums, das Krisen immer häufiger als »interessante, spannende Unterhaltung« hinnehme. Er vermutet generell starke Abstumpfungseffekte gegenüber Krisen- und Kriegsereignissen, kaum anders als bei einer »Hollywood-Inszenierung«, wenn sich Zuschauer sagten: »Ach, das ist ja echt, klasse! Da wird mal geprügelt oder demonstriert, und da liegen Tote auf der Straße, ja – toll!«

Auch in Zukunft, glaubt Katrin Sandmann, werde die »Auslandsberichterstattung naturgemäß weiter zurückgehen, anstatt stärker zu werden, das ist einfach so«. Das könne man schon seit langer Zeit beobachten und das werde wahrscheinlich auch so weitergehen. Alleine über Krisen in beliebten Reisegebieten wie Thailand, wo regelmäßig viele Europäer Urlaub machten, oder Länder, in denen Krisen einen unmittelbaren Anstieg des Ölpreises am Weltmarkt nach sich zögen, würde auch in absehbarer Zeit nach wie vor ausführlich berichtet werden, aber »es sind eben auch so Sachen, die bleiben immer so und da wird sich auch nie etwas dran ändern«.

Schwierigkeiten, die sich aus den wirtschaftlichen Erwägungen ergeben, sieht Sandmann deshalb bei Krisen, die sich wie der Libanon-Krieg zwar länger ankündigten, aber die meisten Redaktionen unvorbereitet träfen, weil deren Ressourcen eine dauerhafte Präsenz nicht zuließen:

> »Das wichtigste an einer Krise ist ja, dass man vor Ort ist und man irgendwie darüber berichten kann. Es ist schlecht, wenn man keinen Zugang bekommt und in viele Regionen, in denen diese Krisen auftreten, kommt man einfach schlecht herein. Deshalb ist es gut, wenn man immer wieder hinfährt und sich dort Kontakte aufbaut, die einem helfen, an dem Zeitpunkt, an dem es dann wirklich wichtig ist, hereinzukommen« (Katrin Sandmann).

Die Wirtschaftlichkeit der Krisenberichterstattung, so lässt sich festhalten, spielt in Zeiten der Medienkrise offenbar eine größere Rolle als je zuvor: Manche Redaktionen, vor allem die der Tageszeitungen, ziehen sich komplett aus dem Krisenjournalismus zurück, andere sparen an Material und Personal, riskieren damit aber Einbußen in der professionellen Qualität und Komplexität ihrer Berichterstattung. Nur wenige Medienhäuser halten an den bewährten Standards und Rahmenbedingungen fest, dazu gehören vor allem die öffentlich-rechtlichen Medien und renommierte Printmarken wie *Der Spiegel* und *Die Zeit*. Enttäuschend sind aus Sicht einiger Befragter »Absurditäten«, wie Ulrich Tilgner (SF) den Umstand nennt, dass Anchormen wie Claus Kleber mit den Sendern Millionenverträge für Feature-Reihen abschlössen, während der »kleine Korrespondent« mit einem Budget von wenigen zehntausend Euro auskommen müsse. Dass ein solches Missverhältnis zwischen einzelnen Spitzenverdienern und dem Gros der Kleinverdiener im Krisenjournalismus Ressentiments hervorruft, liegt auf der Hand.

Schlussfolgerungen

Die *Auslandsberichterstattung* ist nach Einschätzung der Befragten vergleichsweise unpopulär geworden und geht quantitativ gesehen zurück bzw. stagniert seit einigen Jahren. Sie erfüllt auch qualitativ nicht mehr die Ansprüche vieler Krisenjournalisten: Beispielsweise sind die als dringend notwendig erachteten Reisen zu Recherche- und Bildungszwecken durch die Sparwelle für viele nicht mehr bezahlbar. Zudem beklagen einige Korrespondenten, dass sie zum Teil Schwierigkeiten hätten, Beiträge aus bestimmten Krisenregionen oder über die Hintergründe einer Krise in ihren Heimatmedien zu platzieren. Eine Chance haben Themen vor allem dann, wenn sie einer eher klischeehaften oder ereignisbezogenen Wahrnehmung eines Konflikts oder einer Krise entsprechen.

Der allgemeine *Sparzwang* aufgrund der wirtschaftlich angespannten Situation hat nicht nur die Auslandsberichterstattung, sondern auch und gerade den Krisenjournalismus nachhaltig erfasst, er ist besonders in der ohnehin stark angeschlagenen Tageszeitungsbranche virulent: Kaum noch eine kleine oder mittlere deutsche Tageszeitung leistet sich eigene Korrespondenten, immer mehr Auslandsbüros werden geschlossen und entsprechende Redaktionsetats radikal zurückgefahren, sodass eine fundierte, kontinuierliche Krisenberichterstattung in immer mehr Redaktionen einer oberflächlichen, kurzfristigen weichen muss.

Als Folge des gestiegenen Rationalisierungsdrucks ist ein *weitreichendes Outsourcing* unterschiedlicher Aufgaben und Tätigkeiten festzustellen, die ursprünglich von den Verlagen und tv-Unternehmen aus eigener redaktioneller Kraft geleistet wurden. Die Delegierung an freischaffende Journalisten (›Bauchladenhändler‹) und Stringer, die in den Krisenregionen weitgehend ohne stabile Infrastruktur arbeiten und auf sich allein gestellt sind, führt in der Konsequenz zu einer stark punktuellen und unzusammenhängenden Auslandsberichterstattung. Selbst bei Medientiteln mit Reputation und überregionaler Verbreitung wie *Spiegel, Zeit, Frankfurter Allgemeine Zeitung*, ard und zdf sowie bei der übrigen Tagespresse herrschen in der Korrespondentendichte und der Ausstattung und Bereitstellung von Ressourcen enorme Klüfte, die problematische Auswirkungen auf die Arbeitsbedingungen der Krisenreporter vor Ort mit sich bringen.

Damit verschiebt sich der Schwerpunkt insgesamt auf *mediale Großereignisse*: Finanzielle Mittel werden, wenn überhaupt, eher für eine geballte ›Event-Berichterstattung‹ über Katastrophen und Kriege mit großer Tragweite zur Verfügung gestellt als über schwelende Konflikte und latente Krisenherde. Daraus folgt ein drohendes Missverhältnis, was auch auf das schnell abflaute öffentliche Interesse zurückzuführen ist, sobald der Verlauf der Krise nicht mehr einer gefälligen Dramaturgie und Inszenierungslogik der Medien folgt – wie schon wenige Wochen nach Beginn des Irak-Kriegs und der Erdbebenkatastrophe in Haiti. Die geringe Kontinuität der Berichterstattung droht Klischees und Vorurteile über die jeweiligen Krisen im öffentlichen Bewusstsein dauerhaft zu verankern und das Image von der ›hoffnungslosen‹ oder ›verlorenen‹ Krisenregion zu erhärten.

In der wirtschaftlichen Medienkrise sparen Nachrichtenunternehmen meist zuerst an der recherche- und kostenintensiven Auslandsberichterstattung und konzentrieren sich allenfalls auf kurze ereignisfixierte Kriseneinsätze, wodurch sich die Arbeitsbedingungen sowohl fest angestellter als auch freier Korrespondenten und Reporter im Auslandseinsatz erheblich und nachhaltig verschlechtern.

Die Berichterstattung über internationale Krisenherde wird durch die allgemeine Spar- und Entlassungswelle der Sender und Verlage ungenauer, undifferenzierter und durchlässiger; das allgemeine Bürgerrecht, unabhängig und umfassend informiert zu werden, wird dadurch enorm eingeschränkt.

Vor allem Propaganda und gesteuerte Informationen zu PR-Zwecken (von Regierungen, NGOs, Interessensgruppen, Kriegsparteien, Lobbyisten, Beratern etc.) in Krisensituationen haben es wegen der ökonomischen Zwänge zunehmend leichter, unreflektiert und unkommentiert bis in die journalistischen Medien vorzudringen.

3.2.3 Krisenkommunikation zwischen Restriktion und Propaganda

Unter den Wandel der Krisenberichterstattung muss auch die Entwicklung des heiklen Kommunikationsverhältnisses zwischen den sogenannten ›offiziellen Stellen‹ und den Medienvertretern gefasst werden, das von Zensur, Restriktion und gegenseitiger Propaganda geprägt ist. Nach Meinung des Fernsehjournalisten Ulrich Tilgner (SF) haben vor allem die Restriktionen in den arabischen Staaten wie im Iran stark zugenommen. Die Vorbehalte gegenüber ausländischen Berichterstattern seien dort groß, die Überwachung »extrem«. Das Land setze damit insgesamt »einen Trend«, den Fernsehteams das Filmen generell zu untersagen oder sie ausschließlich auf Basis einer Sondergenehmigung, die man in der Regel einige Tage vorher beantragen müsse, berichterstatten zu lassen. Obwohl es praktisch keine aktive Zensur gebe, brauche der ausländische Reporter ein sensibles Gespür, um nicht über die Stränge zu schlagen und seine Duldung im Land nicht zu gefährden. So stelle sich die Frage: »Soll ich aktuell berichten oder soll ich den Standort halten? Das war früher auch so, wenn jemand aus Moskau oder aus der DDR berichtet hat. Da muss man überlegen: Soll man zu sehr nerven? Und wir haben uns entschieden, dass man sich so weit zurückhalten muss, wenn die Berichterstattung im Sender darunter nicht leidet.« Das für letztlich zu einer Form von selbst auferlegter und selbst regulierter Zensur, die nur dann außer Acht gelassen werden könne, wenn die großen arabischen oder angloamerikanischen Medien wie AL-JAZEERA, CNN oder die BBC mit Macht beispielsweise über Demonstrationen o. Ä. berichteten:

»Früher gab es Zensoren. Im Iran gibt es das nicht, weil über Internet geschickt wird, da muss man sozusagen die Schmerzgrenze erkennen. Das konnte man sehen: Immer wenn es hoch hergeht, und das persische Programm von der BBC und das englische Programm von AL-JAZEERA quasi halb live berichtet als politisches Fernsehen, dann hab ich einen Wahnsinnsspielraum. Das ist das Loch, der Dammbruch, den Sie da publizistisch haben und den müssen die Machthaber erst mal stopfen. Da müssen die dann viel telefonieren, die Diplomaten werden bemüht und das Redaktionsbüro der betreffenden Medien wird bedroht. Und in dieser Nische kann ich etwas absetzen und auch vor allen Dingen etwas sagen, ohne dass das richtig auffällt« (Ulrich Tilgner).

Auf der anderen Seite, stellt seine Kollegin Ariane Reimers (ARD) fest, sei auch die Bundeswehr eine »nicht besonders informationsoffene Organisation«: »Es ist immer mit einem relativ hohen Aufwand verbunden, mit der Bundeswehr vor allem in sensibleren Bereichen oder über die Bundeswehr arbeiten zu wollen.« Selbst in Aceh (Indonesien), wo die Bundeswehr einen vorbildlichen Einsatz als Katastrophenhelfer geleistet habe, sei es außerordentlich schwierig gewesen, die Verantwortlichen davon zu überzeugen, die Soldaten bei ihrer Aufbauarbeit filmen zu dürfen – »obwohl es darum ging, ein Krankenhaus aufzubauen«. Zurückzuführen ist das ihrer Ansicht nach auf die »Angst vor den Medien«, »Fehler« zu machen, indem etwa bestimmte Hierarchien (»die Befehlskette«) nicht eingehalten würden, sobald Soldaten ein Statement vor der Kamera abgeben.

Ein anderes Beispiel, das diese Angst der Bundeswehr vor Medienvertretern verdeutlicht, ist nach Auffassung von Reimers der Afghanistan-Krieg, in den deutsche Soldaten verwickelt sind:

»Nach dem 4. September [2009], also dem Luftanschlag auf die Tanklastzüge gab es zum Beispiel über Monate keine Reportage darüber, wie es den Soldaten in Kundus geht. Das hätte man sich ja gewünscht, weil es ein ganz normaler journalistischer Reflex ist, etwas darüber sagen zu dürfen, was die deutschen Soldaten darüber denken. Aber das sind sehr sensible Bereiche« (Ariane Reimers).

Während der Umstand, dass nach dem militärischen Vorfall in Kundus
monatelang keine Berichte über die Bundeswehr zu sehen oder zu lesen waren,
auf einen blinden Fleck in der Krisenberichterstattung aufseiten des Militärs
verweist, warnt Elmar Theveßen vom ZDF die Journalisten vor der gestiegenen Gefahr, Falschinformation und Propaganda vonseiten des ›Kriegsgegners‹ aufzusitzen.

Theveßen erkennt etwa in der Streuung gefälschter Bilder
und Videos von Terroristen einen gezielten Manipulationsversuch, der die
Journalisten nicht nur vor die professionelle Herausforderung stellt, aus einer Materialfülle die wichtigen Informationen auszuwählen, sondern diese
auch auf ihre Glaubwürdigkeit bzw. Echtheit zu überprüfen:

> »Dafür gibt es eine Reihe von Beispielen, etwa wurde ein Foto über das Internet
> verbreitet, wo man einen amerikanischen Soldat in irakischer Geiselhaft von Terroristen sieht, und einige Medien sind darauf reingefallen und haben es verbreitet.
> Nur wer genau hingesehen hat, hat erkannt, dass es sich da um eine Plastikpuppe
> handelte und dass das Al-Qaida-Banner handgemalt und winzig klein dahinter
> gehängt worden ist. Das heißt, diese Gefahren sind da. Die gab es natürlich früher
> auch, nur durch die Vervielfältigung des verfügbaren Materials muss man umso
> mehr aufpassen. Das heißt aber im Umkehrschluss tatsächlich für einen Sender
> wie den unseren, dass Sie solche Überprüfungen zentralisieren müssen. Wenn Sie
> zig verschiedene Redaktionen haben, die alle ihre Sendungen füllen wollen und
> jeder prüft für sich selber oder schaut, was er selber in seiner Sendung verwendet, ist es umso wichtiger, dass wir hingehen und in einer zentralen Stelle solche
> Dinge überprüfen. Mit allen Mitteln, die man hat und dann auch allen mitteilen:
> Ihr könnt das nutzen oder nicht« (Elmar Theveßen).

Die von Theveßen benannte Problematik der Medieninstrumentalisierung durch kriminelle Interessengruppen und die damit verbundenen
Schwierigkeiten einer redaktionellen Prüfung und Freigabe von Texten,
Bildern und Videos setzt sich auf der Ebene der Medieninstitutionen fort:
Insbesondere wurde dem arabischsprachigen Sender AL-JAZEERA häufiger nachgesagt, sich zum Sprachrohr von Terroristen zu machen, indem
er gelegentlich statt sogenannter ›Stills‹ einzelne Bewegtsequenzen aus
Terrorvideos oder diese sogar in voller Länge gezeigt habe. Den darin implizierten Vorwurf, sich den manipulativen Botschaften von Terroristen
bedenkenlos auszuliefern und dadurch zum Steigbügelhalter ihrer Kommunikationspolitik zu werden, kann die Fernsehjournalistin Katrin Sandmann (ehem. N24) nicht so recht nachvollziehen:

> »Wenn man eine Videobotschaft ›bewegt‹ zeigt und verlesen lässt oder man sie
> eingefroren zeigt und das verliest, was verlesen wird – wo ist da der dramatische

Unterschied? Der mag existieren, für mich existiert er nicht. Ich finde das absurd. Ich finde, deshalb macht man sich nicht mehr oder weniger zum Sprachrohr des Terrorismus. Also entweder man lässt es ganz weg und sagt: Es gibt offenbar eine neue Botschaft von Osama bin Laden und darin sagt er das, was er immer sagt. Oder man sagt es mit dem Material, das man zur Verfügung gestellt hat« (Katrin Sandmann).

Sandmann glaubt vielmehr, dass »viele Medien, wenn diese Dinge zu ihnen geschickt worden wären, sie auch veröffentlicht hätten«. Sie könne das zwar nicht beweisen, aber die Redakteure bei AL-JAZEERA aufgrund der Nachrichtenlogik durchaus verstehen: »Hätte ich es gemacht, wenn ich Chefredakteur gewesen wäre in der ersten Zeit nach 9/11? Ich denke schon, das hätte für mich einen echten Nachrichtenwert gehabt und ist auch nur bedingt Propaganda«, meint Sandmann. Für sie sei es zwar problematisch, dass sich vereinzelt Journalisten und Stringer ihre Kontakte zu Terrorgruppen wie Al-Qaida »vergolden« ließen, doch den Vorwurf, dass diese sich aber deshalb gleich zum Lautsprecher von Terrorgruppen machten, finde sie übertrieben. Im Gegenteil würden solche Leute mit teilweise exklusiven Kontakten zur Terrorszene – ob diese nun ›koscher‹ seien oder nicht – in den Medien eher als Terrorismusexperten gehandelt und von den Redaktionen entsprechend gut entlohnt, wenn sie darüber Informationen weitergeben würden.

Insgesamt ergibt sich aus der veränderten Krisenkommunikation in Richtung ›Eigen-PR‹ von Interessengruppen – ob Regierungen, Terrorgruppen oder Militär – das Dilemma, dass nicht nur die Recherche der Reporter vor Ort zunehmend erschwert, sondern auch die Berichterstattung über Krisen, Kriege und Katastrophen insgesamt in eine bestimmte Richtung gelenkt werden kann. Für diesen Analysebereich ist daher sowohl der Kontakt einzelner Journalisten zum Auswärtigen Amt, zu Krisenstäben der deutschen Bundesregierung, zu Bundeswehr und Bundesnachrichtendienst von Bedeutung, als auch die (vermutete) Einflussnahme auf Medienvertreter durch Regime, Militär und Geheimdienste, aber auch durch Terrorgruppen, Hilfsorganisationen und weitere Akteure in den jeweiligen Krisenorten (vgl. dazu Kap. 3.3.6 und 3.3.7).

Schlussfolgerungen

Krisenjournalistische Einsatzgebiete sind ein El Dorado für *Kriegs- und Krisen-PR*, Propaganda und gesteuerte Informationen von allen Seiten. Ob

terroristische Splittergruppen oder Militär, ob Regierungen oder Geheimdienste: Informationen erhält meist nur, wer generell Bereitschaft zur Kooperation zeigt. Aus dem reinen Nachrichtenaustausch ist ein undurchsich-
tiges Geschäft unterschiedlichster Ideologien geworden, an dem sich die
vielen Beteiligten zum Teil auch kommerziell bereichern. Selbst erfahrene
Krisenjournalisten können in den seltensten Fällen genau bestimmen, ob
und in welchen Momenten sie PR und Propaganda aufsitzen. Das gestiegene
Medienbedürfnis nach Bildern erhöht zudem die Gefahr, auf ungeprüftes
und nicht hinterfragtes Propagandamaterial zurückzugreifen. Das Chaos
an (Bewegt-)Bildmaterial stellt die Unabhängigkeit von Redaktionen und
einzelnen Krisenreportern auf die Probe, nicht den Inszenierungs- und
Manipulationsversuchen bestimmter Akteure zu erliegen.

Erschwerend kommt hinzu, dass die *Restriktionen für Korrespondenten* in
Krisengebieten zunehmen: Visa-Genehmigungen werden mitunter verweigert oder hinausgezögert (Bsp. Iran). Gleichzeitig nehmen die verdeckten
wie offenen Methoden zur Überwachung von Journalisten in autoritären
Regimen wie Iran, China und Nordkorea immer unverhohlenere, dreistere
Züge an. Nach Meinung der befragten Journalisten wächst auch die Gefahr
durch unqualifiziertes, nervöses oder unaufmerksames Sicherheitsperso-
nal. Darüber hinaus werden die Informationskanäle und Zugänge zu offiziellen Stellen drastisch erschwert: Ausländische Berichterstatter werden
etwa von den Regierungen in Konfliktregionen nicht mehr als wichtige
Aufklärer ernst genommen, sondern müssen sich der inländischen Nach-
richtenkonkurrenz unterordnen (z. B. AL-JAZEERA im arabischen Raum).

Krisenjournalisten werden immer mehr unterdrückt: Ob diktatorische Regime, Paramilitärs, Terroristen, Freiheitskämpfer oder Aufständische – alle
Gruppen wollen ihre Sicht der Dinge dem Rest der Menschheit aufzwingen
und unabhängige Nachrichtenquellen zum Schweigen bringen.

Auch aufseiten offizieller Stellen – Regierungen, Opposition, Parteien, Behörden – werden die Vor-Ort-Recherche und der direkte Kontakt zur Bevölkerung zunehmend erschwert, indem Journalisten die Einreise verweigert,
Kontrollen verschärft oder Observationen angeordnet werden.

Dank moderner Informationstechniken (Internet, Mobilkommunikation)
ist es einerseits für Kriegsparteien und Terroristen leichter geworden, die
Verbreitung und den Inhalt von Informationen mit zu beeinflussen und zu
steuern, andererseits betreiben aber auch Regierungen – ob in Europa, in
Amerika, Nahost oder Asien – Propaganda für ihre Zwecke.

3.2.4 Gefahren und Chancen durch neue Medientechnologien

Dass Twitter, Facebook, Blogs und andere vergleichsweise neue digitale Kommunikationskanäle, die derzeit vor allem von Minderheiten auch der einheimischen Bevölkerungen zur Beschreibung der Lage in Krisengebieten genutzt werden, irgendwann die professionelle Krisenberichterstattung ersetzen könnten, glaubt eigentlich keiner der Befragten. Laien könnten die Arbeit der Profis niemals »ersetzen, nur ergänzen«, sagt Antonia Rados (RTL) – und trifft damit den Tenor der meisten Gesprächspartner im Rahmen dieser Studie. Auch wenn nach Meinung von Rados Blogger mitunter als zusätzliche Recherchequellen taugen mögen (»Es ist immer besser, zu viele als zu wenig Infos zu haben«), steht sie solchen Quellen grundsätzlich eher skeptisch gegenüber und stelle sich –»was das Internet betrifft« – vor allem zwei Fragen: »Erstens, was will ein Blogger? Die Welt informieren? Seinen Standpunkt öffentlich machen? Weltgeschichte beeinflussen? Sich und andere unterhalten? Sich wichtigmachen? Oder einfach nur eine Technologie ausnutzen, die es gibt? Zweite Frage, beinahe noch wichtiger und nicht von der ersten zu trennen: Wer ist der Blogger? Wie sieht er aus? Wie heißt er? Warum kann ich nicht überprüfen, ob er seriös ist oder nicht? Sitzt er im Iran oder in einem amerikanischen Vorort? Sagt er, er sei ein Oppositioneller und ist in Wahrheit ein iranischer Geheimdienstler? Die Anonymität des Bloggers hat in meinen Augen etwas Unheimliches an sich, vergleicht man sie mit dem Journalisten, der einen Namen, eine Stimme beziehungsweise ein Gesicht hat und auch einen Arbeitsvertrag, in dem steht, er solle nach bestimmten Regeln arbeiten« (Antonia Rados).

Absurd sei vor allem die Praxis, dass man im Internet zwar wisse, wer einen journalistischen Bericht gemacht habe, aber nicht, wer ihn kritisiert. Sie plädiert dafür, diese Beiträge als zusätzliche Recherchequellen durchaus ernstzunehmen, aber nicht überzubewerten: »Meine Auffassung ist, dass wir Journalisten gute Produkte liefern sollten und das in aller Ruhe, ohne ständig auf Twitter zu schielen, aber auch ohne das Network zu ignorieren.« In der Anonymität der neuen Medientechnologien, deren Authentizitätsprüfung zweifellos schwierig ist, sieht auch Carolin Emcke (Die Zeit) ein Problem. Sie glaubt aber, dass Glaubwürdigkeitsverlust und Legitimationskrise des Journalismus mehr mit dem eigenen Niveauverlust als mit dem Erfolg des Internets zu tun habe. Mittlerweile habe sich im »Mainstream« der Leser und Zuschauer eine Vorstellung etabliert, dass »das, was Medien machen, ohnehin manipuliert sei«. Dieser Generalverdacht habe allerdings »mehr mit den Pathologien im Journalismus selbst zu tun«, so Emcke:

»Als ich ein Buch mit einer Sammlung von Briefen über meine Erfahrungen in Kriegsgebieten veröffentlicht habe, galt das bei vielen Kollegen als rufschädigend. Weil die Briefe mich als subjektive, zweifelnde Beobachterin sichtbar machten, schien den Kollegen meine Glaubwürdigkeit als objektive Betrachterin beeinträchtigt. Doch für die nicht professionellen Leser war das ganz anders: Für sie waren meine Texte glaubwürdiger, eben weil ich als sichtbare Person auftauchte und die Bedingungen meines Schreibens transparent waren. Das ist eine Entwicklung, die wir als Journalisten sehr ernst nehmen müssen, weil wir davon abhängig sind, dass uns geglaubt wird« (Carolin Emcke).

Die Menschen in den Ländern, aus denen sie berichte, sagt Carolin Emcke, seien schließlich davon abhängig, dass man ihr Glauben schenke: »Ich glaube, dass man darum wieder richtig ringen muss, dass Journalisten nicht einfach nur als eitel – wenn es um Hauptstadtjournalismus geht – oder als manipulativ gelten. Da muss man schon sagen, dass Internet, Blogs und Twitter grandiose Erfolge haben.« Dennoch sehe sie das Netz als ergänzendes Medium zu klassischen Formen und nicht als Ersatz. Auf »klassischen Qualitätsjournalismus« könnten wir als Gesellschaft folglich nicht verzichten, auch wenn sie überzeugt sei, dass Twitter & Co. für die Krisenberichterstattung und unsere Demokratie wichtig seien – aber eben nicht genug. Unter den befragten Krisenjournalisten gehört Christoph Maria Fröhder sicherlich zu den größten Skeptikern in Bezug auf das Potenzial neuer Medientechnologien: Was in einem Blog geschrieben stehe, habe in der Regel mit seiner »beruflichen Tätigkeit überhaupt nichts zu tun«, so Fröhder. Deshalb empfinde er auch den Microblogging-Dienst Twitter nicht als Bedrohung: »Ich sehe, dass die normale Twitter-Meldung allein schon ihrer Kürze wegen nicht die Information bringt, die ich in einem Filmbeitrag bringen könnte.« Auch die wenigen Male, als kurze Filmpassagen, die mit dem Handy gedreht wurden, sehe er nicht als »ernsthafte Konkurrenz« zu seiner Tätigkeit.

Bei aller Süffisanz gesteht Fröhder allerdings auch ein, dass er »noch nicht einmal eine Webseite« habe, und die Blogs, die er lese, beschränkten sich allenfalls auf BILDblog, den Stefan-Niggemeier-Blog und den Blog von Hans-Ulrich Jörges. Das, was Krisenjournalisten umtreibe, finde sich seiner Einschätzung nach ohnehin nicht in Blogs. Bei aller Offenheit uns gegenüber sei er normalerweise »viel verhaltener«. Dass Krisenjournalisten generell etwas geheimniskrämerisch seien und deshalb auch eher selten bloggten, habe seiner Vermutung nach mit ihrer Angst davor zu tun, sich möglicherweise rechtfertigen zu müssen, was sie täten:

»Man lässt sich nicht wirklich in die Karten schauen, warum auch immer. Ich habe es nicht so ganz begriffen, aber ich habe es auch letztlich mit angenommen. Und man hat natürlich die Sorge, dass wenn man die handwerklichen Dinge allzu intensiv beschreibt, auch kritischer drauf geguckt wird und auch handwerkliche Mängel, die ja immer wieder vorkommen und die auch mir immer wieder mal trotz aller Routine zwischendurch unterlaufen, dann intensiver wahrgenommen werden« (Christoph Maria Fröhder).

Im Vergleich der Mediengattungen prophezeit Fröhder, dass der »gute Zeitungsschreiber in Zukunft wahrscheinlich der bessere Krisenberichterstatter« sein werde. Der Zwang für ihn als Fernsehjournalisten, »Bilder zu finden, die Situationen plastisch machen«, sei schon ein »enormes Handicap«. Allerdings glaube er, dass »der Printjournalismus zwar die besseren Chancen hat, nur der Printjournalismus muss sich eben auch genau überlegen, ob er diesen Qualitätssprung, der von ihm erwartet wird, in der Konkurrenz zum Internet hinbekommt«. Sobald die Leute auf Meldungen stießen, die unwesentlich anders im Netz gestanden hätten und die derzeit für sie kostenlos erreichbar seien, würden sie auch weniger Zeitungen kaufen. Demgegenüber brächten Technologien im partizipatorischen Web 2.0, etwa unter Einbeziehung von vermeintlichen Zeugenberichten, »eher Probleme« als Chancen für den Krisenjournalismus: »Sie sind nicht wegzudenken in der Zukunft und sind ja auch in so einer Situation wie im Iran ganz wichtig gewesen als Instrumente der Opposition. Aber ich kann Ihnen eines sagen: Ich habe wirklich honorige Leute erlebt, die irgendwann von ihrer Sache so begeistert und getrieben waren, dass sie mir vor laufender Kamera blanken Unsinn erzählt haben.« Sein Vertrauen in reine Text- und Bildmeldungen ohne Quellenprüfung sei daher erst recht getrübt.

Auch Ulrich Tilgner (SF) meint zu erkennen, dass das Internet die Unübersichtlichkeit und Intransparenz verstärke, weil es benutzt würde, um gezielt Desinformationen zu verbreiten: »Es gab mal eine Situation, dass Demonstrationen angekündigt wurden, die es nicht gab, dass üble Figuren des Regimes in Teheran sich selbst des Terrors bezichtigt haben auf ihren Websites, weil irgendein Oppositioneller ihnen da etwas hineingebastelt hat.« Er habe zudem einen häufigen Einsatz von Handys beobachtet, die bei Demonstrationen zu Kameras umfunktioniert wurden, um das Geschehen zu dokumentieren und die Bilder später ins Netz zu stellen, wobei oft gar nicht klar sei, wer wogegen oder wofür ist – laut Fröhder eine neue Entwicklung.

Susanne Koelbl (*Der Spiegel*) findet, dass durch neue Medien wie Twitter, Blogs, Videos oder die »quasi in Echtzeit ins Netz eingespielt werden«, eine neue Geschwindigkeit in die Berichterstattung kommt. Sie verstärkten den Trend, dass »erfolgreich und erwünscht ist, was knallt und raucht«, weil dies beim Publikum offenbar »die größte Aufmerksamkeit produziert«. Es läge allerdings nicht an den Journalisten, dass zu wenig Hintergrund und Analyse geliefert würden, sondern »selbstverständlich daran, dass andere Produkte offensichtlich mehr nachgefragt werden«. Koelbl gehört auch zu den befragten Reportern, die glauben, dass das Netz ein großes Risiko berge, dass »Dinge plötzlich als Fakt dargestellt werden, die eigentlich nur eine Momentaufnahme oder ein kleiner Mosaikstein« seien. Das sei schwierig, »weil plötzlich Eindrücke ganz stark werden, die keine Einordnung haben«. Dieser Lupeneffekt sei anders als im professionellen Journalismus, wo der Nutzer wisse, dass er ein Produkt bekomme, »das durch diese Marke, durch die er es empfängt, gefiltert, geprüft und eingeordnet ist und er weiß, wenn es von diesem oder jenem Kanal kommt, dass die Information die und die Zuverlässigkeit hat«. Nach Meinung Koelbls ist es genau das, »was Journalismus leisten muss und was Twitter, Blogs und Flip-Cam-Aufnahmen, die ins Netz gestellt werden, nicht leisten können«.

Auch wenn die Unterschiede zwischen der eigenen professionellen Tätigkeit und gut ausgebildeten Journalisten einerseits sowie dem sogenannten ›Bürgerjournalismus‹ und der Laienkommunikation andererseits klar betont werden: Als Recherchewerkzeug, Kontaktforum für Gesprächspartner und Inspirationsquelle für Geschichten taugen Twitter, Blogs und Facebook nach Meinung der meisten Befragten allemal. Dabei sehen nicht nur jüngere Krisenreporter wie Souad Mekhennet (ZDF, *New York Times* etc.) oder Matthias Gebauer (*Spiegel Online*) den Umgang mit neuen Technologien als selbstverständlich an und nicht ganz so undifferenziert wie Krisenreporter vom Schlage eines Ulrich Tilgner. Dem steht etwa der langjährige Nahost-Korrespondent und *Stern*-Reporter Gerhard Kromschröder aufgeschlossener gegenüber, der nicht nur eine konstruktive Zusammenarbeit mit Twitterern und Bloggern für möglich hält, sondern diese in bestimmten Fällen sogar als Korrektiv für Auslandskorrespondenten erachtet:

»Der Auslandskorrespondent kann ja seiner Zentrale oft etwas vorgaukeln. Wenn er besonders faul ist, liest er die örtlichen nationalen Zeitungen und schreibt einen Artikel, in dem er so tut, als hätte er das alles gerade eben selbst und ganz exklusiv recherchiert. Dabei hat er das erst gestern im *Evening Standard* oder wo auch immer gelesen. Können Twitter-Nachrichten und Laien Stringer ersetzen? Ja, natürlich, in Teilen« (Gerhard Kromschröder).

Jeder gute Bericht ist Kromschröder zufolge ein Mosaik aus verschiedenen Informationen: Der Journalist beziehe sich »ja immer auf eine Reihe von Quellen«. Man habe stets, wenn man im Ausland sei, seine Stringer und man rede mit allen möglichen Leuten: »Warum solltest du dann nicht auch auf Twitter-Nachrichten, Blog-Meinungen und Clips aus dem Internet zurückgreifen, um dir einen Überblick zu verschaffen, um daraus verantwortungsvoll eine Geschichte zu machen?« Seit jeher berichte der Journalist nicht nur über das, was er mit eigenen Augen und Ohren sähe und höre, sondern er benutze verschiedene ihm zugängliche Quellen. Für ihn seien Blogs und die neuen Informationsarenen nicht der »Tod des Journalismus«. Aber: Ihre Nutzung bedürfe nach wie vor der »hoffentlich verantwortungsvollen Einordnung«.

Dass Internet-Anwendungen und soziale Medien sich durchaus für Recherchezwecke und als Ausgangspunkt für Reportagen eignen, vor allem dann, wenn andere Quellen versiegen, schildert auch Susanne Fischer aus ihren Erfahrungen mit Facebook: »Gerade, wenn man in unterschiedlichen Ländern gelebt hat, arbeitet, immer wieder mit Journalisten vor Ort zu tun hat und mit den Leuten in Kontakt bleiben möchte, wenn man in ein anderes Land gezogen ist – dafür ist Facebook ganz wichtig.« Allerdings dürfe man den nicht »den Fehler machen, zu glauben, dass das die Inhalte ersetzt oder dass die Inhalte allein aus diesen Netzwerken kommen können«. Blogs sind für Fischer eine wichtige Form und sie glaube auch, dass sich »die traditionellen Medien dadurch einfach stärker bewegt haben und stärker bewegen müssen«, weil in manchen Redaktionen der Leser doch ein ziemlich fernes Wesen war« und man sich nicht groß darum gekümmert habe, was die Menschen interessiere. Das könnten sich Redaktionen aber nun, da es »dieses unmittelbare Feedback« gebe, nicht mehr ohne Weiteres erlauben. Trotz der positiven Rückkanäle fehle es jedoch schlicht an Kontrollmöglichkeiten im Internet:

»Ich glaube, dass die sozialen Medien den gut informierten Korrespondenten vor Ort auf Dauer nicht komplett ersetzen können, zumal wir relativ wenig Kontrollmöglichkeiten haben. Es kann ja bei Twitter jeder alles reinschreiben und wir sind nicht gefeit vor wirklich groben Falschmeldungen. Was natürlich auch in normalen Medien passieren kann, aber ich glaube, dass es da schon mehr Kontrollmechanismen gibt, um das zumindest in einem gewissen Rahmen zu halten. Aber die sozialen Medien sind auf jeden Fall eine gute Ergänzung« (Susanne Fischer).

Neben der fehlenden Kontrolle und Transparenz formulieren Krisenreporter wie Matthias Gebauer (*Spiegel Online*) und Katrin Sandmann (ehem.

N24) die Sorge vor der wachsenden Agenturhörigkeit der Heimatredaktionen, die sich oft besser informiert fühlten als die Krisenjournalisten vor Ort:»Das ist die alte Geschichte im Journalismus mit den Leuten, die zuhause sitzen und denen, die unterwegs sind«, sagt Sandmann. Sie deutet an, dass sich diese Agenturhörigkeit zu einer Twitter-Hörigkeit auswachsen könnte, wenn der Druck auf die Krisenreporter weiter wachse. Und das sei dann »eigentlich kaum noch kontrollierbar«, weil man nicht mehr wisse, »wo das Zeug herkommt«. Als Beispiel nennt sie die Twitter-Meldungen aus dem Iran: »Am Anfang wusste ich, wo es herkam, weil ich die Leute kannte, die es getwittert haben. Natürlich ist das noch notwendig, einfach deshalb, weil du es nicht einordnen kannst und du eben auch nicht weißt, wo es herkommt. Und wenn ich da stehe, kann ich auch nicht alles einordnen, weil ich auch nicht weiß, wo alles herkommt. Aber meine Chancen, das ein bisschen besser zu machen als das, was ich mir da aus dem Netz fische, sind doch groß und werden immer größer, je besser man sich auskennt« (Katrin Sandmann).

Während Microblogging-Dienste für den *Spiegel-Online*-Chefreporter Gebauer »die Fortsetzung eines größer werdenden Informationsflusses, das letzte Gelenk davon« darstellen, weist die TV-Journalistin Maike Rudolph (NDR) darauf hin, dass durch Twitter und Blogs »einfach ganz schnell falsche Sachen unterwegs sind«, weshalb sie diese Kommunikationskanäle so gut wie gar nicht nutze. Zwar seien die Twitter-Meldungen über das notgelandete Flugzeug im Hudson River in Manhattan relativ verlässliche Augenzeugenquellen gewesen, was sich allerdings erst im Nachhinein herausgestellt habe. Aber man wisse nie, ob man bei einem »Anschlag in Bombay die falschen Bilder« habe – denn man wisse ja nicht, »ob derjenige, der das schreibt, tatsächlich in Bombay ist und nicht in Delhi sitzt«. Sie findet es gut, sich mittels dieser Kanäle ein Bild der Lage zu verschaffen, jedoch nicht als primäre Quelle, das »geht überhaupt nicht«:

»Insofern hat es doch auf die Berichterstattung nur einen sehr bedingten Einfluss oder sollte es nach meiner Meinung haben. Du weißt einfach nicht, wo die Leute sitzen, die twittern und das geht nicht. Wenn du tatsächlich Bilder hast, dann kann es vielleicht helfen, also wenn derjenige es fotografiert, wie das Flugzeug im Hudson niederging. Dann ist es eine Quelle, die ich irgendwie verifizieren kann, aber sonst ist das echt schwierig« (Maike Rudolph).

Auch wenn solche Angebote den traditionellen Krisenjournalismus keinesfalls ersetzen könnten, hält sie das Bloggen in Ländern wie Birma für »wahnsinnig wichtig«. Dort bilde sich allmählich eine verlässliche Community, »die sich einen Namen gemacht hat« und deren Blogs sie meistens einordnen könne. Der Grund liege darin, dass diese Blogger auch schon eine gewisse Historie hätten. »Insofern muss man sich das immer wieder ganz individuell anschauen, wer redet da und welche Quellen haben die und wer kann mir die Quelle bewerten«, so Rudolph. Fiona Ehlers (*Der Spiegel*) hält die Diskussion rund um Twitter sogar für einen »Hype«:

»Ich erwarte von einem Artikel und besonders von einer Reportage, dass sie mir die subjektive Meinung des Reporters vermittelt. Dass er mir klar macht, mit wessen Augen wir hier durchs Land ziehen, dass er es ist, der Informationen filtert und bewertet und dass er mir auch über seine Zweifel über die ›Wahrheit‹ etwa in einem politischen Konflikt erzählt« (Fiona Ehlers).

»So anspruchsvoll«, sagt Ehlers, »müssten Reportagen sein und das kann ein Video oder ein getwitterter Eindruck nicht leisten.« Elmar Theveßen (ZDF) sieht zwar durchaus viele Vorteile darin, die Laienmedien im Internet als zusätzliche Recherchequelle zu nutzen, weist aber die Möglichkeit, Videos unbekannter Herkunft zu übernehmen, weit von sich: »Von YouTube irgendwelche Videos zu nutzen, reicht natürlich nicht.« Das gelte selbstverständlich auch für den Online-Ableger des ZDF: »Diese Verantwortung ist für mich unteilbar und zu sagen: Im Web machen wir etwas, was wir uns selber im Fernsehen verbieten, kann nicht die richtige Lösung sein.« In diesem Zusammenhang ist die zunehmende Nutzung sogenannter ›Flip-Cams‹, also Minikameras im Taschenformat, für Theveßen, der als ZDF-Vize-Chefredakteur überwiegend die Redaktionsarbeit dirigiert, daher ambivalent: Man könne mit solchen Geräten Bilder in HD-Qualität machen, »sodass nachher gar nicht mehr zu unterscheiden ist, ob diese von einer professionellen Fernsehanstalt oder von einer Privatperson gemacht« worden seien. Demgegenüber zeigt sich Katrin Sandmann von der technischen Entwicklung im Fernseh- und Videobereich begeistert:

»Es gibt mittlerweile Geräte, mit denen man sich einfach von überall live schalten kann. Die sehen aus wie ein Laptop. Nun ist natürlich Zoll an den Einfuhrhäfen von Ländern, aus denen man das gerne machen möchte. Die sind auch nicht blöd und lernen das relativ schnell. Das läuft jetzt mal zwei Jahre gut und dann wissen die auch alle, was das für ein Gerät ist. Im besten Fall gibt es dann schon das nächstkleinere Gerät, was dann aussieht wie meine kleine Taschen-Agenda oder so, und ohne diese Anlagen kann man im Moment gar nichts mehr machen. Da kommt man überall über Satellit mit ins Internet und das hat auch jeder. Jeder Fotograf hat die, weil die damit ihre Bilder nach Hause schicken und die sind klein, schnell und gut mittlerweile bis auf ein paar Länder, in denen sie offensichtlich nicht funktionieren« (Katrin Sandmann).

Der ehemalige ARD-Korrespondent Stephan Kloss betont zudem, dass er aufgrund seiner Arbeitsweise, alles aus einer Hand zu liefern, »viel dichter an die Person und ans Geschehen« herankomme und »die Berichte authentischer« seien. Man bekomme durch kleinere technische Geräte tiefere Einblicke, weil ein einzelner Journalist nicht so auffalle wie früher ein komplettes Kamerateam – Beispiel Afghanistan: Man könne dort nicht mehr in Stammesgebieten mit einer großen Kamera und einem Team herumfahren: »Das können Sie nur mit einer kleinen Kamera.« Damit könne er flexibler und schneller agieren, das sei »eine Notwendigkeit in der Region, in der wir hier arbeiten«. Drehen, Schneiden und Texten seien in solchen Gebieten nicht einfach: »Das sind wirklich Tätigkeiten, die früher geteilt waren und die heute eine Person macht. Aber in der Region, in der ich arbeite, geht es gar nicht anders«, sagt Kloss. Zu den Errungenschaften gehören weitere Klein- und Kleinstgeräte wie Laptops, Mobil- und Satellitentelefone, mit denen sich mittels Satelliten- oder Internet-Verbindung ebenfalls von überall auf der Welt aus Krisenregionen berichten lässt. Dass diese Technologie die Arbeit von Krisenjournalisten erheblich erleichtere, glaubt neben Sandmann und Kloss auch Matthias Gebauer, der als Krisenreporter häufig in den unterschiedlichen Krisenregionen unterwegs ist:

»Technisch gesehen hat sich natürlich eine ganze Menge verändert. Als ich damit anfing, waren Satellitentelefone noch Rucksäcke voll mit acht Kilogramm Material und einer Batterie, die gerade mal zwei Stunden hielt. Mittlerweile ist das ein Gerät, was ungefähr so groß ist wie ein WLAN-Router. Das wiegt 1,5 kg und hat eine Batterie, die sechs Stunden hält« (Matthias Gebauer).

Für Gebauer sind daher die internetfähigen Mobiltelefone eine der größten Verbesserungen, weil er damit nicht nur vor Ort unmittelbarer berichten, sondern beispielsweise auch das Geschehen in den Krisenregionen permanent über die Agenturberichterstattung verfolgen könne. Im Gegensatz zu vor 20 Jahren, als »die Texte noch reintelefoniert wurden«, sei der Weg, auf dem Ereignisse verbreitet würden, dadurch »einfach schneller geworden«.

Schlussfolgerungen

Auch die neuen Medientechnologien bergen gleichermaßen Gefahren und Chancen in sich: Die Authentizität und Aktualität einzelner Blogger bestimmen im Vergleich zu den eher monolithisch wirkenden Nachrichtenorganisationen mit ihren Starreportern ganz wesentlich die aktuelle Vermittlung und Wahrnehmung von Krisen. Besonders leidet darunter die *journalistische Glaubwürdigkeit*, wenn in den Medien unkritisch bzw. unreflektiert auf nicht journalistische Blogs Bezug genommen wird, die vermeintlich authentische Einblicke in eine Krisensituationen gewähren. Redaktionen und ihre Korrespondenten haben noch nicht einmal ansatzweise das Potenzial ausgereizt, das in der transparenten Darstellung ihrer eigenen Funktion als Beobachter, Vermittler und Übersetzer von Wirklichkeit steckt.

Davon abgesehen ergänzen die *neuen Kommunikationsmedien* die Arbeit der Krisenjournalisten auf vielfältige Weise, zum Beispiel durch den Mehrwert bei Recherchen oder wenn es darum geht, Stimmungen und Meinungen der einheimischen Bevölkerung in die Berichterstattung einfließen zu lassen. Als weniger geeignet erscheinen Twitter und Blogs jedoch als (einziges) Instrument zur Nachrichtenvermittlung: Wegen anhaltender Zweifel an den überwiegend anonymen Identitäten von Bloggern und Twitter-Usern stellen deren Angebote im Regelfall keine verlässlichen Quellen für Krisenreporter dar. Trotz der Vielfalt einer gewinnbringenden Zusammenarbeit mit Laien können Twitter, Blogs und Social Networks als zusätzliche digitale Kommunikationskanäle den professionellen Krisenjournalismus durchaus bereichern, ersetzen ihn jedoch nicht.

Twitter und Blogs erschweren folglich die *journalistische Quellenprüfung* aufgrund unsicherer Identitäten und mangelnder Belastbarkeit der Herkunft der von ihnen angebotenen Informationen. Die Suche nach validen Quellen wird für Krisenjournalisten eher unübersichtlicher und stellt sie vor unbekannte Herausforderungen, weil herkömmliche Prüfmechanismen in der digitalen Umgebung nicht eins zu eins anwendbar sind, sondern neue Strategien erfordern. Der durch die Iran-Krise und die Haiti-Katastrophe ausgelöste Hype um Twitter und Blogs als primäre Quellen für Nachrichten aus erster Hand hat bisweilen also noch keine Entsprechung in dem handwerklichen Rüstzeug von Krisenjournalisten gefunden, solche Aussagen verlässlich zu verifizieren und einzuordnen.

Durch die universellen Distributionskanäle und Kommunikationsmöglichkeiten besteht schließlich die Gefahr, dass Journalisten in Krisengebieten mit ihren elektronischen Hilfsgeräten immer mehr zu Einzelgängern werden. Indem sie weltweit über Satellitentelefone und Laptops erreichbar sind und mittels kleinster portabler Aufzeichnungstechnik inzwischen sendefähige TV-Beiträge produzieren können, ist mit der *One Man Show*

ein neuer Typ Krisenreporter auf dem Vormarsch, der unterschiedlichste
Bereiche der Krisenberichterstattung bespielt. Der Trend geht damit weg
vom eher ausgewogenen Krisenjournalismus, hin zum *Instant-Journalismus*,
der auf die Schnelle nur noch Bruchstücke berichtet und seine Inhalte nicht
mehr mit der nötigen zeitlichen Distanz reflektiert.

Im Zeitalter des Social Networkings und Microbloggings werden alternative Distributionskanäle und Darstellungsformen erschlossen, durch die
Nachrichten aus Krisengebieten schneller, effektiver und weniger gefiltert
an die Öffentlichkeit gelangen, die zugleich aber in eine stärkeren Unübersichtlichkeit und Orientierungslosigkeit (auch der Journalisten) münden.

Neue digitale Kanäle wie Twitter, Facebook, Blogs sowie rasante Übertra-
gungstechniken wie Computer- und Satellitenverbindungen, Video- und
Foto-Handys haben die Krisenberichterstattung insgesamt beschleunigt und
den Druck auf die Journalisten – im Wettlauf mit Augenzeugen- und Echt-
zeitberichten von Laien – drastisch erhöht. Dadurch ist nicht auszuschließen,
dass bei einigen Krisenjournalisten die Bereitschaft zur Eigenrecherche
durch die trügerische Leichtigkeit der Internet-Recherche tendenziell sinkt.

3.2.5 Agenda-Setting in Krisengebie-
ten und an der Heimatfront

Themen können aus dem Blickwinkel der Medien plötzlich passé sein,
wenn in Krisengebieten über einen bestimmten Zeitraum nichts Spekta-
kuläres mehr passiert. Die Folgen von Kriegen, Krisen und Katastrophen
werden journalistisch daher häufig nicht aufgearbeitet und bleiben auf der
Strecke – das ist zumindest der Eindruck, den einige Befragte vorbehaltlos
äußern. Auch in Bezug auf Krisen zählt in der Event- und Spaß-Gesellschaft
offenkundig vor allem das, was über emotionalisierende Bilder, schockie-
rende Szenen und sensationelle Medienereignisse Betroffenheit auslöst
und sich gut verkaufen lässt, sagt Maike Rudolph (NDR):

>»Das Event zählt, die Bilder, der Schock: Oh Gott, das Leid für drei Tage und dann
> auch schon wieder nichts mehr. Das war wahrscheinlich immer schon so, aber
> dadurch, dass wir jetzt so eine konzentrierte Flut an Informationen und Bildern
> kriegen und dann plötzlich gar nichts mehr kommt, empfinde ich als noch viel
> beklemmender. [...] Das ist schon krass und pervers irgendwie. Ich finde uns dann
> doch manchmal so unehrlich und blöd« (Maike Rudolph).

Diese ›Perversion‹ drückt sich zweifellos auch darin aus, dass alleine die Verfügbarkeit von Bildmaterial das Agenda-Setting der Krisenberichterstattung mitunter bestimmt. So kommt es laut Rudolph vor, dass, wenn parallel »etwas in China passiert, das, was in Birma ist, schon wieder nicht so toll ist, weil man viel mehr Bilder von China hat, denn da durfte man eben filmen«. Die Journalisten merkten selbst, wie »merkwürdig das ist« und dass »die Geschichte manchmal bedingt durch das, was gerade sonst noch hochkommt, entweder interessant ist oder nicht«. Schuld daran seien aber nicht alleine die verantwortlichen Redakteure und auch nicht die Reporter, glaubt Rudolph, sondern »wir alle«: »Wir wollen das sehen, wenn es akut ist und noch zwei Tage und dann bitte nichts mehr!« Den meisten Zuschauern sei es danach relativ egal, was »in Birma ist oder nicht und ob die UNO da etwas tut oder nicht«. Nach Rudolphs Beobachtung ist es in der Politikberichterstattung ähnlich, dass die Aufmerksamkeitsschwelle sinkt, wenn ein Thema zu häufig angefasst wird – »da kann ich nur sagen: tolle Weltgemeinschaft!« Das hieraus entstehende Problem: Katastrophen und Krisen gerieten zu schnell in Vergessenheit, wenn das Interesse des Publikums abflaut – und das sei für alle Beteiligten hochgradig frustrierend. Trotzdem bedeute das nicht, dass es »nicht wichtig ist, intensiv zu berichten – weil du natürlich Gelder generierst und du auf etwas aufmerksam machst«.

Dass manche Themen wegen des mangelnden Publikumsinteresses unter die Räder geraten können, hat auch Ariane Reimers (ARD) erfahren müssen. Sie glaubt, dass sich das »gefühlte Desinteresse« nachhaltig auf die Wahrnehmung dessen auswirkt, was in den Redaktionen als relevant empfunden wird und was nicht: »Es gibt einfach Dinge, die kann man einmal in fünf Jahren senden und dann sind sie abgedeckt, weil man das Gefühl hat, es interessiert wirklich keinen.« Aus ihrer Tätigkeit für die *Tagesthemen* wisse sie, dass beispielsweise in Südthailand ein Konflikt brodele, der es nicht in die Nachrichten schaffe, weil er »so lokal ist, dass er sich nicht richtig ausweitet« und daher schlicht »keinen interessiert«. Ähnliches gelte für Konflikte in Südamerika oder Afrika: »Afrika ist etwas, das wollen die Leute nicht sehen, zumindest nicht in den Hauptnachrichten«, so ihre unverblümte Einschätzung, die unter anderem auch ihre Kollegin Fiona Ehlers vom *Spiegel* für beide Kontinente teilt und darin einen Trend zum alles kurz anreißenden, aber nichts vertiefenden Häppchenjournalismus erkennt. Dass manche Krisen vom Publikum als abwegiger oder randständiger wahrgenommen würden als andere, kann man laut Reimers

daran festmachen,»womit sich die Leute hier beschäftigen und was die
Gesprächsthemen sind« – und das seien definitiv keine Gesprächsthemen.
Dass wir gegenüber bestimmten Krisenthemen mitunter die Augen ver-
schließen, deutet für Maike Rudolph hingegen auf einen Mentalitätswandel
hin, der in der Erwartungshaltung unserer Gesellschaft begründet liegt.
Sie führt diesen Reflex zum Beispiel auf eine westliche Sichtweise exoti-
scher Regionen und Kulturen zurück, die wir aus Urlaubserlebenissen zu
kennen glauben, sowie auf unsere gesamte Weltanschauung, die letztlich
den Gesamteindruck von vergangenen und zukünftigen Krisenherden
entscheidend mitprägt:

> »Bei einer Katastrophe passt es rein, und wir finden es wahnsinnig empörend,
> dass die da so leben, aber wenn wir eine schöne Tempeltour machen, dann ver-
> drängen wir das Leid oder die Bilder aus dem letzten Jahr – aber so ticken wir:
> Wir schalten immer ein und weg, wie es passt« (Maike Rudolph).

Insbesondere an Auslandsjournalen wie dem *Weltspiegel* (ARD) findet
Rudolph erschütternd, dass dort oft nur »banale Lifestyle-Themen« ohne
höheren Erkenntnisgewinn und mit wenig Tiefgang gezeigt würden. Sie
führt das auf redaktionelle Entscheidungen zurück, deren Gründe sich
ihr nicht erschlössen. Dass Reporter selbst darauf offenbar wenig Einfluss haben, weiß Antonia Rados (RTL), die ebenfalls ähnliche Defizite in
der Themensetzung in Krisensituationen beobachtet hat. Sie glaubt, dass
der Krisenberichterstattung häufig der »Biss« fehle, etwa in der Kundus-
Affäre:»Man muss sich ja wirklich fragen, wie es kommt, dass es so lange
gebraucht hat, dass jemand das aufgedeckt hat.« Sie habe die langjährige
Erfahrung machen müssen, dass Krisenreporter ›ihre‹ Geschichten nicht
unterbringen könnten, selbst wenn sie sich ständig dafür einsetzten: So
hat sie ihre Karriere als Vorkämpferin wahrgenommen, die im Dauerstreit
mit der Redaktion um die Realisierung »jeder einzelnen Geschichte« ringen musste. Erst wenn die Vorschläge vollkommen ausrecherchiert seien,
käme es zur Umsetzung. Kaum Aussicht auf Erfolg hätten Themen, die
während einer Reise nur anrecherchiert würden.

Christoph Reuter vom *Stern* stimmt in diese Kritik ein, indem er konstatiert, dass überwiegend das Aktuelle und allzu Offensichtliche von den
Medien thematisiert werde, während sich komplexere Vorgänge und Hintergrundberichte meist nicht lange auf der Krisenagenda hielten:

> »Krieg, Krisen und Katastrophen sollten doch bitte für das deutsche Publikum
> frisch sein, um es etwas sarkastisch zu fassen – mit einer überschaubaren Zahl
> von Akteuren und Namen, die man auch aussprechen kann. Und es sollte Gute

und Böse geben. Das ist sozusagen der Musterkonflikt, über den auch relativ aufwendig zumindest anfangs berichtet wird – so à la ›Osama bin Laden gegen den Rest der Welt‹ –, aber wenn es länger dauert, wenn es kompliziert wird, dann hat man das Gefühl, dass das Publikumsinteresse doch erheblich geringer ist als zum Beispiel in Skandinavien oder in England, wo Zeitungen nicht nur die Nachrichten in Kurzform bringen, sondern auch viel mehr Reportagen, viel mehr Hintergrundberichte« (Christoph Reuter).

Reuter, aber auch sein Kollege Reiner Luyken von der Wochenzeitung *Zeit*, nennen den Irak und Afghanistan vergessene Krisenregionen, nachdem darüber gerade in der Anfangszeit exzessiv und – so Reuter – »ermüdend« darüber berichtet worden sei. Viel zu schnell habe die Redaktionen die Sorge beschlichen, ob das denn noch einer lese. Solche Themen seien »so kompliziert, außerdem gibt es keine einfache Lösung«, sodass nicht nur das Interesse der Leserschaft nachlasse, sondern auch »sehr schnell das der Blattmacher, der Verantwortlichen, die darüber entscheiden, ob über diese Themen noch große Geschichten gebracht werden sollen«. Damit spricht Reuter also einen weiteren fundamentalen Trend an, der ein fragwürdiges Licht auf das Agenda-Setting in Krisensituationen wirft: den kausalen Zusammenhang zwischen dem (angenommenen) öffentlichen Desinteresse und Themenentscheidungen in den Redaktionen.

Der freie TV-Journalist Stephan Kloss macht diesen Zusammenhang auch an den von der Redaktion bestellten Punkten »Länge, Format und Aussagen« seiner Beiträge fest, um »quasi die deutschen Ansprüche und Erwartungen zu befriedigen«, wie die Sicht und die Verhältnisse hier vor Ort sind. Einen nicht zu unterschätzenden Einfluss auf den konzentrierten Blickwinkel oder sogar die Vernachlässigung bestimmter Themen hat laut Elmar Theveßen (ZDF) auch die Emotionalisierbarkeit von Krisen. An der Berichterstattung über den 11. September 2001 habe man beispielsweise klar erkennen können, inwiefern die »Hintergründe und Tiefen, die eine Geschichte oder ein laufendes Ereignis eigentlich mitbestimmen oder vielleicht auch bedingen« zugunsten von transportierten Emotionen, sowie »die Verfügbarkeit von emotionalen Live-Bildern« ausgeblendet worden seien. Ihm sei deshalb wichtig, dass die ZDF-Redaktionen »sehr schnell in der Lage sind, auch die Hintergründe zu erklären«. Demgegenüber erklärt Ulrich Tilgner (SF), dass das öffentlich-rechtliche Fernsehen seine Aufgabe als kritischer Berichterstatter über Krisengebiete nur ungenügend wahrnehme. Man kapituliere immer häufiger vor Sachzwängen, finanziellen Zwängen und politischer Einflussnahme klagt Tilgner, der zuvor für das ZDF gearbeitet hat.

Zwar bestimmt nach Auffassung von Susanne Koelbl (*Der Spiegel*) in
zunehmend vielen Medien der Konsument, welche Themen in Krisensituationen wie gesetzt werden, doch ist das Agenda-Setting, auch die
Tiefe der Berichterstattung, zunächst einmal eine Frage der redaktionellen Kapazität:

>»Die Medien müssen zuerst das Ereignis selbst covern, wenn es Bedeutung hat
und das bindet schon einen großen Teil der Kapazität. [...] Erst kommt diese
brennende Nachricht, dann Analyse und Hintergrund und dann vielleicht noch
eine Feature-Geschichte dazu. Die Frage ist: Wieviel Kapazität hat der Reporter
dann noch bis zum nächsten Ereignis, wenn es knallt und raucht und wieviele
Berichte würde sein Medium zum Thema drucken in einem kurzen Zeitraum?«
(Susanne Koelbl).

Weniger abhängig von den Bedürfnissen der Masse sei ohnehin *Der
Spiegel*, der wie manch andere Medien »glücklicherweise über einen Kon-
sumentenmarkt verfüg[t], wo offenbar ausführlicher Informationsbedarf
ist«, so Koelbl. Auf die Frage, ob sich die Kapazitäten generell verringert
oder eventuell sogar vergrößert hätten, was Krisenthemen angeht, ant-
wortet Koelbl:

>»Wenn ich mir CNN angucke, dann ist es ja so, dass sie nur ganz bestimmte Zeit-
kontingente haben, um Themen zu verfolgen. Selbstverständlich ist es so, dass,
wenn jetzt eine Naturkatastrophe oder ein Kriegsereignis stattfindet, haben sie
dort die Hauptaufmerksamkeit und verschiedene Lokationen, von denen aus
berichtet wird. Was natürlich überhaupt nicht oder nur ganz selten möglich ist,
es überhaupt zu streifen, wie das einzuordnen ist und das Leben dort eigentlich
ist. Die Formate nötigen natürlich dazu, zu verkürzen: Das sind die Guten, das
sind die Bösen, hier sind die Opfer und hier sind die Täter, hier kommt die Hilfe
und da ist die Bedrohung« (Susanne Koelbl).

Auch wenn Koelbl um die wichtige journalistische Funktion der Einordnung in diesem Zusammenhang weiß, anhand derer Zuschauer innerhalb kürzester Zeit erkennen, was dort los ist, bemängelt sie dennoch eine
Schablonisierung und Verkürzung, »die die Menschen, die das im größeren
Kontext betrifft, zutiefst schmerzt, weil sie selbst sich nicht mehr dort vorkommen sehen«. Sie glaubt, dass die islamische Welt, »die ja inzwischen
eingeteilt wird in die Guten, die Schlechten, die Bedrohlichen und die uns
Wohlgesonnenen, so wie sie gesehen wird, auch ein Produkt dieser Berichterstattung« sei. Die freie Journalistin Susanne Fischer, die nebenbei
für eine NGO arbeitet, hat für die verkürzte Aufmerksamkeitsspanne und
die abnehmende Bereitschaft in den Redaktionen, einem Konflikt oder

einem Krisengebiet differenzierte Berichte oder ausführliche Sendezeit zu widmen, noch eine weitere Erklärung parat: »Es heißt dann immer sehr schnell: Das haben wir schon so oft gehabt und so viel berichtet und möchten jetzt lieber etwas von woanders haben. Das gibt dann fast so einen Verdrängungswettbewerb zwischen verschiedenen Konflikten: Nicht schon wieder Irak, jetzt es muss mal wieder Afghanistan sein oder jetzt sind alle ganz scharf auf Jemen, wenn das als nächstes Land des Terrors entdeckt wird. So entsteht unter den Journalisten eine Art Karawanen-Mentalität, nun schnell weiter zum nächsten Konflikt, sodass man die Hintergründe etwas aus dem Blick verliert« (Susanne Fischer).

Dieser Mangel an Sensibilität und Reflexionsvermögen drücke sich also nicht nur im gewogenen Publikumsbedürfnis aus, sondern auch in der Wahrnehmung der Redaktionen selbst, ob und wann ein Thema ›durch‹. Ausgeruhte Geschichten mit Tiefgang statt tagesaktueller Nachrichtenware würden – auch aus finanziellen Gründen – somit zum ›Luxusgut‹, das man sich leisten können muss. Obwohl Hintergrundberichte einen gewissen Widerspruch zum Krisenjournalismus aufweisen, zeigt sich nach Meinung von Fischer immer wieder, »dass man selbst aus solchen Regionen auch andere Geschichten machen kann«. Beweis dafür seien nicht zuletzt die Reaktionen ihrer Leser, von denen sie durchweg positive Rückmeldungen bekomme, wenn es um Geschichten gehe, »die wirklich nah dran sind an den Leuten vor Ort«:

»Wo es nicht nur um die große Politik geht, sondern wo man die großen Ereignisse und das Geschehen auf den Alltag herunterbricht und für die Menschen begreifbar macht. Die meisten wollen wirklich verstehen, wie die Menschen vor Ort leben. Also wenn ich Alltagsgeschichten geschrieben habe oder zu Themen, die einem eher nicht unter der Rubrik Krisenberichterstattung einfallen. Über das Leben der Frauen dort oder die Geschichte einer Familie, da gab es immer das meiste Feedback. Also bei Geschichten, die die Krise oder das ferne abstrakte Kriegsgeschehen für die Menschen begreifbar macht. Viele können sich einfach nicht vorstellen, dass in einer Stadt wie Bagdad der Alltag trotzdem weitergegangen ist, die Menschen zur Arbeit und die Kinder zur Schule gehen oder dass man einkaufen geht. Wenn ich solche Geschichten geschrieben habe, kam am ehesten ein Feedback« (Susanne Fischer).

Für Souad Mekhennet (New York Times, ZDF) ist neben dem persönlichen Erlebnis auch die persönliche Sicherheit des Reporters ein Faktor, der die Agenda von Krisenereignissen in den Medien mitbestimmt. Sie lehne es von vorne herein ab, Geschichten zu machen, von denen sie glaube, dass sie zu gefährlich seien. Die Sicherheit des Journalisten falle ins Gewicht, wenn entschieden werden muss, ob eine Geschichte umgesetzt wird – unter anderen nennt sie die Möglichkeiten,»dass die Leute einen entführen oder umbringen oder die andere Seite versucht, an die Gesprächspartner heranzukommen und dann die Gunst der Stunde nutzen würde und einen verfolgt«. Selbst wenn investigative Berichterstattung, wie Mekhennet sie für große US-Redaktionen betreibt, die»Korrespondenten vor Ort teilweise gar nicht machen können, weil die so viel Tagesgeschäft abdecken müssen«, mahnt sie zur Wachsamkeit und Weitsicht.

Matthias Gebauer (*Spiegel Online*) beschreibt darüber hinaus das Problem der Agenturhörigkeit der Heimatredaktionen, deren Urteil oft aus bruchstückhaften Informationen resultiere, wenn sie selbst keinen Reporter in das Krisengebiet entsendeten. Die Versuchung sei gerade für ihn und seine Kollegen im Online-Journalismus groß, wie die Nachrichtenagenturen die eigenen Redaktionen mit Nachrichtenhäppchen zu versorgen statt selbst vor Ort zu recherchieren:

>»Ein gutes Beispiel war der Konflikt in Georgien. Da gab es einen Tag mal Agenturmeldungen, die Russen würden auf Tiflis zufahren. Für alle, die wir im Land waren, klang das relativ unwahrscheinlich, aber die verbreiteten das. Die Agenturkollegen reportieren ja nicht selber. Die sitzen nur in ihren Büros und haben irgendwelche Leute draußen und in der Tat war es so, dass russische Tanker über eine Schnellstraße fuhren, die Richtung Tiflis führte. Wir kannten uns einfach. Fünf, sechs Kollegen, die an verschiedenen Punkten dort stationiert waren und dann Kontakt gehalten haben. Und da war es so, dass ich in Hamburg gesagt habe: Für uns sieht das überhaupt nicht so aus. Außerdem haben sie mittlerweile angehalten und da und da stehen sie jetzt. So sollten wir das auch vermelden. Es fällt der Redaktion manchmal etwas schwer, den Agenturen nicht zu glauben« (Matthias Gebauer).

Krisenveteran Christoph Maria Fröhder (ARD) kritisiert in Bezug auf das Agenda-Setting in toto, dass er im Laufe der Jahrzehnte immer wieder erlebt habe, dass Krisen nicht mehr»sachgerecht« angegangen würden: »Die faktische Entwicklung läuft weg vom Hintergrundbericht«, sagt Fröhder,» weil die wenigsten das heute noch können«. Viele verstünden sich als Kriegs- oder Krisenreporter, die meisten seien da»noch nicht einmal differenziert«. Er verstehe den Krisenreporter»mehr als politischen Berichterstatter, der nicht den Pulverdampf braucht, sondern das notgedrungen mitmacht, weil es vor Ort passiert«, als jemanden, der sich auf »das Entstehen, die Dimension und die internationale Verzahnung dieser Krise konzentriert und das darzustellen versucht«. Dieses Engagement sei heute»eher seltener« ausgeprägt.

Schlussfolgerungen

Bei der *journalistischen Themensetzung* (Agenda-Setting) ist der Korrespondent nach Aussage der Befragten das schwächste Glied in der Berichterstattungskette. Die Heimatredaktionen stützen sich häufig auf die herrschende Nachrichtenlage führender Leitmedien wie der *New York Times*, CNN oder der BBC und richten ihre aktuelle Agenda insbesondere nach den Eilmeldungen der großen Agenturen aus, sodass gegenläufige Meinungen und Perspektiven tendenziell unberücksichtigt bleiben. Gegen diesen publizistischen Einfluss kann sich die Einschätzung der Korrespondenten, was vor Ort wichtig und relevant ist, immer seltener durchsetzen: Eigene Sichtweisen, Interpretationen und Analysen müssen sie aufwendig und teilweise gegen den Willen der Redakteure durchsetzen. Daraus, dass in den Redaktionen viele Nachrichtenkanäle zusammenlaufen, resultiert eine redaktionelle Deutungshoheit, die zugleich eine gewisse Betriebsblindheit bei der Bewertung komplexer Zusammenhänge mit sich bringt. Dass die eigenen Krisenreporter Krisensituationen in den betreffenden Regionen besser einschätzen und schlüssiger einordnen können, wird geflissentlich ignoriert: Aus Sicht der Korrespondenten müssen Themensetzungen hart ausgefochten werden, obgleich sie am eigentlichen Geschehen näher dran sind und Nuancen in den Krisenentwicklungen besser wahrnehmen können.

An der Heimatfront herrscht somit ein ›gefühltes Desinteresse‹ gegenüber ohnehin *vernachlässigten Themen*. Die Auslandsberichterstattung richtet sich immer stärker an einem fragwürdigen Verständnis des Publikumsinteresses aus: Die Themensetzung folgt im Zweifelsfall vor allem den zuvor genannten Kriterien Sensationalität, Emotionalität und persönliche Betroffenheit. Ereignisse, die aufgrund des Länderprofils (z. B. Afrika/Lateinamerika) oder des Krisentypus (z. B. Bürgerkrieg/ethnische Konflikte/Standeskämpfe) keine hohe Aufmerksamkeit versprechen, werden weniger oder kaum bedacht.

Die Themensetzung während einer Krise ist generell undifferenzierter, kurzatmiger und anfälliger für gesteuerte Informationen geworden: Krisenberichterstattung ist zunehmend gekennzeichnet von erratischen *konjunkturellen Schwankungen*, die sich zunächst in einer massiven Ballung der Berichterstattung manifestieren, im Falle bestimmter Krisenherde aber schnell wieder abflauen (z. B. Irak, Birma, Haiti, Indien, Kolumbien, Mexiko).

Gerade wenn es um die gefährlichsten Krisenregionen der Welt – zum Beispiel Iran, Gaza, Sudan oder Afghanistan – geht, mangelt es der Berichterstattung nach Ansicht einiger Befragter noch zu sehr an Analysen, Hintergründen,
Erläuterungen und Perspektiven. Stattdessen werden vorrangig Eilmeldungen, Schlagzeilen und Infografiken in den Nachrichten-Orbit geschossen.

Vernachlässigt werden dagegen Hintergrundberichte über die kulturellen
Gepflogenheiten der Regionen, über die sozialen Folgen der Krisen und
speziell Kriege sowie über konstruktive Ansätze, die zu einer Lösung der
Konflikte und Krisen beitragen könnten (konfliktsensitiver Journalismus) –
mit vereinzelten Ausnahmen in der Wochenpresse.

Auf die Agenda kommt bei Krisen bevorzugt das, was nicht durchs Raster
der allgemeinen Nachrichtenfaktoren fällt: Eine Vermenschlichung der Krise
findet vor allem auf der Ebene der Emotionalisierung und Sensationalisierung menschlichen Leids statt und auch nur dann, wenn es visuell gezeigt
und als ›Gesicht‹ der Katastrophe oder des Konflikts an der Heimatfront
verkauft werden kann.

3.2.6   Lange Leitung? Der Draht zur Heimatredaktion

Nach Auffassung der Journalistinnen Susanne Fischer und Antonia Rados
(RTL) ist das Gefahrenbewusstsein der Redakteure in der Heimat gegenüber den Kollegen in Krisengebieten gut ausgebildet – Heldentaten würden von ihnen entgegen aller Vorurteile jedenfalls keine erwartet (Rados:
»Niemand schickt einen in den Tod«). Egal, wo und für wen sie gearbeitet
haben, hätten weder Fischer noch Rados jemals erlebt, dass Redaktionen sie
zu irgendetwas gedrängt hätten, »schon um nachher nicht als Buhmänner
dazustehen, wenn irgendetwas passiert« (Fischer). Allerdings sei die eigene
Stressresistenz ebenso eine Grundvoraussetzung für Krisenreporter wie
der unbürokratische Umgang mit Aufträgen in Krisengebieten aufseiten
der Redaktion: »Große Bürokratien sind keine Freunde der Reporter.«
Für Ariane Reimers (ARD), die als Korrespondentin in Peking arbeitet, ist
jedoch klar, dass der Sender diktiert, wie der Tag eines Reporters abzulau-
fen habe – vor allem die Zeitverschiebung sei »halt brutal«:

> »In Asien muss man eben früh aufstehen, damit man drehen kann den Tag über,
> damit man Interviews führen kann und man schneidet abends, nachts, wenn es
> dunkel ist und muss dann in den frühen Morgenstunden ein Stück abliefern und
> gegebenenfalls live schalten. Da ist die Schlafzeit relativ gering« (Ariane Reimers).

Allerdings, betont Reimers, seien ihre Auftraggeber auch hellhörig und nachsichtig, wenn es etwa aufgrund ihrer physischen Verfassung einmal nicht klappen sollte. Die Kollegen seien dann »sehr verständig«, »die Kommunikation gut« und wenn man dann sage, »es geht nicht, ich kann nicht, dann kommt: okay gut, verstehen wir«. Sie müsse das auch nicht »groß begründen«, warum es gerade nicht geht: »Ich brauche nur zu sagen: Es liegt an der Logistik oder ich kriege es nicht hin oder ich kann einfach nicht mehr, ich schaff' es körperlich nicht mehr, das ist zu anstrengend.« Niemand insistiere in solchen Fällen, es gebe keine Ansagen und Vorschriften, sondern lediglich verbindliche Absprachen, »wie lange man noch da bleibt«.

Solche Freiheiten seitens der Heimatredaktion gelten offenbar nicht für alle Krisenjournalisten: Katrin Sandmann (ehem. N24) stellt zum Beispiel fest, dass es schwierig sei, nicht dort zu sein, wo alle anderen sind. Es sei viel Überzeugungsarbeit notwendig, wenn man ausscheren wolle und nicht der Herde hinterherlaufe: »Und wenn man das macht, muss man hoffen, dass man hinterher Glück hat und auch Recht damit, dass man woanders hingegangen ist, weil da eine Geschichte ist, die vielleicht besser ist.« Das funktioniere also nur so lange, wie man der Redaktion versprechen könne, dass man die bessere Geschichte nach Hause bringt. »Wenn das funktioniert, lassen sie es dich natürlich auch machen«, so Sandmann. Die größte Angst der Redaktionen (auch ihre eigene) dabei sei vermutlich, etwas Wesentliches zu verpassen. Dass die Autonomie des Korrespondenten relativ ist und eine Kehrseite hat, weiß zumindest aus langjähriger Erfahrung Reporterlegende Christoph Maria Fröhder: Er bemängelt, dass heute lediglich »das Bewältigen« von Krisen im Vordergrund stünde, während auf die echten Bedürfnisse und Notlagen der Reporter vor Ort niemals genügend eingegangen werde:

»Ich kenne viele Redaktionen, dort wird im Grunde inhaltlich gar nicht mehr gesprochen, dort steht nur das Bewältigen im Vordergrund. Als ich zum Beispiel aus Vietnam zurückgekommen bin, hat sich der Redaktionsleiter – ein gestandener älterer Herr mit einer grundsoliden Bildung und einem humanistischem Ansatz – erst einmal mit mir eine Dreiviertelstunde im Café unterhalten und dem habe ich dann über das, was wir erlebt haben, berichtet. [...] Heute liefern Sie etwas ab und bekommen gesagt: ›Ist das wieder gut gewesen.‹ Das bringt mir aber nichts. Der kritische Fruchtboden, der entsteht, wenn man auch mal kontrovers über eine Berichterstattung redet und selber auch gar nicht gut dabei wegkommt, einen aber sicher zu wichtigen Gedanken anregt: Hast du Fehler gemacht? Oder warum hast du dich da mit einer gewissen Einfältigkeit nur auf die Oberfläche gestürzt, statt den Hintergrund und die Entstehung stärker mit einzubeziehen? Das entsteht nur, wenn Sie einen intellektuellen Partner auf der anderen Seite haben. Wenn ich heute bei den *Tagesthemen* anrufe, habe ich ein 25- oder 28-jähriges Mädel dran, das fragt: Herr Fröhder, haben Sie etwas mit uns zu tun? Ich werde von der ARD selber als Flaggschiff der Auslandsberichterstattung beschrieben in irgendwelchen Drucksachen und diese Diskrepanz haben die einfach nicht unter Kontrolle. Jetzt ist mir das unwichtig, ob mich ein 25-jähriges Mädel kennt, das ist nicht mein Problem. Aber es erschwert natürlich den Dialog und zeigt eben auch, wie mit solchen Berichten letztlich umgegangen wird – denn sie ist ja nicht nur die Telefonistin, sondern sie ist auch die Redakteurin an dem Tag, die das verarbeitet« (Christoph Maria Fröhder).

Diesen Mangel an journalistischer Kompetenz und Reflexion auf Redaktionsseite erkennt Fröhder aber nicht nur beim Nachwuchspersonal, sondern viel grundsätzlicher im fehlenden Dialog zwischen den Korrespondenten und gestandenen Hierarchen, vor allem Produzenten und Redaktionsleitern, aber auch bei normalen Redakteuren: Vor allem der Umstand, dass Redaktionsleiter »in der ARD und im ganzen öffentlich-rechtlichen System heute meistens politisch handverlesen und nicht mehr nach ihrer Qualität« ausgewählt würden, habe zu »enormen Qualitätseinbußen« im Programm geführt: »Deswegen war das Wegbeißen von Nikolaus Brender ein massiver offener Eingriff, wie man ihn sich bislang nicht vorstellen konnte«, sagt Fröhder.

Das Problem der diffusen Zuständigkeiten und Unwägbarkeiten im dezentralen Senderverbund der Öffentlich Rechtlichen beklagt auch Reimers: »Die ARD hat durch ihre föderale Struktur natürlich sehr viele Leute, die verschiedentlich an die Redaktionen, an die Sender angebunden sind.« Dies habe zwar den Vorteil, »dass man nur für einen Teil der Länder zuständig ist«, aber auch den Nachteil, »dass man gegebenenfalls nicht geschult ist«. Wenn sich die Anstalten stärker auf eine Zentralisierung einlassen würden, könne vor allem die technische Schulung und das Know-how zur Vorbereitung der Kriseneinsätze effektiver gestaltet werden – denn dass sich die Redaktionen »ein bisschen mehr« in die zum Teil schwierige Lage der Korrespondenten hineinversetzten, wünsche sie sich manchmal schon, vor allem, was die Stationierungszeit und Reisedauer im Krisengebiet, aber auch die verbindliche Themenzusage betrifft: »Wenn man das zentralisieren würde und die Leute in einem kleineren Kreise öfter machen ließe, wäre das effektiver.« Um eine solche Kompromissbereitschaft weiß auch Fiona Ehlers vom *Spiegel*, die mitunter den Eindruck hat, dass vor allem

Nebenaspekte oder ungewöhnliche Perspektiven und Einzelschicksale aus den Krisengebieten schwer zu »verkaufen« seien: »Dafür musst du am Telefon mit deiner Redaktion werben, man diskutiert mit dem Ressortleiter über die Aussage, die Herangehensweise der Geschichte, entscheidet sich für Figuren und Orte, an denen man die Reportage erzählt, für Perspektivenwechsel oder Brüche oder man entscheidet, in bestimmten Fällen, sich ganz auf ein Nachrichtenstück zu beschränken« (Fiona Ehlers).

Das genaue Gegenteil ist bei Matthias Gebauer der Fall: Der Chefreporter von *Spiegel Online* schlägt in der Regel Themen vor, die er auch umsetzen kann und bei denen sich »die Chefs nicht mehr wahnsinnig groß einmischen«. Sie wollten zwar ungefähr wissen, wie er in ein Krisengebiet komme, vor allem, wenn es dort gefährlich sei, »aber es ist nicht so, dass ich einen detaillierten Plan vorlegen muss, was ich dann wie dort mache«. Einen Plan könne er zwar vorlegen, »aber der würde nie eingehalten werden«. Umgekehrt reizt Gebauer dieses Privileg, das wohl nur wenige Krisenjournalisten haben, auf redaktioneller Ebene nicht aus: Er rufe nicht wegen jeder Kleinigkeit in der Redaktion an, auch nicht bei minderen Problemen.

In der Zusammenarbeit mit seiner Redaktion setze er – im Gegensatz zu vielen Kollegen vom Fernsehen – auf Transparenz im Hinblick auf den Entstehungszusammenhang seiner Geschichten aus Krisenregionen. Die Ortsmarken würden bei *Spiegel Online* exakt gesetzt, wohingegen beim Fernsehen mitunter getrickst werde, was die Herkunft mancher Bilder betreffe: »Ein Kollege macht eine Geschichte, dann wird etwas anderes reingeschnitten. So richtig passen tut das meistens von der Bildsprache her nicht, daher ist es eigentlich immer Unsinn. Auf der anderen Seite, wenn du das Geschehen des Tages in zweieinhalb Minuten packen willst, geht das schlecht anders. Bei uns würde ich immer sagen, lass uns lieber einen kleinen Link drunter hängen mit der Nachricht eben. Das ist eine Reportage, die du machst, umso weniger passt dann da irgendein Nebenname rein« (Matthias Gebauer).

Freie Fernsehjournalisten wie Stephan Kloss haben es da schwerer. Sie scheinen insgesamt einem größeren Druck ausgesetzt zu sein, gerade, was die Erreichbarkeit und Verfügbarkeit angeht. Obwohl das häufig »strukturelle Gründe« habe, dass er in Krisenregionen mitunter nicht erreichbar sei, müsse er sich dafür oft »rechtfertigen«. Susanne Koelbl (*Der Spiegel*) betont, dass Krisenreporter notgedrungen auf sich gestellt seien. Die Redaktionen seien weit weg und allein der Reporter vor Ort könne und müsse die Lage dort für sich beurteilen. Allerdings fordert Koelbl, wo nötig, auch die mentale Unterstützung der Redaktion ein:

»Sie müssen selbst entscheiden, wie weit Sie gehen wollen und wenn Sie sich
entschieden haben, können Sie in dem Moment auch nicht mehr zurück. Was der
Reporter von seiner Redaktion zuhause braucht, ist erstens das Vertrauen, dass er
das Richtige entscheidet und die Sicherheit, Unterstützung für seine Entscheidung zu haben« (Susanne Koelbl).

Dass ein psychologischer Rückhalt seitens der Redaktion erforderlich ist,
findet auch Ulrich Tilgner (SF), nimmt die redaktionellen Bedingungen, unter denen Krisenjournalisten arbeiten, insgesamt aber pessimistischer wahr
als seine Kollegen. Vor allem jungen Korrespondenten bescheinigt er, in einem beruflichen Hamsterrad zu stecken, aus dem es kein Entkommen gebe:
»Als junger Redakteur hat man keine Chance. Da kann man nicht sagen, ich gehe,
wenn man Auslandskorrespondent ist. Das ist ja der politische, der publizistische
Tod und deshalb müssen die Kollegen weiter mitmachen, obwohl sie da permanent unter Druck stehen« (Ulrich Tilgner).

Diese ständige Hab-Acht-Stellung der Korrespondenten mache sich
auch in den Vorwürfen der Heimatredaktionen bemerkbar, falls nicht so
berichtet werde wie gewünscht. Zum einen berichtet Tilgner vom Zwang,
fremdes Filmmaterial der Konkurrenz in Fernsehbeiträgen einzusetzen,
das die Redaktion als wichtig erachte: »Ob ich das vor Ort für wichtig
halte oder nicht, spielt gar keine Rolle. Weil die Konkurrenz das so sieht,
wird man quasi dazu gezwungen.« Dies führe zu regelrechten »Absurditäten«, wenn »Korrespondenten, die Berichte machen, die Bilder zum
Teil aus der Zentrale zugespielt kriegen«. Am Ende der Produktions-
kette muss der Korrespondent diese Beiträge auch noch kommentieren
und wird zusammen mit seinen eigenen Bildern als weiterer Elementen
einfach hineinmontiert, wodurch der »Schein der Vorort-Präsenz« und
Authentizität verstärkt werden solle. Vor allem gegen Bilder könne man
sich als Reporter »gar nicht wehren«, denn »irgendein Bild gibt es immer«, sagt Tilgner, selbst wenn die Redaktion behaupte, »wir haben die
Explosion hier live«, er aber vor Ort keine Explosion gesehen habe. Neben
dieser »redaktionszentrierten Wahrnehmung« will er zum anderen auch
eine inhaltliche Einflussnahme bemerkt haben, die er auf die »Zwänge
des Fernsehens« zurückführt: Als Beispiel nennt er einen Fernsehbeitrag aus dem Jahr 2000, in dem er über Wahlen im Iran berichtet hat. Die
Redaktion habe ihn währenddessen aufgefordert: »Sie müssen mit einer
Schießerei anfangen«, woraufhin er sagte: »Es wird hier nicht geschossen.« Dass Redaktionen es mit solchen spannenden, aber auch skurrilen
Sequenzen vor allem auf die Quote einer Sendung und damit auch auf

die Zuschauer der privaten Konkurrenzsender abgesehen haben, die in den Werbepausen herumzappen, seien Dinge, die für ihn als Korrespondenten »gar keinen Sinn haben«. Aber das sei offenkundig »für einen planenden Redakteur sehr wichtig, dass er den Beitrag an die Stelle setzt, wo der größte Publikums-Flow ist, weil er damit die meisten Leute aus diesem Flow herausfischt«, glaubt Tilgner. Damit sei er als Korrespondent allerdings »Anforderungen ausgesetzt, die jenseits meiner Wahrnehmung sind«: Er könne »natürlich kein Verständnis dafür haben, wenn im Iran in einem Wahlkampf nicht geschossen wird«, solche Schusswechsel aber von Redakteuren explizit gewünscht seien.

Wie bereiten die Heimatredaktionen aber die Korrespondenten und Reporter auf ihre Tätigkeit in den Krisengebieten konkret vor, wie bereiten sie deren Einsätze nach? Welche Hilfestellungen werden angeboten und welche Maßnahmen ergriffen, um die Leistungsbereitschaft und die Stressresistenz der Kollegen vor Ort zu erhöhen, aber auch um ihre Traumata zu bewältigen? Wie lang ist der Draht zu den Heimatredaktionen, wenn es wirklich darauf ankommt?

Aus den unterschiedlichen Rückmeldungen der befragten Krisenreporter zu den Vor- und Nachbereitungen durch ihre Arbeitgeber lässt sich ein vergleichsweise heterogenes Gesamtbild herauslesen: Die konkreten Hilfestellungen und Betreuungsmöglichkeiten, die Redaktionen über den regulären Arbeitsalltag hinaus anbieten können (und wollen), sind teils hochprofessionell, teils durchwachsen. Auffällig ist, dass sich im Vorfeld vieles um die Frage dreht, ob es sich für die Redaktion vor allem ökonomisch gesehen ›lohnt‹, einen Reporter in das jeweilige Krisen- oder Kriegsgebiet zu entsenden. Auch die technischen Gegebenheiten und die individuelle Leistungsbereitschaft oder Flexibilität der einzelnen Korrespondenten spielen bei der Entscheidung, jemanden auf Reisen zu schicken, offenbar eine Rolle. Ariane Reimers beschreibt, wie diese Maschinerie bei der ARD heißläuft:

> »Die Auslandsredaktion stellt fest, es gibt einen Bedarf zu berichten oder andersherum die ARD-aktuell-, das heißt die Tagesschau- oder Tagesthemen-Redaktion, stellt fest, dass es eine Möglichkeit gibt, jemanden dort hinzuschicken. Das passiert meistens gleichzeitig: ARD-aktuell möchte das, und die Auslandsredaktion stellt fest, dass da etwas wichtig ist. Dann wird überlegt, ist es sinnvoll jemanden hinzuschicken. Wenn ja, wo ist der nächste Korrespondent, kann der das leisten, kann der das nicht leisten, wie sind die technischen Gegebenheiten, lohnt sich der Kosten-Nutzen-Aufwand?« (Ariane Reimers).

Solche Entscheidungen laufen nach Auskunft von Reimers »alle ganz schnell« ab, sodass sie sich schon mit der Frage eines Abteilungsleiters konfrontiert sah, sich binnen zehn Stunden organisatorisch und psychologisch auf einen Einsatz vorzubereiten, der sie von Hamburg nach Bangkok führte: »Dann habe ich kurz überlegt, ich kenne Bangkok, das heißt, das ist jetzt völlig unproblematisch, auch wenn es da Ausschreitungen gibt und so war es auch.« Christoph Reuter vom *Stern*, der für seine Redaktion nach Kabul gegangen ist, erwähnt außerdem, dass mitunter viel Überzeugungsarbeit nötig sei, um in Krisengebieten fest stationiert zu werden. Die Entscheidung, ihn nach Afghanistan zu schicken, sei an sich zwar sehr schnell gegangen, auch weil dort Wahlen anstanden und sich die Lage insgesamt zuspitzte. Doch auch beim *Stern* wird die Kostenfrage offenbar diskutiert:

> »Wir haben das wie in Bagdad gemacht, dass man mit wenig Gepäck hingeht und sozusagen das Korrespondentenbüro in der Light-Version aufmacht, also: keinen angestellten Fahrer hat, keinen fest angestellten Übersetzer, kein separates Büro neben der Wohnung et cetera. Ich habe versucht, es möglichst schlicht und relativ preiswert zu halten« (Christoph Reuter).

Als im September 2009 dann auf Geheiß der Bundeswehr überraschend die von den Taliban entführten Tanklastzüge bombardiert worden seien, habe er sich in Kabul bereits gut verankert gefühlt, sich aber gewundert, dass außer ihm »sonst kein deutscher Korrespondent da« gewesen sei. Souad Mekhennet verdeutlicht, dass bereits im Vorfeld redaktionsintern nicht nur über Kosten diskutiert, sondern vor allem auf die Minimierung der Sicherheitsrisiken der Reporter großer Wert gelegt werde, bevor diese in ein Krisengebiet fahren. Sie sei allerdings ein »kleiner Sonderfall«, weil sie investigative Berichterstattung mache und da gebe es »bestimmte Dinge, über die man sich vorher unterhält: Also was kann und darf ein Reporter machen und wie hoch ist das Risiko«. Antonia Rados (RTL) stellt in dem Zusammenhang klar, dass kein »Reporter gezwungen wird, in ein Kriegsgebiet zu fahren«. Dies bedeute aber auch, dass kein Kollege »Mitleid« und »irgendeine Art von emotionalem Babysitting« erwarten dürfe, wenn er zurückkehre – zu Recht, findet Rados, denn dazu habe man schließlich »private Freunde, Familie«. Dennoch gingen nicht alle Redaktionen »sanft« mit den Krisenjournalisten um: »Neid spielt eine Rolle. Und Kriegsreporter sind obendrein sonders schwierige Leute, wie man sich leicht vorstellen kann.«

Demgegenüber fühlt sich Carolin Emcke (*Die Zeit*) von ihrer Heimatredaktion in jeder Hinsicht »enorm unterstützt«, wobei sie findet, dass sie eine »Luxusbiene« sei, weil sie zehn Jahre für den *Spiegel* gearbeitet hätte und jetzt für *Die Zeit*. Beides seien nicht nur enorm umsichtige Redaktionen, sondern beinahe ängstliche, »die einen niemals irgendwohin treiben« würden: »Im Irak bin ich sogar einmal abberufen worden vom *Spiegel*. Da hatte die Redaktion das Gefühl, wir seien zu lange vor Ort und würden den Instinkt verlieren für das, was gefährlich und was nicht gefährlich sei. Deshalb wurden wir zurückgeholt. Diese Redaktionen entsprechen wirklich nicht dem Klischee, das von ihnen im Umlauf ist. Die waren wirklich enorm besorgt. Dabei bestand die Unterstützung eher im Rückzug. Und über die Materialausstattung konnte ich auch nie meckern. Beim *Spiegel* gibt es auch eine hervorragende EDV-Abteilung. Und es gibt immer direkte Kommunikation, den regelmäßigen Austausch« (Carolin Emcke).

Neben diesen Lobeshymnen für ihre ehemalige Stammredaktion vertritt Emcke außerdem den Standpunkt, dass Redaktionen niemals dafür verantwortlich gemacht werden könnten, wenn es gefährlich werde. Das könne ohnehin nur der Reporter vor Ort entscheiden und auch das nur begrenzt. Es ließen sich alle möglichen Gefahren kalkulieren, es lassen sich Vorsichtsmaßnahmen einziehen, aber es lasse sich nicht alles erwägen in Gegenden, in denen der Ausnahmezustand herrscht.

Weder alleine gelassen noch angewiesen auf eine Art psychologisches Aufbauprogramm fühlt sich Katrin Sandmann (ehem. N24), die betont, dass zwar für ihre Begriffe genügend Hilfsangebote der Redaktionsleitungen vorhanden seien, sie bisher aber eher entspannt mit ihren Erfahrungen in den Krisengebieten umgehen konnte: »Es ist nicht so, dass ich alle vier Wochen schweißgebadet nachts im Bett stehe, weil irgendein schreckliches Erlebnis zurückgekommen ist.« Auch wenn beide sie selbst noch nicht in Anspruch nehmen mussten, loben Ariane Reimers (ARD) und Souad Mekhennet (*New York Times*, ZDF) die redaktionelle Nachbereitung in Form von therapeutischer Betreuung und Lebenshilfe (Mekhennet: »Man macht sich in den Heimatredaktionen auf jeden Fall Gedanken darüber«), teilweise sogar mit Unterstützung von psychologischem Fachpersonal, das dafür extra eingekauft werde (Reimers: »Da scheuen die Sender keine Kosten«). Mekhennet erwähnt auch die Menschenkenntnis der Redaktionsleiter, die erkennen würden, in welchen Situationen sie ihren Mitarbeitern Hilfe anbieten sollten: »Bei Kollegen, die entführt worden sind oder in Katastrophengebieten waren, weiß ich in beiden Redaktionen, dass das sofort angeboten wird.« Die Leute, mit denen sie zusammenarbeite, würden sie inzwischen schon so gut kennen, dass sie wüssten: »Sie ist in Ordnung oder nicht«.

Demgegenüber moniert der freie TV-Reporter Stephan Kloss, dass er sich bislang immer selbst »um psychologische Hilfe kümmern« musste, allerdings komme er regelmäßig in den Genuss einer Manöverkritik unter Kollegen: »Ehrlich gemeinte Kritik bringt einen einfach nur weiter«, so Kloss. Da er ja wisse, welche Kollegen Kritik übten und wie sie es meinten, wisse er auch, wie er das zu nehmen habe. »Und dadurch hat man sich im Laufe der Jahre auch wirklich professionalisieren können – anders geht das gar nicht.« Die freie Printjournalistin Susanne Fischer beklagt hingegen, dass sie von ihren Redaktionen nur wenig Kritik bekomme:

> »Meistens sind die Redakteure so im Produktionsstress, dass man glücklich sein kann, wenn man den Text noch vor Druck zu sehen bekommt. Aber dass man sich nochmal gezielt darüber austauscht, was gut und was nicht gut war, kommt bei der Arbeit als Freie nur selten vor« (Susanne Fischer).

Wenn überhaupt manifestiere sich ein Feedback eher daran, ob der nächste Auftrag kommt oder wie stark ihre Geschichten verändert wurden. Sie bespreche das Erlebte daher lieber »mit Freunden vor Ort, nicht unbedingt mit den Leuten, die die Geschichten redigieren«. Allerdings gestehen auch festangestellte Krisenjournalistinnen wie Koelbl oder Reimers ein, dass ihre Arbeitgeber – meist aus Gründen der Schnelllebigkeit und Arbeitsüberlastung – bisher keine »systematische Evaluation« für Krisenreporter und Korrespondenten leisteten. Reimers erklärt, es gebe zwar in der ARD regelmäßige Nachbetrachtungen der Krisenberichterstattung, die bekomme sie selbst jedoch gar nicht mit, es sei denn, »fürsorgliche Redakteure« schrieben alles mit und mailten ihr, »was auf diesen ganzen Kritiksitzungen dann über einen gesagt wurde«. Das sei zwar durchaus ein Feedback, aber keine Evaluation in dem Sinne, dass »sich danach Leute mit einem hinsetzen und sich überlegen, wie kann ich es das nächste Mal anders machen, was ist gut, was ist schlecht gelaufen«. Das habe sie nur in Ansätzen persönlich erlebt. Auch Koelbl bestätigt, dass die Konferenzen die einzige Manöverkritik seien. Sie bereite dann »oft sofort schon die nächste Geschichte vor, so ist der normale Vorgang«. Sie würde mit den Redakteuren vor allem Inhaltliches besprechen, wobei gelte: »Wenn jemand das Gespräch sucht, benötigt und möchte, kann er das sicherlich intensiv haben. Aber er muss es suchen.«

Christoph Maria Fröhder (ARD) bestätigt diese Ansicht, indem er kritisiert, es fehle »eine komplette Selbstreflexion und Selbstkritik«. Über die Bedeutung der Fertigkeiten eines Krisenreporters und ihrer Anwendung und auch über die Inhalte werde in der Redaktion schlicht zu wenig gesprochen. Er suche sich, wenn er die Möglichkeit habe, für ein Gespräch »immer den besten Redakteur aus, der meiner Arbeit kritisch gegenüber steht«. Nur aus diesem kritischen Dialog schöpfe er »Neues«. Spreche er mit dem »einfachen Redakteur«, könne er »das Ding so machen, wie ich will und werde zu einer gewissen Routine verleitet«. Das jedoch wolle er nicht. Auch Fiona Ehlers vom *Spiegel* legt großen Wert auf informelle Gespräche unter Kollegen, auch wenn es ihrer Meinung nicht gerade zu den Stärken von Krisenreportern gehört, sich zu öffnen. »Reporter sind nun mal Leute, die nach Hause kommen und lieber erzählen, wie nah ihnen eine Kugel am Kopf vorbeigeflogen ist, wie aufregend und gefährlich ein Einsatz war, anstatt von ihren Ängsten und Fehlern zu berichten. Oder davon, dass sie mit ihren Eindrücken vor Ort nicht fertig werden und jetzt zum Therapeuten gehen oder Selbstverteidigungskurse machen.«

Ein Rezept dagegen, dass Reporter dazu neigten, ihre Probleme herunterzuspielen und sich stattdessen mit ihren Erfahrungen brüsteten, weil sich das besser anhöre und viele Kollegen das erwarteten, wäre laut Ehlers, »die Kollegen im Vertrauen zu fragen, ob sie Tipps geben könnten, wie sie bestimmte Gefahrensituationen vor Ort gelöst haben. Dann geht es meist schnell weg von diesem: Es hat alles wunderbar geklappt und ich war der Held. Dann lernst du eine Menge und wirst auch gewarnt, vorsichtig zu sein und dich und dein Team nicht in unnötig in Gefahr zu bringen.« Sie finde es »bewundernswert«, wenn jemand zugebe: »Ich habe Bockmist gebaut, mich auf eine falsche Fährte setzen lassen oder ich bin angegriffen worden und erzähle dir mal, was man hätte besser machen können, damit du beim nächsten Mal vorsichtiger bist.«

Die freie Journalistin Susanne Fischer findet wiederum, dass die Redaktionen eine »verantwortungsvolle Haltung« an den Tag legten, wenn sie freie Journalisten nicht mit einer Geschichte in Krisengebieten betrauen möchten, weil sie auch von ihren Leuten niemanden damit beauftragten: »Es gibt durchaus Redaktionen, die sagen, wo wir selbst aufgrund der Gefahr vor Ort niemanden hinschicken, nehmen wir auch nichts von Freien.« Als ebenso effektiv wie vertrauensvoll empfindet Susanne Koelbl vom *Spiegel* hingegen das unausgesprochene Prinzip der Arbeitsteilung mit Kollegen unterschiedlicher Kompetenzen und Krisenerfahrung: »Wenn es um solche Geschichten geht wie in Kundus, bringt jeder seinen eigenen Erfahrungshorizont mit oder eigene Geschichtsideen und Aspekte ein und es wird letztlich zusammengelegt. Man teilt sich auf, wer was recherchiert und man fragt sich: Was haben wir abgedeckt und was brauchen wir noch?«Diese pragmatische Form der Zusammenarbeit sei ein Zufallsprodukt, wie es gemeinhin vorkomme, wenn Krisenjournalisten plötzlich auf ein überwältigendes Nachrichtenereignis in einer unbekannten geografischen und politischen Region reagieren müssen. Geschuldet sei dies der Außergewöhnlichkeit solcher Situationen, die viele Reporter als Herausforderung betrachten:

>»Loszufahren, sich einzuarbeiten und nach wenigen Tagen ist man zumindest so gut im Stoff, dass sich das zu einem kompetenten Bild fügt. Das ist ein sehr intensiver Prozess und eine Fähigkeit, die Reporter per se mitbringen. Eine Mischung aus schneller Generierung von Informationen, sich schnell einstellen können auf eine Lage, sich schnell vernetzen können und das ist genau das, was da passiert. Jeder holt sich die Informationen heran, jeder holt sich die Hilfestellung heran, die er benötigt und jeder macht das auch ein bisschen anders. Es gibt hier keine Struktur, die vom Spiegel vorgegeben ist oder die über Workshops funktioniert. Ich denke, das ist eine Vorgehensweise, die auch für jeden sinnvoll ist. Jeder macht es ein bisschen anders, aber die Ergebnisse sind ja gut« (Susanne Koelbl).

Auch Reiner Luyken bestätigt, dass die Vorbereitungen der Reporter eigenverantwortlich und oft auch eigeninitiativ geschehen müssten, denn »ein Ressort wie Wissen oder Feuilleton hat natürlich überhaupt keine Ahnung von so etwas wie Sicherheit im Krisengebiet«, weil das nichts sei, womit sie sich befassten:»Man kann es nicht alles auf die Redaktion abschieben und sagen: die müssen das machen. Das muss man dann schon selber machen«, so Luyken. Generell finde er aber, dass Krisenreporter in angelsächsischen Ländern besser auf ihre Einsätze vorbereitet würden als in Deutschland. Dieses Urteil widerlegt Matthias Gebauer von Spiegel Online, der die schnellen und kurzen Kommunikationswege und Abstimmungsprozesse seiner Redaktion, auch mit der Chefredaktion des Spiegel, von überall auf der Welt lobt:

>»Es sind sehr direkte und kurze Berichtswege. Es ist auch selten so, dass ich lange E-Mails mit irgendwelchen Planungen schreibe. Ich schreibe denen so ungefähr, wo ich bin und wann ich was liefere. Dann gibt es eine gewisse Abstimmung, was die in Hamburg machen an Nachrichten, was man reportagemäßig dazu liefern kann. Und ich bestehe natürlich darauf, dass die möglichst viel mit mir absprechen, gerade was sie aus den Nachrichtenagenturen nehmen. Es gibt fast in jeder Region dieser Erde Mobiltelefone, außer vielleicht in Burma gerade, wo die Kommunikation ein bisschen schwieriger war, aber überall anders ist es überhaupt kein Problem« (Matthias Gebauer).

Allerdings äußert auch Gebauer gerade in puncto Nachrichtenlage Kritik: Mit seinem Satellitentelefon sichte er täglich die Agenturen, deren Archive, sogar die Konkurrenzblätter vom gleichen Tag, das alles seien aber Dinge, die idealerweise eine Redaktion zu erledigen hätte (»Wie man sich das professionell zumindest vorstellt«). Er wisse von anderen internationalen Blättern, dass deren Auslandskorrespondenten, die im Einsatz sind, morgens eine E-Mail mit einer Presseübersicht bekämen, was woanders gelaufen ist: »Die kriegen die wichtigsten Agenturen zugeschickt und werden dann telefonisch gebrieft, was los ist und was man machen kann.« Da stehe Deutschland relativ weit zurück, »weil es überhaupt keine Erfahrung« gebe. Er kenne keine Redaktion, »wo so eine Betreuung vernünftig oder geplant läuft«.

Schlussfolgerungen

Mangelnde Zuverlässigkeit, thematische Unentschlossenheit und ein hoher Bürokratisierungsaufwand, die den Redaktionen teilweise attestiert werden, verschärfen die Situation der Reporter bei Kriseneinsätzen und durchkreuzen deren Planungssicherheit. Obwohl die Berichterstattung über Krisen eine hohe Flexibilität erfordert, die Redaktionen in der Regel nicht bieten können oder wollen, bestimmen in Ausnahmesituationen wider Erwarten nicht die Korrespondenten die Themenauswahl, sondern die Heimatredaktionen.

Weil nicht der Korrespondent das Verständnis der Redaktion von der Entwicklung einer Krise bestimmt, sondern in der Regel die allgemeine Nachrichtenlage, führt dies zu *Mainstreaming-Effekten* und Simplifizierungen – und darin steckt auch die Gefahr von falschen Annahmen und einer insgesamt verzerrten Wahrnehmung der Krisenregionen. In den Redaktionen selbst sind *unrealistische Vorstellungen* über die Krisensituation vor Ort daher weit verbreitet. Darunter leiden nach Aussage einiger befragter Krisenjournalisten nicht nur generell die Themensetzung, sondern auch der persönliche Austausch und die Betreuung der Korrespondenten.

Krisenjournalisten sind heute stärker noch als früher *Einzelgänger*: Dafür, dass sie ständig ›auf dem Sprung‹ sein müssen und vor Ort weitgehend auf sich gestellt sind, werden sie von den Heimatredaktionen unzureichend auf ihre Einsätze vorbereitet und währenddessen kaum fachgerecht versorgt oder psychologisch betreut.

Dadurch, dass die redaktionelle Vor- und Nachbereitung nicht zum Standardprozedere gehören, sondern meist nur auf aktive Nachfrage der Krisenreporter geleistet werden, entsteht in vielen Redaktionen in Bezug auf Kriseneinsätze ein *chronisches Defizit an Selbstreflexion*. Professionelle Rückmeldungen erfolgen nach solchen Aufträgen überwiegend in Form planmäßiger Redaktionskonferenzen, an denen die Krisenreporter wegen ihrer ständigen Auslandseinsätze ohnehin nur gelegentlich und sporadisch teilnehmen können; eine grundsätzliche Manöverkritik und ein konstruktives Feedback zu organisatorisch-handwerklichen Aspekten, geschweige denn zu moralisch-ethischen Bedenken kommt häufig zu kurz. Dieser Mangel an aktiven Hilfestellungen und psychologischer Betreuung kann insbesondere Nachwuchsreporter entmutigen, Selbstkritik zu üben und den vertraulichen Kontakt zu Vorgesetzten zu suchen, um sie um Unterstützung bei der Vorbereitung oder Bewältigung ihrer Missionen zu bitten.

Die Kommunikation zwischen Krisenreportern und Heimatredaktionen ist in vielen Redaktionen verbesserungswürdig: Fehlendes Personal, ungeschulte Ansprechpartner, kaum Verständnis für die schwierige Lage im Kriseneinsatz und eine Deutungshierarchie in Schieflage erschweren die Arbeit der Korrespondenten.

Das weitgehende Fehlen verlässlicher Anlaufstellen zur Betreuung von Krisenjournalisten in handwerklichen, inhaltlichen und psychologischen Fragen hat zu einer Verhärtung autodidaktischer Lernprozesse geführt, welche die Gesundheit des einzelnen Korrespondenten gefährden und damit die Hochwertigkeit der Krisenberichterstattung generell infrage stellen.

3.3 Recherchestrategien und -netzwerke im Einsatzgebiet

Allgemein lassen sich zwei gegenläufige Entwicklungen bei der journalistischen Arbeit in Krisengebieten feststellen: Zum einen haben sich die Kommunikations- und Übertragungsmöglichkeiten derart rasant weiterentwickelt, dass heutzutage komfortabel und innerhalb kürzester Zeit Kontakt mit der Heimatredaktion hergestellt werden kann und selbst komplexe Daten wie beispielsweise ein Fernsehbeitrag transferiert werden. Live-Schalten, wenn auch teilweise ohne Bild, sind von so gut wie jedem Winkel der Erde aus möglich, wo ein freier Himmel die Verbindung zum Satelliten freigibt. Dagegen wiegt der Vorwurf schwer, dass eine zunehmende Verflachung, Sensationalisierung und Emotionalisierung in der allgemeinen Berichterstattung auch die Qualität des Krisenjournalismus in Mitleidenschaft ziehe. Hinzu kommen immer wieder Zweifel an der Wahrhaftigkeit der über die Medien vermittelten Informationen zu Konflikten, Kriegen und Katastrophen. Gleichzeitig hat sich die Rolle von Krisenreportern grundlegend gewandelt. Vermehrt sind gezielte Angriffe auf Journalisten festzustellen, sei es durch Banden, Terror-Vereinigungen oder staatliche Organe.

Welche Auswirkungen haben wirtschaftliche Einschnitte auf die Art und Weise, wie und wie lange sich Korrespondenten einem Krisengebiet widmen können? Mit welchen Anpassungsschwierigkeiten haben sie zu kämpfen? Wie wappnen sich Krisenreporter im Angesicht lebensgefährlicher Bedrohungen und einer prosperierenden ›Entführungsindustrie‹? Wie kann ein geregelter Arbeitsablauf am Ort des Krisengeschehens gewährleistet werden? Mit welchen Schwierigkeiten haben Korrespondenten zu kämpfen, um Zugang zu Quellen zu erhalten und möglichst gründlich ihrer Recherchetätigkeit nachzugehen? Und welche Rolle spielen hierbei Geheimdienste und das Militär? Der folgende Analyseteil untersucht die Tätigkeit von Krisenjournalisten im Einsatzgebiet und hinterfragt die Möglichkeiten, Hindernisse und Kompromisse bei der Umsetzung von Recherchestrategien.

3.3.1   *Krisen-Hopping oder Wurzeln schlagen?*

Es ist anzuzweifeln, dass die Geburtsstunde des ›Fallschirm-Journalismus‹ auf das Jahr 1956 fiel – doch damals landete Paul Habans, Kameramann des US-Fernsehnetworks CBS, in kompletter Fallschirmmontur gemeinsam mit französischen Truppen im Nahen Osten. Ägypten hatte den Suez-Kanal verstaatlicht und versuchte damit, den noch jungen Staat Israel zu boykottieren.[183] Karriere machte die Metapher vom ›Parachute‹-Journalismus jedoch erst viele Jahre später, als sich US-amerikanische Krisenreporter sinnbildlich über Vietnam abwerfen ließen, um kurz, knapp und mit möglichst sensationellen Eindrücken über den Krieg zu berichten, der die ganze Welt in Atem hielt – ohne sich aber auf das Geschehen wirklich

---

183 KRUGLAK, THEODORE E. (1958): ›Crash‹ Coverage of U.S. Media In Hungary and Middle East. In: *Journalism Quarterly* 35(1958), S. 15 – 25.

einlassen zu können oder zu wollen. Seitdem machte der Begriff Karriere und ist immer dann probat, wenn Berichterstatter in Hauruck-Aktionen von ihren Redaktionen in Krisengebiete eingeflogen werden, ohne dass sie sich das nötige Hintergrundwissen aneignen, geschweige denn sich ein Netzwerk aus Kontaktpersonen und Mitarbeitern vor Ort anlegen können.

Auch nach den Beobachtungen und eigenen Erfahrungen des Gros der befragten Korrespondenten und Redakteure fällt der internationale Nachrichtenbetrieb vermehrt durch konzertierte, aber weniger konzentrierte Einsätze in Krisengebieten auf. Die Wunder der Technik ermöglichen einen immer schnelleren und scheinbar effektiveren Blick in die Krisenzentren in aller Welt. Doch fehlen, so die Kritik, sowohl die Kontinuität als auch die erforderliche Tiefe und Verbindlichkeit der Berichterstattung über die Kontexte und Ambivalenzen von Krisen in der meist fernen Fremde. So vielschichtig und widersprüchlich sich die Lage in den Einsatzgebieten von Krisenreportern regelmäßig darstellt und diese deshalb selbst die normative Forderung nach genügend Freiraum und Unterstützung für eine ausgewogene wie ausgeruhte und reflektierte Berichterstattung formulieren, so wenig stimmen die Befragten auch mit dem Generalvorwurf überein, Krisenjournalismus zeichne sich generell durch oberflächliche Momentaufnahmen aufgrund von Parachuting aus. Vielmehr wird zwischen zwei Alternativen differenziert, deren Auswahl für die beteiligten Korrespondenten wie für ihre Auftraggeber mit allerhand komplizierten Abwägungen einhergeht: Entweder lässt sich der Korrespondent für längere Zeit in einer bestimmten Region nieder und bleibt dort auch dann stationiert, wenn die Krisenerscheinungen (zeitweise) abflauen, oder es werden je nach Nachrichtenwert aktueller Krisenentwicklungen ein oder mehrere Berichterstatter ausgesandt.

Das Feld der Befragten besteht hauptsächlich aus sogenannten ›Krisen-Hoppern‹, Journalisten also, die je nach Interessenlage und Aufgabenbereich temporär aus mehreren Krisenregionen berichtet haben und diese zum Teil auch wiederholt aufsuchen. Anders als festangestellte Journalisten, deren Reisen aus dem Redaktionsbudget bestritten werden, müssen freischaffende Korrespondenten üblicherweise in finanzielle Vorleistung gehen, weshalb sich das Krisen-Hopping für sie wirtschaftlich normalerweise nicht durchhalten lässt. Auch deshalb sind manche freien Berichterstatter wie Susanne Fischer und Stephan Kloss dazu übergegangen, sich auf eine Region festzulegen und damit ein attraktives Expertenprofil für Auftraggeber aus Presse und Rundfunk auszubilden: »Die vielen komplexen Zusammenhänge hier, die komplizierten Bruchlinien gerade in den Regionen Indien, Pakistan, Afghanistan und Iran, die kann man nur wirklich verstehen und dann mit unserem westlichen Auge quasi betrachten und dem Publikum darlegen, wenn man hier lebt«, meint zum Beispiel Stephan Kloss. Diesen fachlichen Vorteil, nicht nur vor Ort zu sein, wenn die Krisenstimmung hochkocht, sondern den Alltag unabhängig davon zu begleiten, sieht auch Christoph Reuter. Seit Jahren berichtet er für den *Stern* aus dem Irak, später auch aus Afghanistan und plädiert dafür, im Krisenjournalismus stärker auf das Vor- und Nachher, das Nebenbei und Unscheinbare zu achten, um Konflikte und Katastrophen nicht nur schemenhaft, sondern auch die Mentalitäten und Lebenswirklichkeiten dahinter zu verstehen:

»Ich fahre heute in dieselben Länder, in die ich vor zehn Jahren, zum Teil auch schon vor 20 Jahren gefahren bin. Nur die Länder haben sich verändert. Entsprechend agiere ich auch anders. Ich fahre nicht nach Sierra Leone. Ich wäre durchaus nach Haiti gefahren, aber ungern, weil ich das Land nicht kenne. Ich fahre nach Afghanistan, in den Iran, Irak, nach Pakistan, in Länder, die ich gut kenne – auch noch aus einer Zeit, als sie ruhiger waren. Dann wurden sie immer unruhiger. Insofern bin ich Spezialist für bestimmte, speziell arabischsprachige Länder, wo ich Kontakte habe, wo wir Informanten haben, wo man Situationen einschätzen kann, die Mentalität kennt. Das bringt es mit sich, dass man auch dort ist, wenn es Krieg und Krisen gibt. Aber ich würde es nicht umgekehrt sehen, dass ich immer dorthin fahre, wo es knallt. Das sind die Hauptgründe, warum es immer wieder Todesfälle gibt, weil es sich um Leute handelt, die keine Ahnung haben von dem Land, über das sie gerade berichten« (Christoph Reuter).

Dass es sich immer weniger Redaktionen leisten, Spezialisten für bestimmte Kulturräume zu beschäftigen und diesen außerdem die Freiheiten einzuräumen, sich in Korrespondentenbüros ihrem regionalen Fokus zu verschreiben, wird in den Reihen der Befragten als allgemeines Problem der Auslandsberichterstattung begriffen. Nur zeigt sich im Falle von Krisenereignissen besonders deutlich, wann, wofür und auf welche Weise sonst so spärliche Ressourcen freigelassen werden, um sich dem Luxus einer vermeintlich umfassenden Schilderung der Lage hinzugeben. Als eine Begleiterscheinung des Krisen-Hoppings ist an den Orten des Geschehens eine ungewöhnliche Ballung und Invasion von Medienvertretern festzustellen, sei es bei einer Naturkatastrophe oder nach einem Bombenanschlag. Diese schwallartige Konzentration von medialer Aufmerksamkeit steht in direkter Diskrepanz zu einer Tendenz, die von der freischaffend tätigen

Journalistin Susanne Fischer beobachtet wurde: Besorgniserregend ist demnach, dass manche Medienhäuser offenbar damit begonnen haben, die Leerstellen der abgezogenen festen Korrespondenten in Krisengebieten nicht oder nur noch mit freien Journalisten zu besetzen. Redaktionen, darunter von vielen großen Regionaltiteln, fühlen sich nach Ansicht Fischers zum Teil in einem ethischen Dilemma, weil sie ihre eigenen Mitarbeiter nicht in die Gefahrenzonen schicken, aber nun mit Angeboten selbstständiger Reporter konfrontiert sind. Oft komme kein Auftrag zustande, weil man die journalistischen Bauchladenhändler nicht noch dazu ermutigen wolle, sich den Bedrohungen am Krisenort auszusetzen. Dies schlage jedoch negativ auf die Beschäftigungsverhältnisse der Freien durch, so Fischer, und führe in der Krisenberichterstattung letzten Endes zu noch stärkeren ereignisfixierten Mainstreaming-Effekten.

Obgleich die Befragten vehement ihre Versuche verteidigen, mit ihren Einsätzen in Nah- und Fernost, Afrika, der Karibik oder Südamerika Qualitätsberichterstattung zu leisten, bleibt die überwiegende Mehrzahl von ihnen in der Regel nicht länger als einige Tage oder Wochen in den krisengeplagten Landstrichen. Der durch wirtschaftliche Einsparungen und Strategieverlagerungen in den Nachrichtenorganisationen immer seltener werdende Entschluss für eine längerfristige oder sogar dauerhafte Präsenz in bestimmten Weltregionen hängt von zahlreichen Faktoren ab, die in zwei Kernfragen zusammenlaufen: Wieviel Abstand braucht und wieviel Abstand verträgt der Krisenjournalismus?

Während es sich für Korrespondenten wie Susanne Fischer, Christoph Reuter oder Stephan Kloss um grundsätzliche wie lebensverändernde Entscheidungen handelt, ihren Lebensmittelpunkt in eine Krisen- oder speziell auch Konfliktregion oder sogar in ein Kriegsgebiet zu verlegen, ist es für eine Redaktion in erster Linie eine betriebswirtschaftliche Kalkulation: Nur wenige Leitmedien versprechen sich von einem starken journalistischen Profil in der Auslandsberichterstattung einen Wettbewerbsvorteil, während das Gros von Presse und Rundfunk seinen Markterfolg mit anderen Kriterien misst. Eine neue Dependance in Form eines kleinen Korrespondentenbüros in infrastrukturell unterentwickelten und zudem sicherheitspolitisch instabilen Staaten einzurichten, ist mit einem erheblichen finanziellen und organisatorischen Aufwand verbunden. Einschneidender sind jedoch die persönlichen Herausforderungen für den Korrespondenten, dessen soziale und kulturelle Bezüge einer umfassenden Umstellung ausgesetzt werden. Die Bedürfnisse des Lebenspartners oder auch der Familie müssen hier in außerordentlich schwieriger Weise in Einklang mit den beruflichen Zielen gebracht werden. Hindernisse werden so schnell zu beruflichen wie privaten Stolpersteinen. Zur professionellen Eingewöhnung kommen ganz alltägliche Probleme wie die Zusammenarbeit mit Malern, Klempnern und Elektrikern, von welchen beispielsweise Christoph Reuter bei seinem Einzug in Kabul berichtet.

Die beruflichen Vorteile sind angesichts der Nebenwirkungen, die mit der Verlagerung des Lebensmittelpunktes einhergehen, nur für wenige Krisenreporter ausschlaggebend, um weit weg von Zuhause Wurzeln zu schlagen. Dennoch liegen sie auf der Hand: Wie Katrin Sandmann (ehem. N24) erklärt, zahle sich die Dauerpräsenz immer dann aus, wenn sich Krisen zuspitzten. In solchen Fällen kann der vor Ort lebende Korrespondent mit seiner Schnelligkeit punkten, weil das Berichtenswerte direkt in der Nachbarschaft oder aber in einer angrenzenden Provinz geschieht, wohin die Kollegen aus Deutschland frühestens am nächsten Tag gelangen könnten: »Im besten Falle wohnt man da und hat die Krise sozusagen vor der Haustür. Ich war Nahost-Korrespondentin von 1999 bis 2004 und da habe ich in Jerusalem gewohnt und Aman, ganz wichtig. Und da hatten wir mit der zweiten Intifada das Ding natürlich vor der Haustür. Da fängt es damit an, dass man zur Arbeit geht, wenn man es knallen hört. So haben wir es in Jerusalem zumindest häufig gemacht. Dann wusste man aber auch meistens, was es ist. Das war in der Hoch-Zeit der Selbstmordattentäter, die sich da wirklich wöchentlich in die Luft gesprengt haben und gerne auch in Jerusalem« (Katrin Sandmann).

Unabhängig vom Faktor Zufall, der dem in der Fremde heimischen Reporter einen Vorsprung gegenüber der Konkurrenz verschafft, sieht Susanne Koelbl (Der Spiegel) die Vorteile allen voran in dem deutlich ergiebigeren und verlässlicheren Ausbau von Recherchenetzwerken, die sich einfach besser erweitern und pflegen ließen, wenn man nicht ständig wieder zurück nach Deutschland oder in andere Erdteile reisen würde. Dennoch sehe sie es durchaus kritisch, sich ununterbrochen nur in einer Region aufzuhalten, da heutzutage Krisen in ihren globalen Interdependenzen betrachtet werden müssten.

Die Diskussion des Für und Wider ergibt in den Augen des Großteils der Befragten ein unausgeglichenes Bild: So könne die Langzeit-Lebenserfahrung eines Korrespondenten in einer Krisenregion einerseits davor schützen, sich unzulässige Werturteile oder Simplifizierungen zu erlauben, die zu einer Verhärtung von klischeehaften Eindrücken über einen bestimmten Kulturkreis führen könnten. Andererseits, so glaubt Christoph

Maria Fröhder, beugten regelmäßige Ausreisen und Einsätze auf Zeit dem Risiko vor, sich mit der Bevölkerung und ihren Lebensumständen oder auch Mentalitäten zu ›verkumpaneien‹. Krisen-Hopping sei demnach ein geeignetes Mittel, um die professionelle Distanz aufrechtzuerhalten, verlangt dem Reporter aber Kompetenz und Mühe ab, um die Wissens- und Erfahrungslücken zu kompensieren. Hierzu weist Susanne Koelbl (*Der Spiegel*) darauf hin, wie aufwendig die Reaktivierung eines persönlichen Kontaktnetzwerks zu Informanten in Krisenregionen sei, wenn man sich nur selten und stets nur für kurze Zeit blicken lasse.

Dennoch überwiegt im Befragtenkreis schon aus pragmatischen Gründen die Neigung zum Leben aus dem Koffer, wobei auch Aspekte der Arbeitseffektivität und -qualität angeführt werden, welche den Nutzen des sprunghaften Wechsels zwischen unterschiedlichen Krisenherden ausmachten. Allen voran wirke sich ein gewisser, nicht nur professionell gewahrter Abstand zum fremden Land vorteilhaft auf die Berichterstattung aus, meint Koelbl: Mit jeder Einreise könne sie Land und Leute mit neuem wachen Blick betrachten und dabei sehr viel besser und zielsicherer Veränderungen und langfristige Entwicklungen bemerken. Ein solch unvoreingenommener Blick auf Krisengebiete kann also letztlich nach dieser Einschätzung auch das Urteilsvermögen in Bezug auf die Merkmale und Verläufe von Krisen schulen:

> »Ich bearbeite ja nicht nur Afghanistan, sondern auch Pakistan und, wenn es die Zeit denn endlich mal zulässt, auch Indien. Das ist ein Raum, den man in der Gesamtschau betrachten sollte und ich habe Folgendes festgestellt: Wenn Sie, wie ich in den letzten Jahren zwischen fünf bis zehn Mal im Jahr dorthin fahren... jedes Mal, wenn Sie reinfliegen und jedes Mal, wenn Sie wieder rausfliegen, kommen Sie mit einem völlig anderen Eindruck, einer anderen Bewertung und mit einem anderen Gefühl dorthin. Sie merken den Unterschied, Sie sehen, was sich getan hat und wie die Atmosphäre ist. Das ist etwas, wofür Sie das Gefühl verlieren, wenn Sie immer dort sind. [...] Dieser Weg hält mich flexibel. Mein Blick bleibt dabei sehr offen. Abstumpfung, die man auch hat, wenn man zu lange zu einem Ort ist, findet nicht statt« (Susanne Koelbl).

Die idealtypisch formulierten Ansprüche der Befragten an ihr Berufsbild und an sich selbst negieren nicht die als problematisch eingeschätzten Defizite bei der Vorbereitung und der intellektuellen Beschäftigung mit der jeweiligen Krise und ihren Hintergründen. Dies fordere jedem Berichterstatter ab, dass er sich auch im Interesse seiner eigenen Sicherheit umfängliches Wissen aneigne und sich den widrigen und meist stark von jenen in Deutschland differierenden Lebensumständen bewusst werde, um nicht nur ein Gefühl für die spezifische Krisensituation zu bekommen, sondern im Kräftemessen zwischen Mitgefühl und Distanzwahrung die Über- und Einsicht nicht zu verlieren.

Schlussfolgerungen

Für die Mehrheit der Print-, Online- und TV-Redaktionen lässt sich eine eigene Redaktionsvertretung im Krisengebiet schon aus rein wirtschaftlichen Erwägungen nicht mehr rechtfertigen. Um die anfallenden Kosten des Krisenjournalismus einzugrenzen, nimmt das sogenannte *Krisen-Hopping* der Reporter zu – also der schnelle Wechsel von Krise zu Krise in unterschiedlichen Weltregionen. Im internationalen Kontext wird – ebenfalls abfällig – häufig von *Fallschirmjournalismus (Parachute Journalism)* gesprochen, womit die kurzfristig in Krisen- und Kriegsgebiete (gewissermaßen per Fallschirm)›eingeflogenen‹ Star- und Gelegenheitsreporter bezeichnet werden, die im Gegensatz zu den festen Korrespondenten vor Ort kaum Kenntnisse über die Krisenregionen mitbringen oder aber über wenig Berufserfahrung verfügen. Als Folge dieses Krisen-Hoppings konzentriert sich die Berichterstattung damit zunehmend auf Krisenereignisse, zu denen Reporter meist ad hoc und nur für kurze Zeit in die betreffenden Gebiete entsendet werden.

Eine *Sesshaftigkeit im Krisengebiet* wird, auch wenn sie immer seltener ermöglicht wird, von vielen Befragten daher nach Möglichkeit favorisiert: Wenn Korrespondenten in einer Krisenregion mindestens für mehrere Monate Wurzeln schlagen, können sie sich in der Regel auf das jeweilige Gebiet geografisch spezialisieren, in einen engeren Kontakt mit der Bevölkerung kommen, deren Machthaber auskundschaften, sich besser mit einheimischen Informanten vernetzen und insgesamt die kulturellen, politischen und sozialen Gepflogenheiten in der Region besser studieren. Für die Recherchebedingungen wird der längerfristige Umgang mit den Einheimischen vor Ort durchweg als positiv und gewinnbringend für die journalistische Arbeit empfunden, weil hierdurch ein authentisches Bild von den Lebensweisen und kulturellen Umständen vermittelt werden kann.

Ein fester Wohnsitz in Krisen- und Kriegsregionen birgt für die Korrespondenten jedoch die Risiken des professionellen Distanzverlusts und der Fraternisierung mit bestimmten Akteuren und Ansichten. Daraus folgen möglicherweise eine emotionale Abstumpfung, die Parteinahme in Konfliktsituationen und Schwierigkeiten bei der neutralen Berichterstattung aktueller Entwicklungen, die aus einem voreingenommenen Blick auf die Region resultieren. Dagegen eröffnen journalistische *Kurzeinsätze* bei aller Kritik gegenüber einem ›Krisentourismus‹ den entscheidenden Vorteil, über einzelne Krisengebiete ›unverbraucht‹ berichten zu können. Bei mehreren Reisen über längere Zeiträume hinweg werden Ursachen und Andersartigkeiten zwischen unterschiedlichen Krisen zudem besser wahrgenommen, wodurch das Beurteilungsvermögen insgesamt geschärft wird.

Die Vorteile einer dauerhaften Präsenz in Krisenregionen werden von deutschen Medien kaum noch geschätzt, sondern wurden durch ein klares Bekenntnis zum Krisen-Hopping ersetzt. Dadurch gerät tendenziell das Verständnis für die Komplexität und die kulturellen Eigenheiten bestimmter Krisen unter die Räder und kann zu einer unzulässigen Simplifizierung und Verhärtung von klischeehaften Eindrücken über eine bestimmte Krisenregion führen.

Andererseits bieten Kurzeinsätze, wenn sie sorgfältig geplant und langfristig vorbereitet wurden, die Möglichkeit eines unvoreingenommenen Blicks auf Krisengebiete, zumal die Berichterstatter durch den Vergleich unterschiedlicher Weltregionen letztlich auch ihr Urteilsvermögen in Bezug auf die Merkmale und Entwicklungen von Krisen schulen können.

3.3.2 Zwischen Kulturkampf und Entdeckungslust

Kulturschocks bleiben nicht aus. Als Fiona Ehlers das erste Mal in den Iran reiste, wurde sie mit einer unerwarteten Sicht auf die deutsche Geschichte konfrontiert:»Man wird zum großen Familienessen gebeten und spricht über die Alltagssorgen der Iraner und plötzlich höre ich: Wir haben sie eingeladen, weil Sie Deutsche sind, Ihr seid uns besonders sympathisch. Weil Ihr Arier seid, genau wie wir. Finden Sie nicht auch, dass man Hitler bewundern muss für seine Politik?« Früher sei sie bei solchen Äußerungen aufgesprungen und hätte den Tisch verlassen, sagt die Korrespondentin des *Spiegel*. »Heute bleibe ich freundlich, aber bestimmt und lasse mich vor allem auf keine Diskussionen über die Anzahl der ermordeten Juden oder die Bedeutung von Neonazis ein. Meist wollen sie sowieso nur provozieren und schauen, wie die Deutsche reagiert.«

Es muss nicht erst der Volksmund bemüht werden, um zu erahnen, dass in anderen Ländern andere Sitten, Gebräuche und Mentalitäten herrschen. Krisenreporter müssen nicht nur lernen, mit praktischer Mühsal in der Fremde umzugehen, sondern auch mit kulturellen Unterschieden: Mitunter verursacht es weitaus größere Schwierigkeiten, das nötige Einfühlungsvermögen aufzubringen, selbst unterschwellige Signale richtig zu deuten.

Trotz der teilweise jahre- oder sogar jahrzehntelangen Erfahrung bei der Arbeit in bestimmten Kulturkreisen fühlt sich keiner der Befragten in diesen Berichterstattungsarealen verwurzelt. Das hängt weniger mit dem geografischen Lebensmittelpunkt zusammen, der häufig weiterhin in europäischen Gefilden verortet bleibt (vgl. Kap. 3.3.1.), sondern ist in erster Linie der natürlichen Distanz zum unbekannt oder ungewohnt bleibenden Traditionsraum geschuldet, die auf die eigene Enkulturation und Sozialisation zurückgeführt werden kann. Wie Ariane Reimers erklärt, sorgte zusätzlich ein notwendiger beruflicher Filter dafür, dass der Korrespondent seinen eigenen kulturellen Hintergrund nicht ausblende: »Ich behalte automatisch viel Abstand, weil ich merke, dass es andere Kulturkreise sind, in denen ich mich bisher bewegt habe. [...] Das heißt: Die leben ein anderes Leben als ich es lebe. Das schafft schon mal Distanz. Es ist nicht die Welt meiner Familie, sondern eine völlig andere Welt. Distanz wahre ich auch, indem ich darüber berichte. Die Leute sind ein Berichtsgegenstand und ich berichte dem deutschen Publikum, was ich sehe. Das ist ein Vervielfältiger von Wahrnehmung. Ich kann mich in die Leute nur mittelbar hineinversetzen. Es wäre maßlos, zu sagen, ich könnte mich in eine Person hineinversetzen, die gerade ihre Familie verloren hat oder die ständig in einer Krisen- oder Kriegsgefahr lebt. Das kann ich nicht und die Kunst ist, nicht wie ein Elefant im Porzellanladen da alles kaputtzutrampeln« (Ariane Reimers).

Auch nach Ansicht von Gerhard Kromschröder sollten die fremden Kulturen aus sich heraus akzeptiert werden, auch wenn der Reporter Krisen in ihrer Bedeutung und Schwere zunächst einmal aus seiner westlich geprägten Perspektive bewerte. Seine eigene kulturelle Prägung auszublenden, sei eine Illusion: »Das wirst du nicht los, und das wird immer deine Sichtweise beeinflussen. Man kann aber versuchen, den eigenen kulturellen Hintergrund zu minimieren, um der anderen Kultur Gerechtigkeit angedeihen zu lassen. Ganz weg kriegst du den aber nie, beim besten Willen nicht.« Erstes Ziel müsse es daher sein, sich möglichst empathisch wie analytisch in die örtlichen Umstände einzugewöhnen, die Hürden der persönlichen Andersartigkeit zu überwinden, um als vertrauenswürdiger, neutraler Beobachter und Gesprächspartner akzeptiert zu werden.

Jede Region und jeder Kulturkreis erfordern unterschiedliche Strategien der Annäherung, Kontaktaufnahme oder gar temporärer Assimilierung. Nichtsdestotrotz lässt sich eine Reihe allgemeingültiger Regeln und grundsätzlicher Entscheidungen ausmachen, die vonseiten des Reporters bedacht werden müssen. Generell lassen sich zwei strategische Modelle voneinander unterscheiden: Dadurch, dass Einheimische in durch Krisen verursachten Ausnahmezuständen äußerst sensibel auf invasive Maßnahmen reagieren können, wie sie nicht nur vonseiten ausländischen Militärs oder von Hilfsorganisationen durchgeführt werden, sondern auch die Medien in ihren Lebensraum eindringen, entscheiden sich einige der befragten Korrespondenten zum einen für eine äußerliche, aber auch habituelle Anpassung an die Bevölkerung im Krisengebiet. Dies kann bis zur vollständigen Verschleierung der (beruflichen) Identität des Journalisten führen und damit Formen von Undercover-Recherchen annehmen. Andererseits entscheiden sich andere Befragte dafür, ihre Rolle als Journalist aus Deutschland transparent zu kommunizieren. Je nach Situation kann dies jedoch einen zwiespältigen ›Bunter-Hund‹-Effekt annehmen, wodurch sich der Korrespondent auch Gefahren ausgesetzt sehen kann, da ›Westlern‹, wie Fiona Ehlers glaubt, gerade in nahöstlichen Territorien mancherorts ein zweifelhaften Ruf vorauseile:

> »Westlern wird vorgeworfen, dass sie sich überall einmischen und alles besser wissen, dass es ihnen im Gegensatz zur einheimischen Bevölkerung gut geht und sie ihre Probleme gar nicht nachvollziehen können« (Fiona Ehlers).

Umso fataler wird eine aktive Einmischung in fremde Belange bewertet: Viele Journalisten fühlten sich laut Ehlers dazu bemüßigt, Einheimischen gut gemeinte – oder gar besserwisserische – Ratschläge zu geben, wie sie ihren Konflikt lösen könnten. Das wirke nicht nur anmaßend, sondern das verrate auch viel über die vorgefasste Meinung des Journalisten. Im Gegensatz dazu werde vielmehr goutiert, wenn der Journalist offensiv ein solches Vorurteil zu widerlegen suche, indem er sich selbst in Zurückhaltung übe und sich Zeit nehme, Land und Leute kennen zu lernen. »Ein solches Vorgehen überrascht dann meistens, und die Leute haben das Gefühl, dass da wirklich jemand ist, der sich für sie interessiert und mehr über ihre Lebensgeschichte wissen will«, sagt Ehlers.

Dennoch sei der durchschnittliche deutsche Korrespondent durch sein Aussehen und Auftreten niemals unsichtbar, so Ehlers. Ähnlich argumentiert Susanne Fischer, die als blonde Krisenreporterin mit hellem Teint und blauen Augen im Nahen Osten ihren Status als Exotin kaum verhehlen kann, selbst mit Kopftuch und Sonnenbrille. Fischer warnt davor, sich ob der eigenen Erfahrung im Umgang beispielsweise mit der irakischen Bevölkerung in der trügerischen Sicherheit zu wiegen, man falle nicht auf und sei einer der ihren. Wer länger vor Ort sei, könne leicht vergessen, dass sich das eigene Aussehen grundlegend von der typischen Erscheinung unterscheide:

»Wenn man durch die Straßen geht, sieht man sich ja nicht selber und hat nicht das Gefühl, dass man groß auffällt. Aber wenn man dann mal Fotos oder Filmaufnahmen sieht und sich selbst im Rahmen dieser anderen Leute, dann merkt man schon, dass man sehr heraussticht und auffällt. Aber im Laufe der Zeit gewöhnt man sich daran. Das ist vielleicht auch so bisschen das Gefährliche, wenn man so lange in einem Gebiet ist, dass man sich an vieles so gewöhnt, dass man manchmal das Gespür dafür verliert, was gefährlich sein könnte« (Susanne Fischer).

Antonia Rados (RTL) plädiert für eine offene Anpassung: Sie mache weder Undercover-Recherchen, noch trage sie eine ›Press‹-Kennung auf ihrer Jacke, gebe aber auf Nachfrage bereitwillig Auskunft über ihren beruflichen Hintergrund. Wichtig sei vor allem, ohne Vorbehalte offen auf Menschen zuzugehen und sich nicht in Heimlichkeiten zu verlieren. Stephan Kloss hält es dabei für immens wichtig, zumindest die Landessprache zu sprechen, um damit ein klares Signal auszusenden, dass er sich auf die Kultur eingelassen habe:

»Das gehört zum Job und zur Professionalität, dass man sich einlassen kann auf die Leute in der Region, aus der man berichtet. Wie soll ich sonst wissen, was dort passiert? Wir dürfen die Konflikte und Krisen in den Regionen, von denen wir berichten, ja nicht nur aus unserer Sicht berichten, sondern müssen auch versuchen, die Sicht der Leute zu vermitteln, über die wir berichten, sprich der Betroffenen und warum die das so sagen, warum die das machen. Dadurch heißt es, okay, ich lass mich darauf ein, kleide mich teilweise so und gebe den Leuten vor Ort das Gefühl: Ich bin da, ich habe eine kleine Kamera, ich höre zu, ich kann reflektieren und ich habe meine Hand am Puls dort. Dazu kommt natürlich auch, wenn ich als Ausländer dort vor Ort bin und spreche relativ gut auch deren Sprache, dann ist es für die ein ganz klares Zeichen: Der Typ, dieser Ausländer hat sich wirklich auf uns eingelassen, der hat unsere Sprache gelernt und mit dem unterhalten wir uns« (Stephan Kloss).

Dagegen hält es Rados für entbehrlich, zwecks Kommunikation mit der Bevölkerung die einheimische Sprache beherrschen zu können. Wichtig sei die grundsätzliche Bereitschaft zum Dialog:

»Es geht eher um die Definition der Rolle eines Reporters und die kann in einem Kriegsgebiet nicht anders sein, als wenn er in München oder in Hamburg recherchiert. Man muss hingehen und mit den Leuten reden. [...] Journalismus ist ein Kommunikationsberuf. Wer mit Leuten nicht kommunizieren will, wer Leute nicht mag, der sollte diesen Beruf nicht ergreifen. Die Grundbedingung ist, dass man Leute mag. Ob die jetzt Kopftücher tragen oder was immer, ist völlig egal. Man muss auf die Leute zugehen und ich glaube, auf die besondere Lage, dass das eben alles sehr fremd ist und dass man evtl. auch sein Leben riskiert, wenn man da auf jemanden zugeht. Das könnte auch ein Feind sein und der könnte einen auch verraten, [das] darf einen in einem Kriegsgebiet nicht daran hindern, dass man der ist, der eigentlich auf die Leute zugehen muss« (Antonia Rados). Susanne Koelbl (*Der Spiegel*) sieht es ähnlich: Es gelte, sich seinem Gegenüber immer respektvoll anzunähern und anzupassen, ohne aber seine eigene Identität als westliche Reporterin zu verneinen: »Es hat immer wieder Treffen gegeben, wo man in Kabul auch kein Kopftuch tragen musste, selbst in Kundus nicht. Und es wäre mir auch deutlich lieber, es nicht zu tragen, weil ich keine Muslimin bin. Aber weil ich auch zeigen möchte, dass ich niemanden brüskieren will, sondern auch diese Kultur anerkenne und schätze, als Gast dort zu sein, ziehe ich dieses Kopftuch häufig an. [...] Ich trete auf als das, was ich bin. Ich trete nie mit einer anderen Identität auf, sondern als eine westliche Reporterin und kleide mich auch genauso, allerdings natürlich mit Anpassungen. Ich trage lange Hemden oder knielange Mäntel und einen Schal, den ich auf meinem Kopf trage. So, dass es eine Anpassung an die Kultur gibt, aber ich behalte dabei meine eigene Identität« (Susanne Koelbl).

Während seine weiblichen Kolleginnen zu Kopftuch und langen Kleidern greifen, um nicht gegen lokale Sitten zu verstoßen, lässt sich Christoph Reuter (*Stern*) einen Bart wachsen, wenn er länger in Afghanistan unterwegs ist. Das diene auch dem eigenen Schutz, sagt Christoph Maria Fröhder, der die Akzeptanz kultureller Gepflogenheiten als wesentlichen Garant für einen konstruktiven Dialog, aber auch als Sicherheitsfaktor sieht: Das Anliegen des Krisenreporters sollte es natürlich immer sein, Gefahrensituationen erst gar nicht entstehen zu lassen. Wer aber beim Kontakt mit der islamischen Bevölkerung der bessere Moslem sein wolle, erfahre meist am wenigsten. Was zähle, sei Authentizität und Glaubwürdigkeit, damit die kulturelle Verständigung funktioniere: Bei einer der seltenen Gelegenheiten, den einflussreichen wie umstrittenen shiitischen Geistlichen Muqtada al-Sadr im Irak für ein Interview zu treffen, fiel Christoph Maria Fröhder auf, dass der Dolmetscher offensichtlich Angst hatte, die kritischen Fragen des deutschen Journalisten inhaltlich korrekt vom Englischen ins Arabische zu übersetzen. Doch der Religionsführer antwortete überraschend direkt und in gebrochenem Englisch, dass er schon alles korrekt verstanden habe und auf die Fragen eingehen werde. Fröhder erklärt sich das konstruktive Verhalten der von seinen Gefolgsleuten gefürchteten Autorität rückblickend damit, dass er als europäischer Gast keinen Zweifel darüber habe aufkommen lassen, dass er al-Sadr respektvoll begegnen wollte und die lokalen Traditionen, Umgangsformen und Gepflogenheiten der Region beherrschte. Nur auf dieser Grundlage sei es möglich gewesen, vor dem Hintergrund des arabischen Kulturkreises scheinbar infame Fragen offen anzusprechen, die den Geistlichen zunächst irritierten, die er aber schließlich als berechtigtes Interesse aus europäischer Perspektive akzeptierte.

»Wenn Sie nachfragen nach diesen kulturellen Abläufen und Vorgängen, die Sie nicht einordnen können, sind die Leute in der Regel darüber erfreut und erklären es Ihnen gerne. Diejenigen, die sich da zu stark annähern und quasi die besseren Moslems dann sind nach einer gewissen Zeit, sind diejenigen, die zu wenig darüber erfahren haben. Ich habe das an mir selber gemerkt. Als ich in den 1960er- oder 1970er-Jahren aus Afrika und Bangladesch z. B. berichtet habe, habe ich einen Riesenrespekt vor Moslems gehabt und mich fast übertan, deren Gewohnheiten und Verhaltensnormen zu absorbieren und zu übernehmen. Heute habe ich eine völlig andere Stellung dazu. Wir haben das letzte Mal in Kabul, ein wirklich sehr überzeugter Moslem und ich, einen sehr intensiven Dialog geführt, mit welcher Berechtigung er eigentlich vor meinem abendländisch kulturellem Hintergrund mich als einen Ungläubigen abwerten kann, während ich vor ihm einen Respekt als Moslem habe, aber deswegen meinen Hintergrund nicht aufgebe. Das war ein sehr fruchtbarer Dialog und er hat zum Schluss gesagt: Es ist schön, mit Leuten wie dir zu reden, bei denen man merkt, dass sie keine Gegner sind, aber doch anderer Auffassung als wir. Ich fand, das war mit das angenehmste Lob, das ich in den letzten Jahren bekommen habe« (Christoph Maria Fröhder).

Darüber hinaus betont Ariane Reimers (NDR), dass einfache Gesten der Respektbekundung oft nicht ausreichten, damit man als Berichterstatter Zugang zu bestimmten Gesellschaftsteilen bekomme. Hier müsse darauf geachtet werden, unterschiedliche Strategien der Verkleidung und Verhaltensanpassung zu kombinieren. Dafür brauche es viel Erfahrungswissen, bei dem insbesondere jüngere Korrespondenten laut Reimers auf Hilfe von Kontaktpersonen angewiesen seien, um nicht folgenreich in Fettnäpfchen zu treten:

»Die wissen, wenn jemand trauert, ist es schicklich zu fragen, was ist da passiert oder macht man das nicht. Also allein der kulturelle Umgang, das weiß ich nicht. Ich wusste nicht, wie wird in Indonesien getrauert, wie geht man damit um und wie spricht man die Menschen an. Wie redet man da über Tod, ist das ein Tabu-Thema, ja oder nein. Solche Dinge wissen natürlich die Leute, die aus diesem Land kommen und wenn ich sage: frag den mal bitte das und das, dann übersetzen die das schon so, dass es passt. Auf die bin ich angewiesen und ich würde in 100 kulturelle Fettnäpfchen treten, wenn ich die Producer nicht hätte« (Ariane Reimers).

Souad Mekhennet (*New York Times*, ZDF) unterscheidet beim sensiblen Umgang mit der Bevölkerung in islamisch geprägten Krisengebieten zwischen einem öffentlichen und dem privaten Rechercheraum. Auf der Straße, auf Plätzen oder auch in Gaststätten passt sie sich in teils penibler Akribie dem Verhalten der einheimischen Bevölkerung an und hat auch schon in Pakistan eine Burka getragen, die sie vollständig verhüllte. Das habe ihr vieles erleichtert: Wer in manchen Gegenden zum Beispiel Pakistans und Afghanistans als Ausländer erkennbar sei, setze sich kritischen Gefährdungen aus:

»Ich konnte einfach in eine Gegend gehen, wo es sehr schwer gewesen wäre, auch in konventioneller pakistanischer Kleidung herumzulaufen. Wenn Sie in einigen Gegenden in einer Burka herumlaufen, kann auch niemand Ihr Gesicht erkennen und dann besteht auch nicht die Gefahr, dass Sie direkt angesprochen werden als Frau. Wenn Sie aber in konventioneller pakistanischer Kleidung herumlaufen, könnte immer noch jemand auf die Idee kommen, zu sagen: vielleicht ist sie doch keine Einheimische. Das wollte ich in dem Gebiet, in dem ich war, nicht unbedingt riskieren« (Souad Mekhennet).

Im privaten Ambiente jedoch, wo sie sich mit ihren Kontaktpersonen austausche, gebe sie ihre wahre Identität preis. Auf diese Weise versucht Mekhennet, das Gefahrenrisiko zu minimieren, indem sie vermeidet, dass zum Beispiel zufällig bedrohliche Situationen heraufbeschworen werden können, wenn sie öffentlich als ausländische Korrespondentin erkennbar wäre. Susanne Koelbl (*Der Spiegel*) weist hier jedoch auch auf den wichtigen Umstand hin, ob der Journalist in Begleitung einer lokalen Autorität reist, deren Reputation den Korrespondenten auch in entlegenen Regionen zu schützen vermag, oder ob der Berichterstatter alleine reist. Danach richte sich auch der Kleidungsstil: Auf eigene Faust sei ein sehr viel defensiveres, zurückhaltenderes und damit auch unauffälligeres Auftreten angeraten. Obwohl auch in stark fundamentalistisch geprägten Gebieten das Bewusstsein für die Andersartigkeit von Ausländern vorhanden sei, habe die Toleranz dafür spürbar abgenommen. Kritisch sei, dass bestimmte erforderliche Verhaltensweisen erst vor Ort erlernt werden könnten, da sich viele davon intuitiv einstellten. Scheinbare Nebensächlichkeiten machen nach Angaben von Souad Mekhennet meist in direkten Kontakt einen wesentlichen Unterschied: Das seien häufig »ganz banale Sachen«, beispielsweise wie man einen Schal trägt oder ob Frauen mit der linken Hand schreiben dürfen oder nicht. Solche unbewussten Angewohnheiten zu variieren sei besonders schwer durchzuhalten.

Jeder Kriseneinsatz im Ausland sei daher durch die angespannte Atmosphäre, feindliche Stimmungen und den empfindlichen Umgang mit den Einheimischen gemeinhin von einer signifikanten Restunsicherheit gekennzeichnet, die im Kern auf sehr schwer zu überbrückenden kulturellen Differenzen zwischen Korrespondent und Bevölkerung basiere und sich konkret auf die Versuche des Reporters auswirke, die Lage und Probleme vor Ort zu erfassen und zu ergründen. Insofern könne man, meint Carolin Emcke (*Die Zeit*), immer nur einen Versuch unternehmen, mittels der eigenen Beobachtungen und Erfahrungen die Krisengeschehnisse so adäquat wie möglich zu erklären:

»Auch Dokumentationsabteilungen können Artikel nur begrenzt verifizieren. Ob ich eine Person, eine Quelle, einen Informanten für glaubwürdig oder für unglaubwürdig halte, ist meine subjektive Einschätzung. Das kann niemand anders mir abnehmen. Davon hängt mitunter mein Leben ab, aber davon hängt auch mein Urteil ab, das ich in den Text hineinschreibe. Die Strategie kann eigentlich nur sein, so genau zu beschreiben wie möglich, also die Mikroperspektive, und wenn möglich eigene Zweifel selber in den Text hineinzulassen. Eines meiner Lieblingsworte ist zum Beispiel »vielleicht«. [...] Als ich zum Beispiel einen Gefangenen im Irak besucht habe, wähnte ich mich in einer dauernden Unsicherheit, ob ich vielleicht auf den reinfalle, ob der mir nur harmlos vorkommt, aber er eigentlich ein brutaler Terrorist ist. Da gibt es keine Methodik, keine Strategie der Wahrheitsfindung, außer mich ständig zu fragen, ob ich zu naiv sei, den Aussagen dieses Gefangenen alles Hintergrundwissen entgegenzuhalten, um es zu prüfen. Es gibt keine Gewissheit in solchen Begegnungen, das eigene Urteil ruht auf dünnem Eis, und insofern empfiehlt es sich, die Zweifel selbst mit in den Text zu bringen, die Lücken des Wissens selber transparent zu machen« (Carolin Emcke).

Im Expertenkreis ist weitgehend unbestritten, dass nur ein Bruchteil der Korrespondenten diese Selbstzweifel tatsächlich an den Tag legt, da die Annäherung an den Berichterstattungsgegenstand auf unterschiedlichen Voraussetzungen und Ansprüchen beruht, die

- auf je individuellen Erfahrungswerten, Fähigkeiten und persönlichen Interessen basieren,
- von der jeweiligen Mediengattung und den technischen Anforderungen abhängig sind,
- den Vorgaben und Arbeitsprozessen des jeweiligen Medienhauses zu entsprechen haben.

Wesentliche Unterschiede werden bei den Zeitbudgets von Korrespondenten ausgemacht, die sich insbesondere beim Vergleich von Printmedien und Fernsehen eklatant unterscheiden und sich nach Ansicht der Befragten enorm auf die Tiefe der Rechercheanstrengungen auswirken.

Ariane Reimers (NDR) sah ihre bisherigen Kriseneinsätze hauptsächlich von Zeitfragen, den technischen Aufzeichnungs- und Übertragungsmöglichkeiten und der Abhängigkeit von einer funktionierenden Teamarbeit zwischen Kameramann, Producer und Techniker geprägt. Die *Zeit*-Reporterin Carolin Emcke sieht daher auch größere Herausforderungen bei der aktuellen, schnellen Fernsehberichterstattung über Krisen als bei Reportern für Wochenzeitungen oder Dokumentarfilmern. Der zeitliche Druck verzerre manche selektive Wahrnehmung, die fürs Fernsehen nicht mehr überprüft oder korrigiert werden können, wie das Kollegen von langsameren Medien können. Diese könnten es sich leisten, tagelang zu recherchieren und sich selbstkritischer mit der eigenen Rolle, der eigenen Ignoranz und der persönlichen subjektiven Deutungsmacht auseinanderzusetzen:

>»Ich habe einfach die Möglichkeit, vier Tage lang einer Frage hinterher zu recherchieren und am fünften Tag zu sagen: Ich habe mich halt geirrt, die Geschichte muss eigentlich in eine andere Richtung gehen, aber ich habe etwas gelernt, und das ändert meinen Eindruck. Das haben all die Kollegen nicht, die morgens aufstehen müssen, um für die 6:00 Uhr-, 8:00 Uhr- und 9:00 Uhr-Nachrichten Berichte zu produzieren« (Carolin Emcke).

Auch Fiona Ehlers schätzt bei der Arbeit für den *Spiegel* die zeitlichen Freiräume, die ihr durch die wöchentliche Erscheinungsweise und das publizistische Profil des Nachrichtenmagazins erlauben, einerseits das große Ganze in den Blick zu nehmen, aber andererseits auch nach neuen Blickwinkeln und ungewöhnlichen Beispielen Ausschau zu halten und sich dadurch vom großen Medientross und konkreten Krisenereignissen zu entfernen. Selbst Fernsehkorrespondenten mit langjähriger einschlägiger Erfahrung sind dagegen einem unverminderten Druck ausgesetzt, wie Ulrich Tilgner (SF) erklärt. So seien einzelne Reporter oft heillos damit überfordert, eine solide Leistung zu erbringen und zusätzlich die angeforderten Bilder zu beschaffen. Sich in einem derartig medial aufgeheizten Klima auf die Eigenheiten der Region einzulassen und sich der Bevölkerung deeskalierend als aufrichtiger, neutraler Berichterstatter zu präsentieren und eben nicht als rasender und oberflächlicher Fallschirmjournalist, wird damit extrem unwahrscheinlich – zumal es nach Einschätzung von Reiner Luyken (*Die Zeit*) ohnehin immer aussichtsloser wird, durch zunehmende Polarisierungen zwischen Konfliktparteien in den Krisengebieten der Welt ausgeglichen zu recherchieren. Dadurch wachsen die Risiken, dass Journalisten nicht mehr als neutrale Beobachter registriert werden, sondern ins Fadenkreuz der widerstreitenden Akteure geraten und zur Zielscheibe werden.

Schlussfolgerungen

Im Vordergrund der Recherchestrategien steht die *Überwindung kultureller Differenzen*: Die äußerliche Anpassung im Stile der Verkleidungsreportage schützt und hilft bei Nachforschungen und öffnet Türen, sprich: Zugänge zu bestimmten Funktionsträgern und Bevölkerungsgruppen. ›Unsichtbar‹ zu sein ist in fremden Ländern für Reporter eine wichtige Voraussetzung, um eine möglichst neutrale Beobachterrolle einnehmen zu können und nicht im Mittelpunkt zu stehen und dadurch möglicherweise zur Zielscheibe zu werden. Darüber hinaus wird von den Befragten der Respekt vor den kulturellen Konventionen der Region betont, im Idealfall kombiniert mit sprachlichen Kenntnissen. Eine professionelle Kenntnis der Unterschiede zwischen der eigenen und der fremden Kultur – auch bestimmter Vorurteile auf beiden Seiten – sowie die Toleranz bezüglich fremder Mentalitäten sind notwendig, jedoch für einzelne Krisenreporter nur einzuhalten, wenn sie diese Vorkehrungen emotional und intellektuell ›durchleben‹.

In Zeiten von Terrorkrieg und Geiselnahmen können selbst *geringfügige Fehltritte oder Unachtsamkeiten* bei der Recherche den Krisenjournalisten sprichwörtlich den Kopf kosten. Besonders Einzelkämpfer begeben sich aufgrund des fehlenden professionellen Beistands durch Fotografen, Produktionsteams, Stringer, Fixer u. a. in erhöhte Gefahr. Ohne persönliche Recherchenetzwerke können Reporter in Krisengebieten zudem nicht effektiv arbeiten, vor allem, weil die Heimatredaktionen nur in seltenen Fällen eine wesentliche *Rechercheunterstützung* bieten.

Das häufig geäußerte Vorurteil, dass Krisenjournalisten bei ihren Recherchen mitunter vor illegalen und halblegalen Praktiken und Methoden nicht Halt machten, wird von den Befragten nur vereinzelt geteilt und gilt nur dann, wenn es sich bei den Krisengebieten um Unrechtsregime handelt.

Generell wird versucht, möglichst unauffällig Kontakte zur einheimischen Bevölkerung zu knüpfen und sich über kulturelle Schranken hinweg als respektvoller Beobachter zu präsentieren. Dies jedoch ist nicht immer erfolgreich und kann zu lebensgefährlichen Gefahrensituationen führen. Die ›Verkleidungsrecherche‹ triumphiert daher immer häufiger über das selbstgewisse und transparente Auftreten als deutscher, ergo fremder Berichterstatter.

3.3.3 ›Ohne Risiko keine Krisenberichterstattung‹: Umgang mit Gefahrensituationen

Ein deutscher Krisenreporter auf dem Rückweg vom schiitischen Wallfahrtsort Nedjef ins 160 Kilometer entfernte Bagdad: An einem Checkpoint zwingt eine Handvoll jugendlicher Männer einen Wagen zum Halt, behauptet, es handle sich um eine Polizeikontrolle. Die Kalaschnikows im Anschlag, fordern sie die Fahrzeugbesatzung auf auszusteigen. Sie sollten mitkommen zu ihrem Chef: eine offensichtliche Falle. Da sagt der Reporter:»Nein«, und spricht einen der jugendlichen Entführer an: Mit dem Ding säße der aber in Deutschland schon lange im Knast, die Waffe sei viel zu korrodiert. Auf einen Wink holt der Kameramann Reinigungsmittel. Der Reporter beginnt, die Kalaschnikow zu polieren und über Waffen zu fachsimpeln. Er redet über die M16, die amerikanische Standardwaffe, und von der deutschen G3, die er nur nebulös kennt. Plötzlich scheint er die Situation unter seine Kontrolle zu bringen: Ob die Jungs denn wüssten, was Gastfreundschaft heiße? Könne nicht mal einer Tee besorgen? Der Ablenkungsplan scheint aufzugehen: Eines der Bandenmitglieder läuft fort und kommt nach 20 Minuten wieder, mit Tee in den Händen. Gemeinsam wird gegessen, getrunken, geredet. Wie es denn sei, das Dasein als Kidnapper? Wieviel man denn da verdiene, fragt der Reporter, seine eigentliche Hilflosigkeit überspielend. Doch so sehr der Smalltalk zu fruchten scheint, bleibt doch die Gewissheit: Irgendetwas werden die von der Situation hoffnungslos überforderten Entführer brauchen, um sich vor ihrem Anführer zu rechtfertigen. Zuerst wollen sie eine Million Dollar. Der Reporter lacht und sagt: Wer solle das denn für jemanden wie ihn zahlen? Seine Regierung halte nicht viel von ihm, weil er dazu beigetragen habe, zwei, drei Minister zu stürzen. Medien hätten in Europa ungeheure Macht. Politiker würden drei Kreuze machen, wenn er endlich von der Bildfläche verschwunden sei. Und seine Frau sei 30 Jahre jünger als er, die würde sich liebend gerne einen jüngeren Liebhaber suchen. Warum sollte sie also auch nur einen Groschen zahlen? Selbst habe er auch kaum etwas dabei, nur wenige hundert Dollar. Bevor die Situation droht, wieder chaotisch zu werden, beginnt er zu feilschen: In Bagdad, da würden die Kollegen von CNN auf ihn warten, die hätten etwas mehr Geld, vielleicht 2 000 Dollar. Tatsächlich gelingt der Handel: Gemeinsam geht die Reise zum Hotel ›Palestine‹ im Herzen Bagdads. Der Reporter geht zur Toilette, holt das versprochene Geld unter seinen Schuhsohlen hervor, trinkt noch einen Kaffee, damit es lang genug dauert und kehrt mit sorgenvollem Gesicht zurück, sagt: Die CNNler hätten ihm das Geld nicht gern geliehen, aber hier sei es. Schlussendlich legt er dem verunsicherten Entführer noch eine deutsche Quittung vor und lässt sie mit Daumenabdruck unterschreiben – ein ungewöhnlicher Entführungsfall, der wie eine Anekdote aus den Memoiren eines klassischen Haudegens anmutet, eines abgebrühten, hemdsärmeligen Krisenreporters.

Doch der Eindruck täuscht: Nach Einschätzung von Christoph Maria Fröhder, dem dieser Vorfall noch in guter Erinnerung ist, hätte auch alles anders ausgehen können. Zwar müsse eine Entführungssituation nicht zwingend in einer Tragödie enden, selbst wenn der Journalist mit einer unberechenbaren Bedrohung konfrontiert sei. Allerdings sei es trügerisch und gefährlich, sich in Krisenfällen allzu vorschnell in Sicherheit zu wiegen, gar zu glauben, man sei unfehlbar, warnt Fröhder:

»Das Schlimmste ist, wenn die Brüder gleich ballern, dann haben Sie keine Chance. Oder wenn Sie einen Mob haben, der wirklich am Durchknallen ist. Da ist die Wahrscheinlichkeit, dass Sie raus- und wegkommen, eine Frage der Geschwindigkeit, mit der Sie rennen können mit Kameramann. Der Kameramann ist, weil er schwerer belastet und manchmal auch nicht ganz so gelenkig ist, immer das schwächste Glied. Man muss also sehen, dass man den wirklich mitzieht«(Christoph Maria Fröhder).

In aller Angst oder Erleichterung nicht nur an sich selbst zu denken, sondern auch potenzielle zukünftige Entführungsopfer im Sinn zu haben, hält Fröhder zwar für eine große Herausforderung für jeden Journalisten, doch wer aus seinem Selbsterhaltungstrieb heraus Entführer hinters Licht führe, um den eigenen Kragen zu retten, mache sich womöglich schuldig, dass ein anderer Kollege beim nächsten Entführungsversuch nicht so viel Glück habe, sondern die Rache der Gehörnten erleiden könnte. Die Zahl von getöteten Krisenreportern, die in den Jahren seit Beginn des globalen Kriegs gegen den Terror im Anschluss der Anschläge vom 11. September 2001 stark gestiegen ist, wird von den Befragten mit Sorge, aber auch einer gewissen Hilflosigkeit kommentiert. Beim manchem Befragten löst dies auch ungewohnte Reaktionen aus wie im Fall von Reiner Luyken, der sich angesichts einer lebensbedrohlichen Situation über seine eigene Abgeklärtheit wunderte:

>Ich bin relativ resistent. Das ist eine Frage der individuellen Veranlagung. Ich habe auch nie Angst oder so. Das ist ganz merkwürdig und manchmal habe ich schon gedacht, es wäre eigentlich viel besser, wenn ich ein bisschen mehr Angst hätte. Als ich entführt wurde, in Caracas, habe ich einen völlig kühlen Kopf gehabt. Das war ganz interessant, weil ich auf die Situation überhaupt nicht vorbereitet war. Es gibt ja auch eben diese Vorbereitung auf die Frage: Wie verhält man sich beim Kidnapping? Ich war völlig kühl und klar – viel kühler und klarer als die Kidnapper<(Reiner Luyken).

Man könne nicht rational bestimmen, was einem Angst mache und was nicht, meint Carolin Emcke (*Die Zeit*). Für Korrespondenten in Weltregionen, die von schwelenden oder eskalierenden Konflikten betroffen sind, entziehe sich das Arbeitsumfeld fast völlig ihrer Kontrolle. So müssten Journalisten bei Kriseneinsätzen zuerst auch mit ihrer eigenen Angst zurechtkommen, die zu einer Dauerbelastung werden und die Gesundheit und das Wahrnehmungsvermögen belasten könne. Gleichwohl spricht der freie Krisenreporter Stephan Kloss davon, dass Angstgefühle auch eine Sicherheitsfunktion erfüllen können:

>Im Irak fühlte ich mich während des ganzen Krieges physisch bedroht, einfach durch die ganzen Luftangriffe usw. Man fühlte sich physisch unsicher, muss man wirklich sagen. Auch in den letzten Tagen, wo die Amerikaner in Bagdad einmarschiert waren, wusste man eigentlich nicht, was passiert. Die Rede war von einer großen Belagerung und ich hatte mir dann schon die Badewanne voll Wasser gemacht und hatte Wasser und Lebensmittel gebunkert. Ich hatte mich auf das Schlimmste eingelassen und das war eine der wenigen Gelegenheiten im Leben, wo ich mich physisch wirklich bedroht und unsicher gefühlt habe. Da gibt es eigentlich nicht viele Situationen. [...] Wenn man Angst hat, ist das in Ordnung, weil die Angst einem zeigt, ich bin nicht sicher und weiß nicht, was los ist. Das ist wie eine Medizin. Man hat die Angst, das ist gut wie eine Medizin und dadurch macht man nicht irgendwelche verrückten Schritte<(Stephan Kloss).

Wenn Angst als ›Medizin‹ den Berichterstatter vor einer Dummheit, das heißt vor leichtsinnigen Aktionen schützen kann, ist jedoch noch lange kein Verlass auf den emotionalen Schutzmechanismus. Als junger Reporter, räumt Kloss ein, sei er blauäugig auf den Balkan gereist und habe sich unachtsam und nur vermeintlich furchtlos lebensgefährlichen Gefahren ausgesetzt, was in ein Feuergefecht und schweren Verwundungen mündete. In dem (Wunsch-)Bild des abgebrühten Reporters schwingt also immer auch ein gehöriges Maß an Naivität über das eigene Rollenverständnis mit, wie Christoph Maria Fröhder sagt:

»Abgebrühte, die sind früher oder später so gefährdet, weil sie sich für unfehlbar halten und dadurch massive Fehler machen. Und wer mir erzählt, er hat keine Angst, ist für mich ein Idiot. Angst ist ein ganz wichtiger Indikator für Situationen, wenn etwas aus dem Ruder zu laufen droht« (Christoph Maria Fröhder).

Vorsicht ist in gefährlichen Zeiten wieder zu einer geschätzten Tugend avanciert, die mit dem klassischen Heldentypus vom Krisenreporter kaum noch etwas gemeinsam hat. Mit chirurgischer Genauigkeit, behutsam wie bedacht und meist verdeckt geht der Korrespondent von heute vor, um sich und andere nicht zu gefährden – zumindest nach der Idealvorstellung der 17 für diese Studie befragten Journalisten. Man könne sich einfach keine Fehler mehr erlauben, sagt Reiner Luyken von der *Zeit*. Die Jahre, in denen man auf abenteuerliche Weise illegal mit gefälschten Papieren in Schinderstaaten habe einreisen können, in denen man lernte, indem man es einfach darauf ankommen ließ, seien lange vorbei. »Expeditionen« auf der Suche nach Massenmördern, Terroristen oder Kriegsverbrechern ließe die weltweite Sicherheitslage in Konfliktregionen nicht mehr zu. Dabei berichten die Befragten von einem latenten Gefährdungsgefühl, das einen ununterbrochen in Alarmbereitschaft halte und doch der alarmierenden Panik des akuten Gewaltausbruchs entbehre. Maike Rudolph (NDR) hat nach eigenem Bekunden große Schwierigkeiten damit, Ratschläge und Hinweise von Einheimischen daraufhin einzuschätzen, ob davon nun eine Gefahr für Leib und Leben abhängen könnte oder nicht. Selbst die Arbeit in Katastrophengebieten, in denen die Natur und der Mensch allenfalls indirekt das Unheil anrichteten, sei von dem Gefühl einer elementaren Hilflosigkeit betroffen, wenn man sich erst einmal klar mache, wie viel Willkür dort herrsche und wie wenig Kontrolle man über die Situation habe:

»Dieses Gefühl von: Die Ordnung wird umgestülpt, es gibt keine Ordnung mehr. Das ist ja die Gefahr in Krisengebieten und da dachte ich: wenn hier irgendeiner willkürlich sein will, dann kann er das und es kann niemand kontrollieren. Ich

hatte das Gefühl: Wir sind so bescheuert. Wir sind in die Stadt reingefahren, hier
steht kein Haus mehr. Hier sind Leute, die wollen definitiv nicht, dass du hier bist.
Die könnten ja auch einfach sagen, wir hätten einen Unfall gehabt, ganz egal was,
denn hier bekommt niemand etwas mit, was mit uns passiert. Da hatte ich echt
Angst in der Nacht« (Maike Rudolph).

Die vage Ahnung einer Bedrohung kann jedoch unvermittelt konkret
werden, wenn Korrespondenten unachtsam agieren oder unwissentlich
Fehler begehen. Antonia Rados (RTL) berichtet von zwei Kolleginnen eines französischen Radiosenders, die zu Entführungsopfern wurden, als
sie unter Zeitdruck unvorsichtig werden:

>Zwei französische Journalisten wurden auf dem Weg in die irakische Stadt Ker-
bala entführt an einem dieser Tage, an dem man sich sagt, alles ist ruhig. Erfahrene
Journalisten fragen sich hingegen sofort: Wie konnte das passieren? Im Nachhinein
stellte sich heraus: Die beiden hatten einen schweren Fehler gemacht. Sie standen
unter Druck, waren spät dran. Sie mussten noch eine Radiogeschichte überspielen
und blieben daher auf dem Weg stehen, um ihr Satellitentelefon auszupacken und
wie von der Redaktion gewünscht, den Radiobericht via dieses Telefons zu übertragen. Da wurden sie beobachtet – denn so ein Telefon ist verräterisch. So etwas muss
man in Kriegsgebieten berücksichtigen« (Antonia Rados).

Dieses Beispiel zeigt, dass auch Erfahrung nicht automatisch vor Fehlern
schützt und kein Reporter vor seiner eigenen irrationalen Unvorsichtigkeit
gefeit ist. Carolin Emcke (*Die Zeit*) versuche, das Risiko von Übergriffen und
Gewaltausbrüchen zu minimieren, indem sie sich eine Grundausstattung
mit einer Reihe von Utensilien zugelegt habe. Dazu gehörten seit einigen
Jahren auch Landkarten, die den jeweiligen Territorialansprüchen jener Ho-
heitsgebiete entsprächen, in welchen sie sich gerade aufhält:

»Ich reise zum Beispiel niemals alleine. Natürlich haben wir ein ganzes Sicherheits-
Equipment von Helm bis zu einer schusssicheren Weste dabei. Enorm wichtig
sind auch Landkarten, richtig gute Landkarten zu haben, gerade in umkämpf-
ten Gegenden, in denen man enorm darauf achten muss, wer die Landkarte produziert hat und ob sie politisch umstritten ist. In einer bestimmten Region vor
einer bestimmten Gruppe die falsche Karte zu benutzen, zum Beispiel die Karte
des jeweiligen Gegners, das kann nicht so gut ausgehen. Das ist mir schon einmal
passiert« (Carolin Emcke).

Auch Susanne Fischer berichtet:»Ich habe immer versucht, Situationen
zu vermeiden, in denen ich mit unkontrollierbaren Menschenmengen zu-
sammenkomme – denn dann nützt mir im Zweifel auch Argumentieren
nichts, wenn einer dort durchdreht.« Hoch- und überkochende Emotionen

gehören zu einer von zwei Gefahrenkategorien, die sich auf der Basis der Schilderungen der Befragten unterscheiden lassen: Wenn Journalisten das Ziel von Gewalt werden, ob spontan oder geplant, lässt sich von *direkten* und *unmittelbaren* Gefahren sprechen. Werden Journalisten in einem Krisengebiet aber verletzt oder getötet, weil sie sich schlicht vor Ort befinden und beispielsweise zu den Kollateralschäden gerechnet werden, handelt es sich um *indirekte* und *mittelbare* Gefahren. Hinzu kommt in manchen Regionen ein abstraktes Bedrohungsgefühl: Anders als in Katastrophenregionen, wo die Medien erst kommen, nachdem das Unglück geschehen ist und mit ihrer Berichterstattung die psychische Verarbeitung und den Wiederaufbau begleiten, gerät in Regionen wie dem Irak oder Afghanistan und Pakistan laut Souad Mekhennet (*New York Times*, ZDF) leicht in Vergessenheit, dass dort jederzeit und an jedem Ort tödliche Gewalt ausbrechen könnte:

»In Haiti passiert ein Erdbeben und dann ist die Katastrophe geschehen. Aber in diesen Krisengebieten wie Afghanistan oder Pakistan wissen Sie nicht, wo die Bombe losgeht und Sie haben es jeden Tag. Es kann jeden Tag und überall sein. Das ist eine unberechenbare Situation und manchmal vergisst man das, wenn man sich mit Leuten trifft oder mit Freunden, die man dann über die Monate hat. Man ist dann geneigt, das zu vergessen. [...] Das ist der Unterschied: In einem Erdbebengebiet oder Tsunami ist es passiert und Sie haben es dann für zwei, drei, vier Wochen. Aber in diesen Gebieten wie Pakistan, Afghanistan, Irak kann es jeden Tag passieren und zwar überall im Land« (Souad Mekhennet).

Ariane Reimers (NDR) spricht entsprechend von einer unwirklichen Atmosphäre. Der Konflikt sei nicht konkret auszumachen, aber eine gewisse Spannung sei spürbar. Dem deutschen Publikum lasse sich nur schwer vermitteln, dass das Leben in immer wieder von Bombenanschlägen erschütterten Städten einfach weitergehe und auch weitergehen müsse und dass die Bewohner mit einer gewissen Lakonie über die alltägliche Gewalt sprechen:

»Es ist nicht so, dass man das Gefühl hat, dass man sich mitten in einem Konflikt befindet, sondern man merkte eine Spannung. Aber du siehst sie nicht und du hörst sie nicht. Das ist nur eine Art von Gefühl, weil man merkt, dass Gewaltereignisse viel normaler sind als hier. Wir sitzen im Café, essen Mittag und dann sagen die: Gestern gab es hier so ein Drive-by-Shooting, aber das Opfer hat überlebt. Und um die Ecke wird gerade der Lehrer beerdigt, der gestern erschossen wurde« (Ariane Reimers).

In Afghanistan und Pakistan ist die Lage nach den Schilderungen der Befragten vor allem durch Anschläge gekennzeichnet, vor denen sich Journalisten nur schützen können, wenn sie Massenaufläufe und öffentliche Plätze meiden. Dagegen gebe es weniger Entführungen als eigentlich zu erwarten wäre, sagt Christoph Reuter vom *Stern*. Auch wenn sich die Lage in Afghanistan zusehends verschlechtere, mit Ausnahme von Kabul, wo man »auf die Straße gehen und verhältnismäßig sicher sein [kann], dass man nicht erschossen wird«, sei es freilich begrüßenswert, wenn auch verwunderlich, dass Journalisten nicht stärker Opfer von Entführungsbanden würden, meint Reuter. Souad Mekhennet weist in diesem Zusammenhang darauf hin, dass sie niemals neben einer Polizei-Eskorte herfahren würde, weil es gerade die staatlichen Sicherheitskräfte seien, die üblicherweise von den Taliban attackiert würden. Häufig werde aber auch vonseiten der Polizei übereilt geschossen, weshalb sich selbst Taxifahrer und Kontaktpersonen keine Fehler erlauben oder sich ungeschickt anstellen dürften:

> »In einem Gebiet, das auch nicht gerade ungefährlich war, hatte der Fahrer die Papiere anstatt vorne im Handschuhfach hinten in seiner Hosentasche. Und als er dann bei einer Polizeikontrolle da hingreifen wollte, wurde der Polizist sehr nervös und hat seine Waffe durchgezogen. Auf einmal kamen vier andere hinzu, und wir schauten alle nur noch in die Mündungen. In diesen Gebieten geht es mit dem Schießen manchmal sehr schnell« (Souad Mekhennet).

Im Nahen Osten zeigt sich ein etwas anderes Bild. Im Iran haben Korrespondenten eher mit staatlichen Restriktionen zu kämpfen, die sich in der erschwerten Bewilligung von Einreisegenehmigungen, aber auch durch kurzzeitige Inhaftierungen ausdrücken können. Speziell der Irak und Jemen dagegen bleiben weiterhin das Zentrum eines besorgniserregenden Entführungstrends, der sich auf Entwicklungshelfer, aber auch auf ausländische Journalisten konzentriert. Früher habe man als Krisenreporter nicht darüber nachgedacht, dass man möglicherweise entführt werde. Doch durch den Irak-Krieg im Jahre 2003 habe sich eine »Geiselindustrie« entwickelt, die unvermindert ihrem Geschäft nachgehe:

> »Ich habe das Gefühl, dass das wahnsinnig verstärkt worden ist durch die von den Irakern blöderweise erfundene Geiselindustrie. Und in fast jedem Konflikt hast du jetzt dieses Entführungsrisiko. Da hat man früher überhaupt nicht drüber nachgedacht, ob man evtl. entführt wird oder nicht. [...] Ende 2005 im Irak konnte man nicht mehr vor die Tür gehen, ich hätte meine Leute rausschicken müssen, bzw. meinen einen Stringer oder Kameramann. Ich schicke aber meinen Kameramann nicht irgendwohin, wo ich nicht auch selber hingehe« (Katrin Sandmann).

Journalisten seien im Irak besonders ergiebige Opfer, sagt Reiner Luyken (*Die Zeit*), da die Vergangenheit gezeigt habe, dass Regierungen und Medienunternehmen bereit waren, hohe Lösegelder in zuvor nicht gekannter Größenordnung zu zahlen. Hinzu komme eine ungeheure Medienpräsenz bei Journalistenentführungen, die von Terroristen genutzt werden könne, um ihre Botschaften um die Welt zu schicken, sagt Christoph Reuter (*Stern*): »Was sich aber grundsätzlich verändert hat, ist, dass viele Gruppen gemerkt haben, dass es total cool ist, so einen Journalisten zu entführen: Man ist in den Zeitungen, man ist im Fernsehen, man kann Forderungen stellen. Oder generell einen Westler zu entführen, das ist lukrativ, weil Regierungen immens hohe Lösegelder gezahlt haben. Es gab eine Zeit, wo prominente, entführte Journalisten wie die Italienerin Giuliana Sgrena gerade im Irak das große Thema waren. Das ist für Gruppen natürlich sehr verlockend. Man hat viel mehr Platz in den westlichen Nachrichten, wenn man einen Westler entführt und Videos überallhin verschickt, als wenn man sich auf einem Markt sprengt und 80 arme Afghanen getötet. Das ist eine Meldung für eine halbe Stunde oder einen Tag, aber dann ist es wieder vergessen. Insofern ist auch die Professionalisierung der anderen Seite vorangeschritten, dass es sich lohnt, Ausländer zu entführen, weil man damit eine ganze Menge machen kann. Das hat sich in der Tat verändert, und da finde ich es eher verblüffend, wie selten das noch geschieht« (Christoph Reuter).

Auch wenn der Irak, vor allem der Norden des Landes, heute ruhiger sei als noch vor wenigen Jahren, bleibe die Gefahr in der gesamten Nahost-Region, einschließlich des Jemen, hoch, entführt zu werden, da es mittlerweile allgemein bekannt sei, dass es sich lohne, die Aufmerksamkeit der Medien auf sich zu lenken, indem man ihre Mitarbeiter zum Ziel macht. Eine klare Mitschuld sieht Christoph Reuter daher bei den Medien selbst, welche die teils spektakulären Entführungsfälle von Journalisten aufwendig thematisiert und dementsprechend Aufmerksamkeit generiert haben.

Bei den Auseinandersetzungen zwischen Israel und den Palästinensern wiederum handele es sich um den letzten klassischen Nahost-Konflikt, bei dem ausländische Krisenreporter noch als neutrale Beobachter akzeptiert seien und weitgehend ungefährdet mit beiden Seiten ins Gespräch kommen könnten, meint Reiner Luyken:

»Eine Zeit lang bin ich immer sehr viel hin und her gefahren zwischen Israel und den besetzten Gebieten, Gaza usw. und als Journalist ist das ja eigentlich immer das ergiebigste Arbeitsfeld, wenn man auf allen Seiten recherchieren kann, ohne Probleme. Was es sonst kaum mehr gibt. Das gab es früher viel mehr, dass man auf die eine Seite und die andere Seite geht und einem sehr wenige Steine in den Weg gelegt werden von jeder Seite. Ob das jetzt die Palästinenser sind oder die Israelis, ich meine: Gewisse Schwierigkeiten müssen wir immer und überall überwinden. Aber gerade der Nahost-Konflikt ist für Journalisten einer der letzten altmodischen Konflikte, wo man die Seiten wechseln kann. Und wo man dann von der einen Seite etwas erzählt bekommt und dann geht man auf die andere Seite und lässt sich etwas von denen erzählen« (Reiner Luyken).

Eine Mitschuld dafür, dass Journalisten in vielen Konfliktsituationen nicht mehr als neutrale Beobachter gesehen werden, sondern sie nach den Beobachtungen von Susanne Koelbl (*Der Spiegel*) vermehrt sogar mitverantwortlich gemacht werden für die Militäreinsätze ihrer jeweiligen Heimatländer, sieht Luyken ebenfalls bei den Medien selbst:

»Teilweise hat das Fernsehen eine große Schuld daran. Weil das Fernsehen zum großen Teil eben doch ein Propaganda-Instrument ist und mit breitem Pinsel da Sachen hinmalt, die von jeder Seite sehr schnell als Angriff empfunden werden. Das zum einen, und zum anderen, wie das Fernsehen auftritt. Das hat schon fast etwas kriegsähnliches mit den ganzen Geländewagen und dem ganzen Begleitpersonal und mit der Wichtigkeit, wie sie sich auf die Bühne stellen [...] und gleichzeitig bildstark und rechercheschwach sind. Das entgeht natürlich den Leuten nicht, gerade diese Rechercheschwäche. Und dadurch sind dann natürlich die Journalisten alle der gleiche Haufen: mitgehangen, mitgefangen« (Reiner Luyken).

Weithin übersehen werden jedoch Krisenherde wie jene in Somalia oder dem Kongo, wo die Sicherheitslage derart unübersichtlich geworden ist, dass sich kaum noch ein Korrespondent in diese von Bürgerkriegen, Aufständen, Stammesfehden und marodierenden Banden gemarterten Regionen Afrikas traut. Als Journalist könne man dort nicht mehr unbewaffnet auf die Straße gehen, sagt Christoph Reuter (*Stern*).

Die befragten Korrespondenten versuchen sich in Anbetracht der facettenreichen, aber immer auch lebensgefährlichen Bedrohungen in den verschiedenen Konfliktregionen der Erde mit Maßnahmen gegen die gefährlichen Unwägbarkeiten bei ihren Kriseneinsätzen zu wappnen, die auf individuellen Erfahrungen basieren:

- Obwohl immer mit dabei, seien Helm und schusssichere Weste nicht die beste Vorbereitung, sondern das Wissen, wie man eine Gefahrensituation umgehe, sagt Carolin Emcke (*Die Zeit*). Dennoch könne es sich niemand erlauben, ohne kugelsichere Weste aus einer Konfliktregion zu berichten, meint Souad Mekhennet (*New York Times*, ZDF).
- Jeder Krisenreporter versucht, sich für den Notfall persönlich abzusichern. In der Regel erfolge dies nicht durch private Sicherheitsteams, weil diese zu kostspielig seien, wie Katrin Sandmann (ehem. N24) aus eigener Erfahrung erzählt, sondern in Form von familiären und kollegialen Individualabsprachen. Da Journalisten normalerweise unbewaffnet unterwegs seien, könnten sie sich nur eingeschränkt selbst verteidigen.

Es sei daher klüger, nicht auf Teufel komm raus sofort an einen Ort zu eilen, wo Bomben fallen oder geschossen wird, sagt Fiona Ehlers (*Der Spiegel*):»Natürlich stehen wir auch unter einer Art Sensationsdruck. Aber man muss sich immer wieder prüfen. Man muss sich gewahr sein, dass man sich und sein Team für eine Story in Gefahr bringen könnte. Das zu wissen hilft dabei, abzuwarten, bis sich die Lage beruhigt hat.«

- Bekannte Hot Zones werden gewöhnlich von Krisenreporter gemieden, um sich nicht wissentlich einer Gefahr auszusetzen:»Bestimmte Gegenden in Kabul sollte man meiden, vor allem sollte man nicht mit dem Auto nach Süden fahren. Nach Osten sollte man tagsüber fahren, und wenn man gen Norden aufbricht, sollte man sich vorher erkundigen, ob die Strecke nördlich vom Salang-Pass sicher ist. Lauter Details, aber die sind wichtig«, erklärt Christoph Reuter (*Stern*).

- Die wenigsten befragten Journalisten bezeichnen sich als strikte Einzelgänger. Souad Mekhennet (*New York Times*, ZDF) und Reiner Luyken (*Die Zeit*) reisen hauptsächlich allein, um wendig und flexibel bleiben zu können, aber auch aus Sicherheitsgründen, um nicht aufzufallen. Im Gegensatz dazu plädiert Carolin Emcke (*Die Zeit*) dafür, grundsätzlich immer mit einem Begleiter unterwegs zu sein – wenn auch nicht mit professionellen Sicherheitskräften, sondern mit einem Kollegen wie ihrem langjährigen Wegbegleiter, dem Fotografen Sebastian Bolesch –, um im Fall der Fälle Unterstützung zu haben. Hier offenbaren sich signifikante Unterschiede in den Grundeinstellungen der Befragten in Bezug auf Bedrohungsszenarien: Während einerseits ein Netzwerk an Kontaktleuten bzw. Vertrauten für unabdinglich gehalten wird, manche Korrespondenten gar auf den Rat von einzelnen lokalen Ansprechpartnern vertrauen, konstatiert Luyken:»Man traut und man glaubt niemandem. Wenn man jemandem traut oder glaubt, dann begibt man sich in Gefahr.« Die Überlebensstrategie müsse lauten, niemals niemandem zu trauen und selbst niemals gegenüber niemandem berechenbar zu sein, auch nicht in der Zusammenarbeit mit jahrelangen Kontakten.

- Ein weiterer Grundsatz, mit dem das Gros der Befragten übereinstimmt, ist ein hohes Maß an Selbstdisziplin, mit dem die fehlende Ordnung und die mitunter nur schwer zu verkraftenden Eindrücke in den Krisengebieten bewältigt werden sollen. Gerhard Kromschröder (ehem. *Stern*) erinnert sich:»Ich habe versucht, das Chaos zu überlisten, indem ich in der Krisensituation in dem kleinen Be-

reich, den ich überschauen konnte und dessen Herr ich war, ganz
akribisch Ordnung gehalten habe: immer frisch rasiert, die Wäsche
selbst gewaschen, täglich eine saubere Unterhose angezogen... Aber
auch nach solchen Einsätzen erscheint mir Ordnung immens wichtig zu sein, um seinen Seelenfrieden sicherzustellen.«

• Manche Krisenjournalisten versuchen, akute Gefahrensituationen
in Konfliktregionen schon im Vorfeld zu taxieren und möglichst
zu meiden. Was einen guten Krisenreporter auszeichne, sei viel
Geduld und Einfühlungsvermögen, sagt Carolin Emcke (*Die Zeit*):
»Ich fahre nicht bewusst in Kriegsregionen, wo gerade Kämpfe to-
ben. 95 Prozent meiner Aufenthalte sind harmlos. Und manchmal
fährt man herum und wartet, manchmal trinkt man stundenlang
Tee, um Menschen kennenzulernen und Vertrauen aufzubauen. Das
Bild, dass man dauernd unter Beschuss liege und ununterbrochen
Gefahr ausgesetzt wäre, das ist ein Klischee. Der Großteil dieser Rei-
sen ist anstrengend, wirklich brutal anstrengend und schrecklich
deprimierend, aber keineswegs dauernd gefährlich.«

Diese Übersicht an beispielhaften Maßnahmen zeugt von dem Versuch,
den Zwang zu spontanen Instinkthandlungen und Entscheidungen aus
dem Bauch heraus zu vermeiden, um das eigene Wohl nicht Glück und
Zufall zu überlassen. Dennoch bekennen die Befragten, dass der Versuch, Kontrolle über das Chaos zu gewinnen, immer Grenzen habe. Es
gelte stets: »Ohne Risiko keine Krisenberichterstattung«, folgert Antonia Rados (RTL). Wichtig sei jedoch, so Christoph Reuter (*Stern*), dass die
Vernunft, und nicht nur die eigene, unter Kontrolle bleibe: Man sollte
»keine zu großen Risiken eingehen. Denn genau das machen ja viele, dass
sie sagen: ›Wenn ich 1000 Dollar dafür kriege, dann mache ich alles!‹ Man
findet immer jemanden, der sein eigenes Leben für 1000 Dollar auf Spiel
setzt, leider aber dann auch das des Journalisten, mit dem sie unterwegs
sind.« Solche meist nur auf intersubjektiver Ebene zu taxierenden Einschätzungen erfordern laut Kromschröder keinen abgestumpften Hau-
degen, sondern einen im besten Sinne einfühlsamen Charakter, der die
Einstellungen und Unsicherheiten seines Gegenübers wahrzunehmen
imstande sei:

»Du musst auch empfindsam bleiben. Schiere Professionalität, die in einer knallhart
durchgezogenen Logistik besteht, bringt dich, finde ich, nicht weiter. Du musst
empfindsam bleiben, indem du ein Sensorium behältst für die außergewöhnli-
che Situation, in die Krisen Menschen hineinstürzen« (Gerhard Kromschröder).

Die Verantwortung des Krisenreporters erstreckt sich daher freilich nicht allein auf sich selbst und seine Berichterstattung, sondern auch auf seine Kontaktpersonen, seine Helfer, seine Zulieferer, die als Einheimische meist selbst von der Krisensituation betroffen sind und für schnelles Geld wider besseres Wissen ihre Vernunft außer Acht lassen. Dies kann gelegentlich von Korrespondenten entweder versehentlich oder vorsätzlich ausgenutzt werden, indem die sogenannten ›Stringer‹ oder ›Fixer‹ mit aufwendigen Aufgaben betraut werden, die der Krisenreporter selbst nicht wahrnehmen kann oder möchte. Souad Mekhennet (*New York Times*, ZDF) erklärt: »Diese Leute – und das vergessen viele Kollegen leider – setzen sich auch immer einer Gefahr aus. Und ich muss ganz ehrlich sagen: Ich habe bisher noch nie einen Stringer irgendwo hingeschickt, wo ich nicht selbst hingehe.« Auch Susanne Fischer mahnt in dieser Frage zur Zurückhaltung:

»Die irakischen Journalisten sind ganz anderen Gefahren ausgesetzt als wir, sie leben mit ihren Familien unmittelbar am Ort des Geschehens, während wir als Ausländer immer die Möglichkeit haben, uns in ein sicheres Hotel zurückzuziehen oder Wächter vor die Tür zu stellen. Und zur Not können wir ausländische Journalisten natürlich auch abreisen, in unsere sichere Heimat« (Susanne Fischer).

Schlussfolgerungen

Seit Beginn des weltweiten ›Kriegs gegen den Terror‹ im Anschluss an die Anschläge vom 11. September 2001 sind Krisenjournalisten selbst verstärkt zu *Opfern von Gewaltakten und Geiselnahmen* geworden: Weil sie in einigen Krisenregionen nicht mehr als neutrale Beobachter und Rechercheure akzeptiert werden, sondern ihre Entführung von Terroristen als Chance gesehen wird, um hohe Lösegeldsummen von den westlichen Regierungen und Medienunternehmen zu erpressen oder eine breite Medienpräsenz zu erwirken, steigt die Gefahr, dass Krisenjournalisten für bestimmte Interessen vereinnahmt und als Spielball krimineller Anliegen missbraucht werden. Auf der anderen Seite ist ein Hang zum *Harakiri-Journalismus* zu beobachten: Reporter, die unter erhöhtem Arbeitsdruck stehen und sich beweisen wollen oder müssen, werden bisweilen leichtsinnig und bringen sich und andere Kollegen in Gefahr. Der Zwiespalt zwischen redaktioneller Pflichterfüllung und persönlichem Ehrgeiz ist groß, angemessene Zurückhaltung wird dagegen immer schwieriger.

Diese *kriminelle Willkür* entzieht den Korrespondenten die Kontrolle
über ihre konkreten Arbeitsbedingungen in Krisengebieten und setzt sie
zusätzlich zur ungewissen Informationslage und erschwerten Quellenar-
beit lebensbedrohlichen Gefahren aus, die unkalkulierbar sind. Die Folgen
sind u. a. der vollständige Rückzug aus Krisenherden oder die Annäherung an schützende Autoritäten wie das Militär. Vor allem dieser Druck
macht es erforderlich, dass bei Recherchen verlässlicher Informationen
und Stellungnahmen Kontakte zu allen Konfliktparteien geknüpft werden – was die Gefahrenlage und das Dilemma der Objektivität allerdings
noch verstärkt: Selbst durch offizielle Stellen wie Regierungen, Behörden
oder Geheimdienste drohen gelegentlich *Restriktionen und Gewaltanwen-
dungen,* etwa durch übergriffige Sicherheitskräfte. Des Weiteren werden
Krisenjournalisten bisweilen zielgerichtet und unter fadenscheinigen
Anklagepunkten inhaftiert, um sie bei ihrer Arbeit konsequent zu behin-
dern oder mundtot zu machen.

Immer mehr Krisenreporter werden zu Opfern: Ob verletzt, entführt, inhaftiert oder umgebracht – Mord ist die Haupttodesursache von Journalisten in Krisenregionen; Verschleppungen, Gefangenschaft oder körperliche
Schäden werden inzwischen als dazugehöriges Berufsrisiko hingenommen.

Weil es an ethisch-handwerklichen Verhaltenskodizes, zukunftsweisenden
Rollenvorbildern und sensiblen Ausbildungskonzepten mangelt, verlassen
sich die meisten gestandenen Krisenjournalisten vor allem in brenzligen
Situationen auf ihre Instinkte und ihr Bauchgefühl statt auf verbindliche
Regelwerke, gerade, weil bestimmte Situationen nur eingeschränkt oder
gar nicht planbar sind.

Nach der Erfahrung einiger Krisenreporter schützt das *Instinkt-Handeln*
bisweilen vor Gefahren und Bedrohungen. Eher unerfahrene Krisenreporter
können hingegen nur nach einem *Trial-and-Error-Prinzip* verfahren, riskieren
dabei jedoch häufig ihre Gesundheit oder sogar ihr Leben.

3.3.4 Von ›Stringern‹ und ›Fixern‹ – Netzwerke in Krisenregionen

»Ohne Stringer oder Dolmetscher kommt man im Grunde nicht mehr aus,
wenn man in die Tiefe recherchieren will und nicht nur im Hotel hocken
möchte.« Matthias Gebauer, Chefreporter von *Spiegel Online,* hat den Wert

von lokalen Helfern und Helfershelfern bei der Recherchetätigkeit in Krisengebieten zu schätzen gelernt. Stringer fädeln gemäß der Ursprungsbedeutung des englischen Begriffs ein, sie legen Schnüre, knüpfen Kontakte. Für ausländische Journalisten sind sie durch ihr Detailwissen für eine bestimmte Region meist mehr als bloße Dienstleister, die logistische oder sprachliche Hürden überwinden: Stringer oder Fixer, also Leute, die etwas zum Laufen bringen, sind auch Ratgeber in unbekannten und unsicheren Gegenden und Kontexten. Sie recherchieren und organisieren und tragen mit ihrem Erfahrungsschatz entscheidend dazu bei, wie und zum Teil auch worüber aus Krisengebieten berichtet wird. Lokale Spezialisten mit dem passenden kulturellen Hintergrund seien für die Recherche und vor allem die Kontaktanbahnung zur lokalen Klientel sehr wichtig, weil sie anders als selbst erfahrene Korrespondenten aus Deutschland Sicherheitslagen und Stimmungen in der Bevölkerung – wie beispielsweise Vorbehalte oder Bedürfnisse – treffender registrieren und einschätzen können, sagt die freie Journalistin Susanne Fischer. Eine Selbstverständlichkeit ist die Zusammenarbeit mit Stringern und Fixer aber allerdings nicht, wie Gebauer beschreibt:

»In den 1960er-Jahren haben die Leute alle im Hotel gesessen und darauf gewartet, dass ein westlicher Diplomat vorbeikommt. Und das, was der erzählt hat, haben sie dann am nächsten Tag in ihre Zeitungen geschrieben. Was immer noch viele Kollegen machen. Es gibt auch Kollegen, die ohne Stringer arbeiten, weil sie gar nicht groß rausgehen oder groß reden, sondern das Material der Nachrichtenagenturen und was es sonst noch so gibt, nehmen. Dann ihren Namen und die Ortsmarke drüberschreiben und ihre Berichte da verfassen. Was immer noch ein Großteil der Leute macht« (Matthias Gebauer).

Sich ein eigenes Netzwerk aus Zuarbeitern, aus Rechercheuren und Informanten, aus Vermittlern, Übersetzern und Fahrern aufzubauen, ist aufwendig, erfordert viel Zeit und Geduld und erhebliches Organisationstalent. Oft braucht es Jahre, bis ein Korrespondent eine Kartei aus zuverlässigen Verbindungen gesammelt hat. Sämtliche Befragten bauen hauptsächlich auf gewachsene Kontakte und Empfehlungen von Kollegen aus der eigenen Redaktion:

»Das ist eine Mund-zu-Mund-Empfehlung. Wenn man jetzt keinen hat, weil die alle ausgebucht sind, nicht können oder nicht wollen, dann ist es die Infrastruktur. Natürlich habe ich ein Netzwerk. Das ist ein kleinerer Kreis von Leuten, die dieses Geschäft sozusagen betreiben. Wenn man in einer Region der Welt ist, Asien z. B. oder Südost-Asien, China, trifft man immer wieder auf die gleichen Leute, die gleichen Kollegen, die gleichen Kameraleute, die gleichen Produktionsfirmen und dann kennt man sich relativ schnell« (Ariane Reimers).

Dennoch können sie aufgrund eines florierenden Marktes für Stringer und Fixer nicht darauf verzichten, permanent die Augen offen zu halten, denn in der Regel müssen Krisenreporter einen Großteil ihrer Arbeitszeit für die aktive Suche nach neuen Kontakten aufwenden. Doch die Mühsal zahlt sich immer dann aus, wenn es dem Korrespondenten gelingt, ›eigene‹ Stringer aufzubauen. Ulrich Tilgner (SF) verwandte über Jahre seine Ressourcen auch dafür, einzelnen iranischen und irakischen Kontaktleuten Englisch beizubringen und wurde mit ihrer Loyalität belohnt. Maike Rudolph (NDR) fand in einem burmesischen Taxifahrer einen gewissenhaften Partner, mit dem sie gemeinsam ihre Reise in die Sperrzonen der vom Hochwasser zerstörten Katastrophengebiete Myanmars plante und noch heute staunt, mit welcher Gerissenheit er sie und ihren Kameramann unter Einsatz seines Lebens und unter den misstrauischen Augen der Militärjunta durch das Chaos lotste. Susanne Koelbl (*Der Spiegel*) wiederum verwandte viel Zeit und Energie darauf, seit ihrem ersten Einsatz in Afghanistan im Jahre 2001 nach dem Sturz der Taliban ihre engen Kontakte zur politischen Führungsebene des Landes nicht verkümmern zu lassen:

»Ich habe das dort vom ersten Tag an begleitet und kenne quasi die Pioniere dieser Zeit von Anfang an. Die Leute, die in der Nacht im Dezember 2001 mit Karsai dort in Bagram auf dem Flughafen gelandet sind, sozusagen die ersten, die überhaupt diese Regierung mit installiert und sie dort empfangen haben, [das] war ein kleiner Kreis von Leuten, die letztlich bis heute das Geschehen in Afghanistan mitbestimmen [...]. Also ein sehr intensiver Aufbau eines Netzwerks, das sich über das ganze Land legt und das vor allem durch Empfehlungen, persönliche Begegnungen, Freundschaften und langjährige verlässliche Bekanntschaften sich stabil aufgebaut hat. Und letztlich lebt das Ganze davon, dass einer den anderen empfiehlt und man Vertrauen nicht enttäuscht« (Susanne Koelbl).

Freilich sind die Korrespondenten bei ihrer Suche nach zuverlässigen Kontakten auch auf ihr Glück angewiesen, zufällig auf Personen zu treffen, die bereit und kompetent genug für eine Zusammenarbeit sind, vor allem, wenn es schnell gehen muss, wie Ariane Reimers betont (NDR). Dass dies weniger aussichtslos ist, als es mit Blick auf die chaotischen Bedingungen in Krisengebieten erscheint, beschreibt Christoph Reuter (*Stern*):

»Einer der besten Kontakte zur eigenen Geschichte über die Taliban kam zustande, weil ich mit einem pakistanischen Journalisten vor der pakistanischen Botschaft in Kabul wartete und wir uns beide ärgerten, dass es so ewig dauerte, bis wir

Einlass bekamen. Wir unterhielten uns, und ich erfuhr, dass er für ein kleines Netzwerk von Journalisten arbeitete. Er stellte mir dann jemand anderes vor, der wiederum exzellente Kontakte hatte. Darüber kamen dann wieder neue Kontakte zustande. Es ist ein Schneeballsystem, dass man immer neue Leute kennen lernt, auch wenn das meistens eine Weile dauert. Man muss versuchen, ein möglichst großes Repertoire an Kontakten zu sammeln, damit man für jede Region, für jede Provinz, für jeden Stamm, für diese und jene Partei, die man kontaktieren möchte, jemanden hat. Diese Kontakte muss man auch kontaktieren, wenn man mal nichts Dringendes auf dem Zettel hat, damit man im Gespräch bleibt. Unter den Berichterstattern hilft man sich auch hin und wieder, sofern es nicht die direkte Konkurrenz betrifft, mit Kontakten aus« (Christoph Reuter).

Das Prinzip der Weiterempfehlung sei aber im Grunde genommen immer ein Zufallsgeschäft, meint Stephan Kloss. Vor einer erfolgreichen Zusammenarbeit zwischen Krisenreporter und Stringer steht eine langwierige, häufig nicht planbare Ochsentour durch die lokalen Verbandelungen von Medien, Politik und Intelligenzija. Irgendwann würfle sich das dann zusammen, doch schnell und unkompliziert verlaufe es niemals: »Da steht nicht auf einmal einer auf der Matte und sagt: ›Hallo, wie sieht's aus?‹«

Susanne Fischer unterhält beispielsweise ein Netzwerk aus ganz unterschiedlichen Berufsgruppen: »Das ist eine Mischung aus verschiedenen Kontakten: Universitäten, Behörden, Journalisten, Ärzte und Leute, die an Botschaften oder in Unternehmen arbeiten, querbeet also.« Carolin Emcke (*Die Zeit*) hält sich weniger an Hilfsrechercheure und Zulieferer, sondern verlässt sich lieber auf die Dienste von klassischen Dolmetschern, die nicht nur hervorragendes Englisch, sondern im besten Falle auch örtliche Dialekte beherrschen, was notwendig sei, um auch Nuancen in der Kommunikation mit der einfachen Bevölkerung erfassen zu können – wie auch Susanne Fischer bestätigt:

»Es geht mitunter gar nicht nur ums Übersetzen, sondern vor allem auch darum, dass jemand schnell die Lage einschätzen kann. Selbst wenn man selber halbwegs arabisch spricht, ist es mit den lokalen Dialekten so, dass man nicht alles versteht und bis man eine Situation ganz erfasst hat, dauert in einer fremden Sprache sehr viel länger. Ich hatte immer jemanden vor Ort, der die Gepflogenheiten und die Situation gut kennt und das richtig einschätzen kann, der Fixer hatte also eine Mehrfachfunktion, er war auch eine Art Sicherheitsberater« (Susanne Fischer).

Fischer hat durch ihr Engagement in der Journalistenausbildung im arabischen Raum erfahren, wie wichtig eine Zusammenarbeit mit westlichen Korrespondenten für einheimische Journalisten sein kann, für die das

jeweilige Krisengebiet auch gleichzeitig Heimat ist. Zum einen versprechen sich die Berichterstatter eine wesentliche Aufbesserung ihres eigenen,
meist vergleichsweise sehr geringen Gehalts mit Tageshonorarsätzen von
üblicherweise 100 bis 150 US-Dollar, wie Matthias Gebauer (*Spiegel Online*)
erklärt. Zum anderen werden sie aber auch durch Karriereambitionen
geleitet, wenn sie der schwierigen Lebens- und Arbeitssituation in ihrem Land entkommen wollen, wohingegen unter repressiven Regimen
laut Fischer auch das Interesse vorherrsche, zur Aufklärung über die tatsächliche Lage und Mentalitäten in der Gesellschaft des jeweilige Landes
beizutragen und der (westlichen) Welt ein authentisches Bild von ihren
Problemen zu vermitteln.

Einheimische Journalisten haben nicht nur den Vorteil, keine Konkurrenz darzustellen, sie sind durch ihre Landeskenntnis und ihre Kontakte
zu örtlichen Gemeinden oder Stämmen und Funktionsträgern auf den
häufig für Ausländer schwer erreichbaren unteren Gesellschaftsebenen
wesentlich besser informiert als es ein ausländischer Kollege je sein könnte.
Fiona Ehlers (*Der Spiegel*) sagt:

»Ich arbeite viel und gern mit einheimischen Journalisten zusammen und treffe
sie am liebsten gleich nach meiner Ankunft. Ich erkundige mich über den Konflikt und ihre Arbeitsbedingungen und frage, welche Geschichten sie schreiben
würden, wen sie treffen und begleiten würden, wenn sie die Möglichkeit dazu
hätten. Wenn du sie ein zweites oder sogar drittes Mal besuchst, dann knüpfen
sie Vertrauen zu dir, weil sie merken, dass du auf kollegialer Augenhöhe mit ihnen sprichst« (Fiona Ehlers).

Auch Katrin Sandmann (ehem. N24) meint, dass es keine besseren Stringer gebe als Journalisten, die in der Krisenregion aufgewachsen sind: »Im
besten Fall versucht man, welche zu finden, die eine journalistische Ausbildung haben. Von den Stringern, die ich irgendwo herumsitzen habe
[...], würde ich sagen, sind 85 Prozent einheimische Journalisten.« Dass
die Krisenreporter mit solchen Stringern aufgrund ihres professionellen
Hintergrunds als Journalisten früher und effektiver in medias res gehen
können als mit medienfremden Kontaktpersonen, denen womöglich nicht
nur das Vorwissen, sondern auch das Verständnis für journalistische Arbeitsabläufe fehlt und denen deshalb Fehler passieren können, die sich
eigentlich kein Krisenreporter leisten kann und möchte, liegt nahe. Dies
erweist sich vor allem dann als gewinnbringend, wenn Krisenreporter beispielsweise bei der Interviewführung auf Unterstützung angewiesen sind,
die über die Beherrschung der Landes- und Provinzsprache hinausgeht

und journalistische Fertigkeiten erfordert, wie es Ulrich Tilgner (SF) für außerordentlich wichtig erachtet. Im Einzelfall gehe das Arbeitsverhältnis zwischen ausländischem Korrespondent und lokalem Stringer bzw. Fixer dabei weit über das übliche Maß einer Dienstleistung hinaus und wird zu einer gleichberechtigten Kooperation, wie Gebauer anhand seines Kollegen Shoib Najafizada erklärt:

»Das ist in der Tat ein absolutes Sondermodell, aber, finde ich, nur der Fairness geschuldet. Shoib ist ein richtig guter Reporter, ohne den ich in Afghanistan letztlich gar nichts machen könnte. Die Recherchetiefe, die wir erreicht haben, hängt zum größten Teil von ihm ab. Natürlich kombiniert damit, dass ich wieder andere Leute kenne, beim Militär in Diplomaten- und Regierungskreisen. Aber die Informationen von afghanischer Seite beschafft er und deswegen sollte er auch erwähnt werden. Das ist allerdings national wie international nicht üblich« (Matthias Gebauer).

Gleichwohl meinen einige der Befragten, eine kritische *déformation professionelle* im Verhältnis zwischen Korrespondent und Stringer auszumachen. Längst habe sich eine weitgehende Instrumentalisierung von Stringern, gar ein Ausnutzungsverhältnis Bahn gebrochen, die sich unter anderem darin ausdrückten, dass die Stringer vollständige journalistische Beiträge für einen ausländischen Reporter erstelletn, wenn dieser überbeschäftigt sei. Dadurch, dass der Bedarf an Material aus Krisengebieten so immens hoch sei, sagt Christoph Maria Fröhder, könne diese Entwicklung dazu führen, dass sich die westlichen Medien einer erhöhten Gefahr der Manipulation durch die vom Korrespondenten delegierte Produktion von Berichten an persönliche Kontakte aussetzten, deren Vertrauenswürdigkeit vonseiten der Redaktion nicht überprüft werden könne. Antonia Rados (RTL) weist in diesem Zusammenhang darauf hin, dass Stringer niemals als Entschuldigung für misslungene Recherchen oder ganze Beiträge herhalten könnten, da die Verantwortung immer vom Korrespondenten selbst getragen werden müsse. Disziplinarisch mag dies der Fall sein, doch laut Fröhder werde dies im Zweifelsfall gern übersehen:

»Ich halte Stringer und Fixer für das größte Übel heute. Und zwar deswegen, weil sie sich verselbstständigt haben, denn die meisten Reporter wollen überall präsent sein und zu jeder Kleinigkeit einen Beitrag im Programm haben. Ohne sich dazu zu bekennen, dass auch sie nur eine gewisse Leistungsfähigkeit haben. Ich kann bis zu 18 Stunden täglich unter Stressbedingungen sechs Wochen arbeiten, dann bin ich ausgelaugt. Ich verweigere mich aber in diesen sechs Wochen auch bei unsinnigen Anfragen und sage: Das können wir nicht machen. Nur diese Fähigkeit, sich auch mal zu verweigern und zu sagen: ›Ihr kriegt so viel von mir, das ist einfach nicht gut machbar.‹ Da kommen Sie dann meistens an einen Redakteur, wenn der nicht so ganz verkniffen ist, der sagt: ›Sie haben Recht‹ und dann hat sich das Thema erledigt. Aber ich habe ganze Geschichten gesehen, die ausschließlich von Stringern abgedreht wurden, und dabei wird ja immer ignoriert, dass diese Stringer und Fixer aus dem gesellschaftlichen Umfeld kommen müssen, sonst wären sie nicht effizient, und natürlich auch den Zwängen dort unterliegen. [...] Das ist aber genau der Wandel, den ich ja kritisiere. Sie sind ja mehr als Dienstleister, die in der Vergangenheit Verabredungen für uns getroffen haben oder vielleicht eine Vorbesichtigung gemacht haben« (Christoph Maria Fröhder). Der von Fröhder beschriebene Wandel erhält seine Brisanz letztlich auch durch das Delegieren der publizistischen Verantwortung an weitgehend unbekannte Mitarbeiter, die sich im Dunstkreis des Korrespondenten aufhalten. Dies sei bereits aus ethischen Erwägung kritisch zu bewerten, sagen Ariane Reimers (NDR) und Matthias Gebauer (*Spiegel Online*), die von ihrem Berufsstand ein stärkeres Bewusstsein dafür einfordern, dass es sich bei Stringern und Fixern immer um Einheimische handelt, die normalerweise nicht einfach – wie der ausländische Krisenreporter – ausreisen und sich einer geschützten Existenz sicher sein können. Oberstes Gebot sei es daher, seine Kontaktpersonen nicht zu gefährden und bei riskanten Recherchen auf Exit-Strategien auch für Stringer und Fixer zu achten:

>»Bei intensiven und komplizierten Recherchen in China wird man immer mit
> Leuten arbeiten, die keinen chinesischen Pass haben. Also Chinesen, die einen
> kanadischen oder amerikanischen, englischen oder deutschen Pass haben. Die
> ethnische Chinesen sind und in China aufgewachsen sind, die aber irgendwann
> die Staatsbürgerschaft gewechselt haben – einfach, weil diese dann geschützt sind
> über die Botschaft der jeweiligen Länder« (Ariane Reimers).

Insbesondere Journalisten aus betroffenen Gebieten setzen sich laut Gebauer der Gefahr aus, inhaftiert zu werden und unter Repressalien zu leiden, wenn sie durch störende Recherchen auffällig werden. Gleichwohl könne die Affiliation mit einem ausländischen Korrespondenten aber auch einen gewissen Schutz darstellen, beispielsweise in einem Staat, der auf die Unterstützung Europas oder der USA angewiesen ist:

>»Auf der einen Seite, gerade in repressiven Ländern, laufen sie Gefahr, weil sie mit
> dir zusammenarbeiten. Dir selber passiert ja meistens nie etwas, selbst im Iran
> werden westliche Journalisten nicht mehr inhaftiert oder nicht lange inhaftiert,
> aber möglicherweise bleibt ein Stringer eben in Haft. Das ist eine reale Gefahr.
> [...] Einen Stringer kann es aber auch schützen, dass er mit einem Westler zusam-

menarbeitet, weil er dadurch ein bisschen untouchable wird. Man denkt immer, dass es in Afghanistan eine weitgehende Medienfreiheit gibt, aber Afghanistan ist relativ repressiv, gerade, was den lokalen Journalismus angeht. Da wird schon viel Druck auf lokale Journalisten ausgeübt und in solchen Fällen schützt eine Zusammenarbeit mit einem großen westlichen Medium den Stringer eher. Wenn dem etwas passieren würde, würden wir darüber groß berichten, würden über die Botschaft Druck machen und so weiter« (Matthias Gebauer).

Stringer seien schließlich auch nur Menschen mit Familien, bemüht Souad Mekhennet (*New York Times*, ZDF) einen geflügelten Ausdruck, um zu unterstreichen, wie wenig sie davon hält, dass manche Vertreter der Nachrichtenbranche lieber Stringer vorausschicken und sie Risiken aussetzen, die sie selbst nicht eingehen wollen. Demnach herrscht in Krisengebieten offenbar teilweise eine Top-Down-Hierarchie zwischen ausländischen Korrespondenten und unter Vertrag genommenen Stringern und Fixern – eine journalistische Zweiklassengesellschaft mit weitreichenden Konsequenzen für die Qualität der Berichterstattung, aber auch für die moralische wie ethische Konstitution des Krisenjournalismus:

»Da sind auch einige sehr namhafte Kollegen dabei, die so etwas machen. [...] In manchen Fällen sind es sogar die Stringer, die Kollegen sagen, es ist sicherer für alle Beteiligten, wenn diese nicht mitgehen. Es gibt leider Kollegen, die nach dem Motto vorgehen, für mich ist das zwar zu gefährlich, aber naja, schicken wir halt den Stringer hin. Aber es gab Fälle, in denen Kollegen auch wissen sollten, dass es selbst für den einheimischen Stringer zu gefährlich ist, aber man hat sie dann entweder trotzdem dort hingeschickt bzw. nicht verhindert, dass sie dort hingegangen sind. Stringer sind auch Menschen, sie haben Familien. Ich weiß, den Leuten, mit denen ich zusammengearbeitet habe, war es am wichtigsten, dass meine Sicherheit gewahrt war. [...] Ich rede auch von Kollegen, die Leute dann mal in Situationen geschickt haben, in Städten, wo der Krieg tobte und wo man wusste, da sollte man einfach niemanden hinschicken, weil es zu unsicher ist und wo einheimische Kollegen nicht mehr lebend zurückkamen« (Souad Mekhennet).

Während manche schwarzen Schafe in den Reihen deutscher Krisenreporter die Karriereambitionen oder die Bedürftigkeit von ansässigen Kollegen (aus)nutzen, müssen Korrespondenten auch regelmäßig mit der Naivität von Kontaktpersonen und speziell Informanten zurechtkommen, welche die Tragweite ihrer Offenheit gegenüber westlichen Medien nicht immer überblicken und sich über die Konsequenzen – wie möglicherweise Strafverfolgung und Unterdrückung durch ihre Staats- oder Stammesführung oder terroristische Gruppierungen – nicht im Klaren sind.

Weibliche Korrespondenten seien demgegenüber tendenziell empfänglicher für die Wahrnehmung kultureller Unterschiede und emotionaler Dissonanzen, meint Susanne Fischer. Der entscheidende Vorteil als Frau im Beruf des Krisenreporters sei aber, so bestätigt auch Antonia Rados (RTL), dass sie nicht nur Zugang zum männlichen Teil der Bevölkerung bekämen, sondern darüber hinaus auch zu den relevanten Gesellschaftsgruppen der Frauen und Kinder. Hier hätten ihre männlichen Kollegen besonders große Schwierigkeiten.

Gerade als Krisen-Hopper arbeitende Korrespondenten müssen sich Mittel und Wege einfallen lassen, um zuverlässige Helfer und Informanten auf Dauer an sich zu binden – wenn auch nicht exklusiv. Im Kreis der befragten Journalisten wird verschiedentlich mit den Herausforderungen der Kontaktpflege über tausende Kilometer und teils Jahre hinweg umgegangen: In der persönlichen Kommunikation behauptet sich wie im vordigitalen Zeitalter noch das Telefon als primäres Mittel des gelegentlichen Austauschs. Doch da die Ausstattung von Entwicklungs- und Schwellenländern mit Technologien zur schnellen Internetkommunikation seit einigen Jahren rasant voranschreitet, kommen auch Instrumente wie E-Mail und Twitter, Videotelefonie (z. B. Skype), aber vorrangig auch Social-Network-Plattformen wie Facebook zum Einsatz. So individuell die Strategien im Detail auch sein mögen, mit den Ansprechpartnern in der Krisenregion in Verbindung zu bleiben, folgt ihr kleinster gemeinsamer Nenner der Alltagsweisheit: Geschenke erhalten die Freundschaft. Es gehe hier allen voran um Respekt für die Dienste und das Vertrauen der Stringer, Fixer und Informanten, sagt Susanne Koelbl (*Der Spiegel*). Man brauche nicht ständig einen Auftrag mit einem Honorarscheck bei Erledigung, um sein Netzwerk für den nächsten Einsatz funktionstüchtig zu erhalten: »Meistens geht es nicht wirklich um eine Hilfestellung, sondern darum, dem anderen zu zeigen, dass man aufmerksam war, mitgedacht hat und ihn unterstützt.« Wer der Kontaktperson auf persönlicher Ebene zeige, dass man einen gewissen Aufwand betreibe, um den Kontakt aufrecht zu erhalten, der schaffe gute Voraussetzungen für ein loyales Arbeitsverhältnis und manchmal sogar für eine Freundschaft.

Der Grad des Vertrauens, das zwischen einem Stringer und Fixer auf der einen und einem Krisenreporter auf der anderen Seite erreicht werden kann, wird dabei denkbar unterschiedlich bewertet. Während jüngere Krisenjournalisten wie Ariane Reimers (NDR) von ihren guten Erfahrungen berichten und meinen, dass sie trotz vereinzelter Konflikte und Probleme ein professionelles Vertrauensverhältnis zu Stringern und Fixern pflegen, weil sie jeweils voneinander abhängig seien – auch der Stringer vom Auftraggeber, weil er sonst seinen lukrativen Job verliert –, beurteilen es ihre älteren Kollegen mit pragmatischer Abgeklärtheit. So weist Katrin Sandmann (ehem. N24) darauf hin, dass man seinen Kontaktleuten in vielen Situationen notgedrungen glauben müsse, weil die Verifikation ihrer Informationen im überwiegenden Teil der Fälle nicht möglich sei – ob nun aufgrund fehlenden Einblicks, was die tatsächlichen Abhängigkeitsverhältnisse des Stringers angehe, oder ob einfach die Zeit für eine zusätzliche Überprüfung fehle. Ein Korrespondent müsse manche Tatsachen einfach akzeptieren, zum Beispiel dass palästinensische Stringer und Fixer mit an Sicherheit grenzender Wahrscheinlichkeit in der Hamas-Organisation aktiv seien, wenn sie für den deutschen Reporter verhältnismäßig schnell Kontakte zur Führungsebene herstellen könnten:

»Bei einer der Organisationen wird der Stringer in irgendeiner Art und Weise sein, weil man da nicht leben kann und Journalist sein will, wenn man nicht mit einer dieser Organisationen in irgendeiner Art und Weise verbandelt ist. Geht einfach nicht. Das mag uns nicht gefallen und mag auch nicht richtig sein, ist aber so. Ich weiß, dass mein Stringer Kontakt zur Hamas hatte, weil ich sonst nicht so wahnsinnig schnell Interviews mit diesen ganzen Hamas-Großköpfen bekommen hätte. Also in irgendeiner Art und Weise ist er mit denen verbandelt. Jetzt streng genommen kann man sagen: Das geht eigentlich schon zu weit. Ich bin aber ganz pragmatisch und sage: Der Stringer ermöglicht es mir, in Gaza noch zu arbeiten. Außerdem bin ich es ja nicht, die ihm Informationen gibt, die ihm dabei helfen könnten, irgendjemanden zu töten. [...] Dass man damit nie hundertprozentig sicher fährt, ist eine ganz andere Frage. Irgendwann muss ich anfangen, mich auf irgendjemanden zu verlassen bei den Informationen, die ich dann hinterher generiere. Und es geht auch nicht immer, dass man alles sechsmal gegencheckt. Im Gaza-Streifen funktioniert das nicht. Also die Leute, die mir das gegenchecken können, sind einfach nicht da oder ich finde sie nicht. Zudem bin ich beim Fernsehen, das teilweise eben einfach auch sehr schnell ist« (Katrin Sandmann).

Reiner Luyken von der *Zeit* spricht sich wie nur wenige andere seiner Kollegen entschieden für eine zurückhaltende Recherchepraxis mit Stringern und Fixern aus. Das Misstrauen dürfe gerade bei dieser Klientel nicht enden: Nie sollte man zu viele Informationen von sich geben, selbst wenn es um Treffpunkte mit dem Kontaktmann gehe. Es gelte immer, den Zeitfaktor zu seinen eigenen Gunsten zu gestalten, damit mögliche Gegner keine Zeit hätten, beispielsweise eine Entführung zu planen:

»Letztes Jahr im Juni war ich wieder in Fallujah, und dann sagt man mir: ›Okay, wir treffen den und den, und der macht das ab.‹ Der Stringer dort kam aus Fallujah. Aber dann habe ich ihm natürlich nicht gesagt, um wie viel Uhr wir am Stadtrand eintreffen. Ich habe ihn mit dem Mobiltelefon angerufen und gesagt: ›Ich komme woanders an, nicht an der ursprünglich verabredeten Stelle, und wir treffen uns dort.‹ [...] Falls er also unter Druck gestanden hätte durch irgendeine Gruppe, dürfen die nie genug Zeit haben, etwas zu organisieren. Man muss immer das Schlimmste annehmen und sich auf dieser Basis überlegen, wie man sich absichern kann. Man darf niemandem trauen, auch wenn man denkt, das sei ein ganz netter Kerl und dass man ihm ja auch trauen könne. Dieses grundsätzliche Misstrauen ist zwar immer sehr schwierig, aber man kann es sich einfach nicht leisten« (Reiner Luyken).

Misstrauen gegenüber Stringern ist unter den Befragten nicht die Regel. Dennoch räumen die meisten ein, dass sie schon einmal damit zu kämpfen hatten, dass die gelieferten Informationen nicht plausibel waren, dass sich der Kontakt anbiedern wollte oder falsche Köpfe als Interviewpartner präsentiert wurden. Über die Gründe wird nicht lange gemutmaßt: Faulheit und die Gier nach schnellem Geld seien die Haupt-Antriebsfedern für die Fälscher und Opportunisten unter den Zuarbeitern. Wer darunter ein Spitzel ist, wer sich nur bereichern möchte oder wer sich einfach nur dumm anstellt, sei dabei kaum noch zu unterscheiden. Das »orientalische Prinzip«, wonach Stringer geneigt sind, das zu sagen, wovon sie glauben, dass es dem ausländischen Krisenreporter gefällt ist Ulrich Tilgner (SF) zufolge weit verbreitet. Auch aus diesen Gründen der pathologischen Unklarheit, ob die Hilfsorganisatoren oder -rechercheure nun verlässlich sind oder nicht, hält sich Carolin Emcke (*Die Zeit*) von ihnen fern, hält sie gar für »professionell verdorben«:

»Ich habe überhaupt kein Netzwerk an Stringern oder Fixern. Ich habe einmal mit einem klassischen Fixer zusammen gearbeitet, den mir jemand empfohlen hat, und das fand ich so grauenhaft, dass ich es nie wieder gemacht habe. Ich hatte das Gefühl, dass diese Gruppe der Fixer und Stringer mittlerweile professionell verdorben ist durch faule internationale Journalisten und dass diese Form von Professionalisierung der Stringer mitunter dazu führt, dass es eintönig wird. Die Arbeiten zwei Wochen für CNN, dann für die *Washington Post,* dann für die *Frankfurter Allgemeine* und so weiter, und dann merken die recht schnell, was die Journalisten brauchen: Die brauchen immer einen Bauern, einen Flüchtling, einen Militär und einen Arzt im Krankenhaus. Dann haben die ihre fünf Leute und dann zitieren die verschiedenen Zeitungen immer wieder dieselben Leute. Und wenn man ihnen sagt, dass man noch gar nicht weiß, was man will, sondern dass man ein wenig herumstromern möchte und auch zufälligerweise jemanden treffen möchte, der nicht schon 20 Mal von 20 verschiedenen Zeitungen interviewt wurde, dann sind die manchmal etwas verwirrt« (Carolin Emcke).

Dass der Handel mit einem festen Kontaktportfolio unter Stringern sehr beliebt ist, bestätigt auch Souad Mekhennet (New York Times, ZDF). Demnach wird es immer schwieriger, noch Profis zu finden, die keine Bauchladenhändler sind, sondern die einen relativ hohen Grad an Exklusivität garantieren können. Seit der Krieg gegen den Terror weltweit Schlagzeilen macht, hat sich ein lebendiger Markt für Stringer und Fixer entwickelt, der so manchem der Befragten auf den Magen schlägt, weil er ihre Arbeit eher erschwert als erleichtert: So werden laut Ariane Reimers (NDR) gut vernetzte und patente Kontakter heftig von internationalen Medien umworben und auch gern für höhere Honorarzahlungen oder die Garantie komfortablerer Arbeitsbedingungen abgeworben. Dass die besten Stringer heutzutage für US-Medien arbeiteten, sei kein Zufall, raunt es im Befragtenkreis.

Christoph Reuter (Stern) sieht dagegen in der Professionalisierung der Selbstvermarktung kein Übel, das nicht zu bewältigen wäre, sondern baut auf zwischenmenschliche Sympathien und unverkäufliche Loyalitäten. Auch wenn ein Stringer abgeworben werde, gebe es gute Chancen, weiterhin nicht auf ihn verzichten zu müssen. Aber dafür müsse das Verhältnis wirklich gut und eng sein:

»Leute, die richtig gut sind, die gehen notfalls woanders hin. Gelegentlich kommen die aber auch wieder zurück, oder man kann unter der Hand zumindest noch zusammenarbeiten, da sie einen mit Informationen versorgen oder von sich aus irgendwo anrufen und einen Termin für einen klarmachen. Man hat sie dann aber nicht mehr dabei als permanente Übersetzer, aber gute Kontakte bleiben einem weiter erhalten. Geld ist schon wichtig, denn auch die Leute wollen natürlich leben, und ja: Es ist ein Markt: Wer gut schreibt, verdient viel – und wer als Stringer sehr gut ist, der kann auch relativ gut verdienen. Das ist nicht ehrenrührig, dass Einheimische einem solchen Job nachgehen. Es geht aber auch darum, wie man miteinander umgeht, oder auch darum, ob man ihnen in bestimmten Situationen dabei helfen könnte, außer Landes zu kommen oder ein Visum zu besorgen oder dieses oder jenes. Und letztlich ist es natürlich nicht unwichtig, ob man sich auf persönlicher Ebene mag« (Christoph Reuter).

Außerdem könne auch schnell ein Dilemma für den Korrespondenten entstehen, der nicht über die geeigneten Finanzmittel verfüge, um seine Unterstützer bei der Stange zu halten, sagt Ulrich Tilgner (SF) – denn schließlich sei die Wahrscheinlichkeit hoch, dass die übrig bleibenden verfügbaren Stringer entweder zu teuer oder zu schlecht seien, wie zum Beispiel im afghanischen Kabul. Nicht ständig müsse sich alles ums Geld drehen, räumt Maike Rudolph (NDR) ein. Es ließen sich immer noch viele Menschen finden, die den Korrespondenten aus Idealismus helfen wollten, weil ihre Frustration über die Missstände in ihrem Land so groß sei. Etwas mulmig sei ihr dann aber doch geworden, als sie bemerkte, dass ihr Stringer mit einem anderen Fernsehsender ins Gespräch gekommen war und sie undercover mitten im abgeriegelten Flussdelta Myanmars stand: »Ich dachte: Wir sind hier aufgeschmissen ohne ihn.« In jenem Moment sei ihr wieder bewusst geworden, dass die wahren Beweggründe eines Stringers für ausländische Krisenreporter nie mit Sicherheit bestimmt werden können, auch wenn am Ende alles gut ausging.

Schlussfolgerungen

Die Suche nach *Stringern* und *Fixern*, also meist Einheimischen, die im Auftrag von Redaktionen und einzelnen Krisenreportern gezielt Informationen sammeln, Kontakte herstellen, dolmetschen, Interviews anbahnen und zunehmend selbst führen, ist ein Vabanquespiel, weil für die Korrespondenten immer eine Restunsicherheit bleibt, ob sie dem Informanten, dem sie vertrauen müssen, auch wirklich trauen können. Einzige Sicherheit bleibt das Vertrauen in die Kollegen und das Referenzprinzip, da diese Netzwerke überwiegend durch Mundpropaganda oder Schneeballsystem aufgebaut werden.

Aus der großen Abhängigkeit des Korrespondenten von seinem Informantennetzwerk und der organisatorischen Unterstützung von Stringern und Fixern entsteht ein professionelles *Gefangenen-Dilemma*, weil Manipulation und Missbrauch nie gänzlich ausgeschlossen werden können, insbesondere wegen der in erster Linie geschäftlichen Beziehung zwischen Krisenjournalisten und einheimischen Helfern. Das Verhältnis steht auf den wackeligen Füßen der zunehmenden Unprofessionalität von Stringern, die in Abwerbungen durch Konkurrenten, Käuflichkeit und Parteinahme ihren Ausdruck findet.

Stringer und Fixer sind gerade aus diesem Grund eine Hilfstruppe, die einen kritischen Umgang verdient: Mitunter werden sie von Korrespondenten und Reportern damit beauftragt, komplette Text- oder TV-Beiträge zu liefern – zum einen, weil die Reporter überlastet sind, zum anderen, weil sie sich nicht zutrauen, in gefährliche Krisenregionen zu reisen oder mit bestimmten Akteuren in Kontakt zu treten. Dadurch wächst die *Gefahr der Manipulation* – einer tendenziellen und unwahrheitsgemäßen Berichterstattung. Gleichsam wird die Naivität einheimischer Informanten ausgenutzt, die sich zum Teil nicht darüber im Klaren sind, welchen Gefahren sie sich selbst aussetzen, wenn sie mit westlichen Medien zusammenarbeiten und teils sogar kenntlich in der Berichterstattung als Kritiker ihrer Staatsführung oder einer Konfliktpartei auftauchen. Dies hat sich trotz der voranschreitenden Mediatisierung vieler Entwicklungs- und Schwellenländer, in denen Konflikte zwischen Staatsführung und Bevölkerung grassieren, nicht wesentlich verändert und erfordert von Krisenreportern eine Bewusstwerdung ihrer enormen Verantwortung gegenüber einheimischen Helfern.

Die Suche nach zuverlässigen Ansprechpartnern lässt Krisenjournalisten zunehmend mit *einheimischen Journalisten* kooperieren, die sich als Stringer und Fixer ein Zubrot verdienen. Da diese teilweise empfindliche Sanktionierungen und Bestrafungen seitens der Staatsführung fürchten müssen, gestaltet sich diese Kooperation ebenfalls als heikel.

> Krisenjournalisten verlassen sich – z. T. aus Sicherheitsaspekten, aber auch aus finanziellen Gründen – immer häufiger auf Stringer, Fixer und lokale Informanten als Recherchequellen. Dies bedeutet im Umkehrschluss, dass eine Überprüfung der Stichhaltigkeit und Neutralität brisanter Informationen aus Krisenregionen immer häufiger unausgebildeten Rechercheuren, schlimmstenfalls einheimischen Amateuren überlassen wird, die (möglicherweise) nicht objektiv aus ihrer Region ›berichten‹ können.

3.3.5   Das ›Palestine-Syndrom‹: Unter Kollegen

Das Palestine ist ein Ort von besonderer historischer Strahlkraft. Das Hotel im Zentrum Bagdads erwies sich während des dritten Golfkriegs von 2003 als magnetischer Anziehungsort für ausländische Berichterstatter – nicht unbedingt, weil sie auch mitten im Krieg den Komfort einer Luxusbleibe nicht missen wollten, sondern weil es dort Strom und Wasser gab – und wurde damit zum Deonym für die Zusammenrottung westlicher Medienvertreter in Krisengebieten. Ob man nun das Palestine in Bagdad nennt, das Sofitel in Beirut (früher das Commodore), das Intercontinental in Teheran, das heute Laleh heißt, das Marriott in Islamabad, das Pearl Continental in

Peshawar oder das Serena in Kabul: Das ›Palestine-Syndrom‹ bezeichnet ein in seiner Ambivalenz beispielloses Phänomen, das davon geprägt ist, dass Korrespondenten nicht nur gerne sprichwörtlich aufeinanderhocken, wenn die Welt um sie herum im Chaos versinkt, sondern auch von einer kollegialen Nähe, die zwischen ausschweifenden Partys und den Versuchen oszilliert, sich gegenseitig auszustechen. Es sei im Krisenjournalismus ganz natürlich, dass es wiederkehrend diese Konzentration von Kollegen in einem Hotel gebe, sagt Katrin Sandmann (ehem. N24). Meistens liege das daran, dass es so nah am örtlichen Parlament oder an einem Ministerium liege, dass die Gefahr von Angriffen relativ gering sei. Dass sich der Krisenjournalismus durch eine starke Kollegenorientierung auszeichnet, wird von keinem der befragten Berichterstatter bestritten. Unterschieden wird hierbei jedoch zwischen zwei Ebenen: die Orientierung an Themen und Inhalten in der Berichterstattung anderer Medien sowie der aktive Austausch von Informationen und Erfahrungen zwischen Krisenreportern im Feld.

»1991 war das noch stärker, weil die Arbeitsbelastung nicht so groß war. Dann gab es jeden Abend irgendwo eine Fete und dann tauscht man sich halt aus. Dieses Moment, dass man nicht als Outsider etwas anderes berichtet als die Masse, ist hierbei sehr wichtig: Die hängen sich besonders stark an diesen Tross an, weil man da weiß, was los ist. Und wenn in den Redaktionen diese Tendenz zum Mainstream festgestellt werden kann, dann passt das ja auch zusammen« (Ulrich Tilgner).

Eine thematische und inhaltliche Annäherung, auch in der Kommentierung und Bewertung, wird vom Gros der Befragten unter dem Eindruck einer generellen Effekthascherei, einer starken Emotionalisierung sowie begleitenden Oberflächeneffekten in der Themensetzung und Analyse in der Krisenberichterstattung festgestellt (vgl. Kap. 3.2.1). Abgesehen von solch problematischen Konformisierungstendenzen auf Vermittlungsebene werden im deutschen Krisenjournalismus in verschiedenen Abstufungen auch übergreifende nachvollziehbare Interessenschwerpunkte identifiziert, die auf die publizistische Reichweite und den damit einhergehenden Anspruch der jeweiligen Redaktion und ihrer Korrespondenten zurückgeführt werden kann: Deutsche Leitmedien beobachten eher die internationale Presse (z.B. *New York Times, Washington Post, London Times, The Guardian*) und die Fernsehberichterstattung ausländischer Nachrichtensender, vor allem aus den USA (CNN) und Großbritannien (BBC). Journalisten regionaler Medien aus Deutschland richten sich wiederum eher nach den deutschen Leitmedien (*Der Spiegel, Frankfurter Allgemeine Zeitung, Süddeutsche Zeitung*, ARD und ZDF). Ausgeblendet werden jedoch aufgrund sprachlicher Hürden, aber auch aufgrund von Aufmerksamkeitsdefiziten größtenteils die örtlichen Medien in den Krisengebieten, allen voran AL-JAZEERA, das unangefochtene Leitmedium im arabischen Sprachraum, das nur selten als Quelle für deutsche Krisenreporter dient, es sei denn, es handelt sich um exklusive Informationen oder Bildmaterial. Dabei liegt die Relevanz des 1996 gegründeten Nachrichtensenders aus dem Emirat Katar auf der Hand (vgl. Kap. 3.2.1.) – die hohen Reichweiten und die Omnipräsenz von AL-JAZEERA im öffentlichen Bewusstsein islamischer Gesellschaften hatten nach Einschätzung des Fernsehjournalisten Ulrich Tilgner (SF) zur Folge, dass ausländische Korrespondenten zunehmend Schwierigkeiten haben, Zugänge zur Bevölkerung im arabischen Raum zu bekommen:»Die Quellen versiegen. Ich erinnere mich sehr genau an die erste Intifada: Wenn Sie da als Journalist aufgetreten sind, hat Ihnen jeder Palästinenser seinen Unmut ins Mikrofon gesprochen. Das machen die heute gar nicht mehr. Die gucken: Wo ist AL-JAZEERA? Die Leute sehen ja viel mehr fern in der Region als hier bei uns in Deutschland.«

Krisenjournalisten aus Europa bleiben lieber unter sich und verfolgen penibel, worüber ihre Kollegen berichten. Selten wird so frank und frei wie lobend über publizistische Vorbilder aus der eigenen Kollegenschaft gesprochen, wie es sich Susanne Koelbl (*Der Spiegel*) erlaubt. Sie lese gern Texte der Kollegen, vor allem von der internationalen Konkurrenz, weil sie davon immer etwas lernen könne:

»Kontakte sind eine ganz wesentliche Hilfe. Jeder gute Reporter, der gut schreibt, kann, wenn er die richtigen Kontakte hat, auch eine gute Geschichte erstellen. Sich an britischen und amerikanischen Krisenreportern zu orientieren, ist dabei sicher erfolgreich, sie haben eine eindrucksvolle Tradition. Aber es gibt auch Deutsche, die ich bewundere, wie Rudolf Chimelli von der *Süddeutschen*, der für mich bis heute auf geheimnisvolle Weise großartig recherchiert. Und es gibt manche andere, die ich großartig finde und wo ich sage: Die Nationalität ist es sicherlich nicht. Ich würde mich immer an den Produkten orientieren und mich dann fragen, wie die das gemacht haben« (Susanne Koelbl).

Ansonsten herrscht – mit leichter Zurückhaltung – allenfalls Respekt für die Leistungen der Konkurrenten aus deutschen Redaktionen, im Einzelfall aber auch Missgunst und Rivalität. Seine despektierliche Meinung über den einen oder anderen Kollegen öffentlich äußern möchte aber niemand der Befragten. Wenn davon die Rede ist, dass sich manche Krisenreporter beim abendlichen Bier im noch nicht zerbombten Lokal gegenseitig ihre Pläne für den nächsten Recherchetag verraten, wie Tilgner erwähnt, klingt das nur scheinbar nach einem Widerspruch. Anlässe für eine Unterhaltung gibt es genug, und die grundsätzliche Bereitschaft, sich auszutauschen ist nach Angaben der Befragten ebenfalls vorhanden. Doch kennt die vermeintlich ungezwungene Offenheit klare Grenzen. Unkompliziert ist das Aushelfen mit technischem Equipment, falls Videokassetten fehlen oder das Handy streikt. Irgendetwas gehe immer kaputt oder funktioniere nicht richtig, sagt Ariane Reimers (NDR):»Hast du dies, hast du jenes, kannst du mir helfen, kannst du mir einen Tipp geben, hast du noch dies oder das?« Es sei ein Geben und Nehmen. Wer Bilder braucht, weil die eigene Kamera ihren Geist aufgegeben hat, ist also gut beraten, sich beim nächsten Mal ebenfalls generös zu zeigen. Schwieriger wird es im Fall von Informationen, wobei auch hier gilt: Je persönlicher und je mehr die allgemeine Situation im Krisengebiet betreffend, desto eher hilft ein Journalist dem anderen. Konkrete Recherchetipps, Kontakte oder gar nachrichtenrelevante Exklusivinformationen werden jedoch sorgsam gehütet.

Daran ändern auch nabendliche feuchtfröhliche Gelage an den gemeinsamen Aufenthaltsorten der Korrespondenten im Krisengebiet nichts: Das ›Palestine-Syndrom‹ sei immer noch gang und gäbe, berichtet Fiona Ehlers (*Der Spiegel*), wodurch aber nicht etwa das Vertrauensband zwischen den Krisenreportern wachse, meint Katrin Sandmann (ehem. N24). Das Zusammensein einer großen Zahl an Krisenreportern ergebe keineswegs automatisch eine verschworene Gemeinschaft. Ganz im Gegenteil: Diejenigen Korrespondenten, die Erfahrung hätten, würden um alles in der Welt ein Lagergefühl vermeiden, damit es nicht im Lagerkoller ende. Daher gebe es weder ein Gemeinschaftsgefühl, noch ein ausgeprägtes Bewusstsein für ein Miteinander. Der Charme des Syndroms entspringe einzig und allein der Möglichkeit, seinen Stress mit spontanen Journalistenpartys abzubauen, um sich vom Druck des schweren Arbeitsalltags im Krisengebiet und dem Wahnsinn der Krise selbst abzulenken:

»Eigentlich wohnen immer alle in einem Hotel, sind wahnsinnig genervt, weil es dreckig ist und nichts funktioniert. Und man kann sich Sachen von den anderen pumpen. Also in meinem Fall Tapes oder etwas, was bei der Kamera kaputt gegangen ist. Und wenn man Glück hat, wohnt eine große amerikanische Nachrichtenorganisation im selben Hotel und die schmeißen dann ab und zu mal eine Party. Das ist jetzt kein Mythos, das gibt es in der Tat. [...] Alle haben Angst und dann ist eine Party zwischendurch sehr hilfreich, also wenigstens für drei Stunden« (Katrin Sandmann).

Wenn Krisenreporter versuchen, am gleichen Strang zu ziehen, kann das durchaus auch gefährlich werden. Die Strategie beispielsweise, im gemeinsamen Konvoi zu fahren, zahle sich schon aus Sicherheitsgründen nicht aus, meint Matthias Gebauer: Wenn mehrere Journalisten in einem Tross hintereinander her führen, locke man damit nur Kriminelle an, die sich sicher sein könnten, dass sie hier bei ihrer Suche nach Geld, Computern und Telefonen fündig werden. Eine förmliche Rudelbildung sei auch dann vermehrt festzustellen, wenn es sich um Besuche in potenziellen Gefahrenzonen wie Flüchtlingslager handle, die als Gemeinschaftsaktivität, teils auch unter Bewachung des Militärs, absolviert würden. Hier zeige sich die hässliche Fratze des Medienauflaufs, sagt Reiner Luyken (*Die Zeit*), der die Neigung von Krisenreportern zu fantasievollen Übertreibungen und Dramatisierungen kritisiert:

»Ich versuche, es zu vermeiden, aber es gibt ja auch immer diese großen Aufläufe. Als zum Beispiel der Afghanistan-Krieg losging, gab es nur einen Weg, um nach Afghanistan hereinzukommen, vom Norden zum Taschkent, und da war dann natürlich ein Massenauflauf. Da kann man schon auch Sachen machen, aber eigentlich ist auch etwas witzlos, weil da ein Wettbewerb unter den Journalisten stattfindet, wer jetzt den anderen austrumpft. [...] Ein klassischer Fall war zum Beispiel auch, als das palästinensische Flüchtlingslager in Jenin von den Israelis eingenommen wurde. [...] Was ich da unter den Journalisten beobachtet habe, war einfach nur Wahnsinn: Jeder hatte jeden übertrumpft mit Geschichten von Massakern, wie der Leichengeruch in den Kleidern hänge. Aber da war halt einfach kein Leichengeruch. Journalisten übertreiben ja gerne und wenn dann einer über den angeblichen Leichengeruch eine Seite geschrieben hat, dann wollen manche nicht hintenan stehen, auch wenn sie es nicht riechen können« (Reiner Luyken).

Der Reportertypus des Einzelgängers, den Luyken für seine eigene Rollenbeschreibung bevorzugt, bleibt unter den übrigen Befragten indes auch nicht widerspruchslos. Susanne Fischer sieht eine professionelle Selbstauffassung als Einzelgänger als nicht zielführend an und meint, dass diese negativen Gegenbeispiele, »die glauben, dass sie die Geschichte nur richtig recherchieren oder einen Scoop landen können, wenn sie alles alleine machen«, nur ein weiteres Extrem darstellten, das nicht mehr zeitgemäß sei.

In der Praxis orientieren sich die befragten Korrespondenten eher an ihresgleichen: Rundfunkjournalisten an Rundfunkjournalisten, Printreporter an Printreportern, Fotografen an Fotografen und so fort. In seltensten Fällen gebe es auch Freundschaften unter Kollegen, deren Vertrauensverhältnisse derart eng seien, dass man sich, so Matthias Gebauer (*Spiegel Online*), untereinander sogar von exklusiven Geschichten erzählt. Das sei aber tatsächlich die

Ausnahme. Lieber suchten die deutschen Krisenreporter nach internationalen Kontakten: Da glaubte man, noch etwas voneinander lernen zu können, und außerdem sei das Risiko gering, sich gegenseitig Konkurrenz zu machen. Gebauer umgebe sich daher lieber mit Kollegen, die nicht für deutsche Medien berichteten. Es sei erheblich einfacher und entspannter, mit jemandem gemeinsam irgendwo hinzufahren, der für die Londoner *Times* arbeite, weil es beiden relativ egal sein könne, ob in ihren Geschichten dieselben Personen vorkommen. Auch Antonia Rados hat nach eigenem Befinden viel von der internationalen Kollegenschaft bei ihren Kriseneinsätzen gelernt:

»Ich habe von jedem einzelnen Kollegen profitiert, der älter war als ich, mehr Erfahrung hatte und für eine wichtige Fernsehstation der Welt, ob die BBC oder die US-Anstalt ABC, das französische oder das deutsche Fernsehen gearbeitet hat. Bei vielen meiner ersten Reportagen hat mir zum Beispiel die BBC Bilder gegeben, mich aufmerksam gemacht auf Fehler. Andere wiederum haben mich mit Nahrung unterstützt, zum Beispiel mit einer Dose Nescafé, wenn meine leer war. Ich halte es für sehr wichtig, dass man sich nicht nur im Kreis der deutschen Journalisten bewegt. Man muss so offen wie möglich sein. Es kann auch ein Journalist von AL-JAZEERA oder vom afrikanischen Fernsehen wichtige Infos haben. Es muss heißen: Immer offen bleiben, auch wenn es manchmal schwer fällt und es leichter wäre, mit einem bekannten Kollegen herumzuziehen« (Antonia Rados).

Dass ausländische Berichterstatter bei der Suche nach Stringern und Fixern durch die vermeintlich nicht existierende Wettbewerbssituation wertvolle Dienste leisten können, betont Katrin Sandmann (ehem. N24) und spricht von einer angenehmen Kooperationsalternative im Vergleich zum Umgang mit deutschen Kollegen:

»Ich finde es herrlich, wenn ich deutsche Kollegen im Hotel treffe und wir einen Drink nehmen können, aber ich bin ungern mit denen unterwegs, weil ich mich dann automatisch an ihnen orientiere, auch wenn ich es eigentlich nicht will. Man muss ja ehrlich sein bei so etwas. Natürlich schiele ich dann darauf, wie sie arbeiten, wie sie das Thema anpacken. Aber wenn ich das mit jemandem von *La Repubblica* mache, ist mir wurscht, was der macht. Wenn der eine gute Quelle hat, die ich nicht habe, und ich habe eine andere gute Quelle und nehme ihn im Gegenzug dort mit hin, sind wir beide glücklich und vermasseln uns nicht gegenseitig das Geschäft« (Katrin Sandmann).

Reiner Luyken (*Die Zeit*) vergällt die positiven Erfahrungen einiger Befragter nichtsdestotrotz und warnt vor falschen Illusionen: Auch in der internationalen Kollegenschaft würden viele kaum etwas preisgeben. Wer auf die Unterstützung oder einen konstruktiven Austausch mit Journalisten aus anderen Ländern hoffe, werde irgendwann enttäuscht. Auch Christoph Maria Fröhder erinnert sich an kleine Fehden mit Peter Arnett, dem einstigen Chefkorrespondenten von CNN, den der deutsche Kriegsreporter schon seit dem Vietnam-Krieg gekannt habe, jedoch von seinem US-Kollegen während des Irak-Kriegs im Jahre 1991 die kalte Schulter gezeigt bekam. Luyken habe sich ebenfalls mehrfach über die rigide Abschottung von Journalisten der *New York Times* und der *Washington Post* geärgert, die keine Bereitschaft hatten erkennen lassen, sich mit anderen Kollegen auszutauschen.

Die Stimmung unter Krisenreportern hat sich augenscheinlich zusehends verschlechtert. Einzelne Befragte wie Matthias Gebauer (*Spiegel Online*) berichten davon, dass sich Journalisten in Krisengebieten gegenseitig beschatteten und versuchten auszuspionieren, zum Beispiel, indem Taxifahrer bestochen würden, um herauszufinden, wohin der Kollege unterwegs sei. Er selbst sei davon schon einmal direkt betroffen gewesen, sagt Gebauer: »Natürlich guckt man sich wie in Deutschland auch genau an, was die Kollegen machen – was im Ausland manchmal dazu führt, dass man guckt: Wo fahren die heute hin? Es gibt auch Kollegen, die schon versucht haben, mich bei Recherchen auszuspionieren. Also versucht haben, meinen Fahrern Geld zuzustecken, um zu erfahren, mit wem wir geredet haben« (Matthias Gebauer).

Rados appelliert angesichts einer teilweise vergifteten Stimmung an den gesunden Journalistenverstand und plädiert für größtmögliche Hilfsbereitschaft, auch, um es gar nicht erst zu Konflikten unter Kollegen kommen zu lassen: »Man gibt Informationen mit dem Hintergedanken weiter, dass man auch etwas bekommt. Es ist eine Grundregel, so viel wie möglich mit Kolleginnen und Kollegen zusammenzuarbeiten.« Wer seinem eigenen Berufsstand gegenüber allzu misstrauisch sei, gehöre nicht in ein Krisengebiet. Hier komme es nicht darauf an, geheimniskrämerisch zu agieren, weil man sonst selbst schnell abgeschnitten werde vom Informationsfluss. Fröhder glaubt an den Mittelweg eines konstruktiven Dialogs, da es sich am Ende des Tages um einen Wettbewerb unter Profis handle, bei dem alle dasselbe Ziel erreichen wollten. Wie man es auch betrachtet, ist der Konkurrenzgedanke tief im Bewusstsein des Krisenreporters verankert und beeinflusst den Umgang miteinander wesentlich. Dabei verlangt schon die Berufsehre, folgt man Katrin Sandmann (ehem. N24), dass Korrespondenten sich bei angespannter Sicherheitslage ehrliche und gut gemeinte Ratschläge geben, wenn sie Gefahr wittern. Wenn es brenzlig wird, schweißen Krisen doch zusammen – denn je gefährlicher es werde, das bestätigen alle Befragten, desto freundlicher seien Krisenreporter untereinander.

Schlussfolgerungen

Das *Palestine-Syndrom* ist weder ein Journalisten-Mythos, noch gehört dieses Phänomen der Vergangenheit an: Es ist weiterhin in Kriegsregionen unter Korrespondenten eine Art Rudelbildung zu beobachten, die in bestimmten Hotels stattfindet, welche das Vertrauen der vorwiegend westlichen Medienschaffenden genießen. Trotz dieser pragmatischen Vergemeinschaftung auf Zeit, die mitunter auch in feuchtfröhlichen Runden oder Partys unter Kollegen endet, stellt sich nach Aussage der befragten Krisenjournalisten unter den derart zusammengepferchten Reportern meist kein substanzielles Gemeinschafts- oder Solidaritätsgefühl ein. Eher im Gegenteil: Echte *Amtshilfe* von Kollegen erhält ein Krisenreporter nur in wirklichen Notsituationen, wobei sich die Hilfsangebote der Kollegen dann vor allem auf praktische Tipps oder die Ausleihe technischer Gerätschaften wie Akkus, Kabel, Zubehör etc. beschränken. Bei handwerklichen oder gar inhaltlichen Fragen stößt die Kollegialität damit schnell an ›natürliche‹ Grenzen.

Trotzdem nimmt die *Kollegenorientierung* in Krisengebieten fast pathologische Züge an, indem sich Korrespondenten gegenseitig ausspionieren, also dabei beobachten, wann der Kollege zu einer Recherche aufbricht, mit wem er sich zusammentut und austauscht.

> Krisenreporter feiern zusammen, doch kämpfen sie durch- und gegeneinander: Die starke Kollegenorientierung bei der Themensetzung resultiert aus einem harten Wettbewerb deutscher Korrespondenten um exklusive Inhalte und Quellenzugänge. Dennoch helfen sich Korrespondenten im Notfall mit technischem Equipment aus, in Ausnahmefällen auf internationalem Level bei garantierter Konkurrenzlosigkeit auch mit hilfreichen Recherchetipps.

3.3.6 *Ein gespaltenes Verhältnis:*
Geheimdienste und Auswärtiges Amt

Nicht allein die lieben Kollegen trachten sich gegenseitig nach wertvollen Hinweisen und Enthüllungen. Wenn ein Krisenreporter seinen Wettbewerbern bei der Jagd um exklusive Informationen voraus ist, muss er sich auch gegen die wachen Augen und Ohren anderer Akteure wappnen, die ein Interesse an den Recherche-Ergebnissen haben. Deutsche Korrespondenten sind in Krisengebieten durch ihre Vernetzung und das daraus gewonnene Wissen begehrte Ansprechpartner für das Auswärtige Amt und seine Botschaften in aller Welt, aber auch für den Bundesnachrichtendienst. Dabei wird denkbar unterschiedlich bewertet, wann ein Journalist den Behörden seines Heimatlandes Rede und Antwort stehen muss, um sich nicht strafbar zu machen. Im Kreis der Befragten herrscht Konsens, dass die Auskunftspflichten eines Krisenreporters enge Grenzen haben und sich auf Informationen über konkrete kriminelle Handlungen, vor allem auch geplante Verbrechen wie Terroranschläge oder Geiselnahmen beschränken. Schon aus der berufsethischen Verpflichtung heraus müsse das Wissen über solche Vorhaben, die Menschen in Gefahr bringen können, an die Ordnungsbehörden weitergegeben werden.

Im Einzelfall jedoch stellt sich für jeden Korrespondenten die keinesfalls triviale Frage, wann und in welchem Umfang ein Austausch mit der politischen Vertretung seines Landes im Krisengebiet oder dem Geheimdienst als sinnvoll erscheint, um seinen Berichterstattungsaufgaben nachzukommen oder etwa sich selbst vor etwaigen Gefahren zu schützen. Im Arbeitsalltag im Feld gebe es weniger und eher unspektakulärere Kontakte zum BND, als man gemeinhin vermuten würde, sagt Matthias Gebauer (*Spiegel Online*). Das hat aus seiner Sicht viele Gründe: Zum einen sei der BND in vielen Fragen nicht die beste Informationsquelle, da sich der Dienst sehr stark zu einer Informationsagentur der Bundesregierung entwickle und fast niemals ohne Eigeninteresse Informationen nach außen gebe. Die Behörde mit Sitz in Pullach und Berlin verstehe sich weniger darauf, Informationen mit Journalisten zu teilen, sagt Gebauer, vielmehr wolle sie oft selbst Informationen aus Kontakten mit Journalisten gewinnen:

»Natürlich kennt man die lokalen deutschen Geheimdienstvertreter, weil man die in der Botschaft schonmal gesehen hat. Aber so wahnsinnig viel Kontakt ist da eigentlich nicht. Oft trinkt man mit denen mal einen Kaffee, aber es ist nicht so, dass die eine Informationsquelle sind. Die lokalen einheimischen Geheimdienstleute sind wesentlich interessanter als die Deutschen. Die Deutschen wollen meist eher etwas wissen, als das sie einem Wissen geben können« (Matthias Gebauer).

Trotz eines gewissen Vertrauensverhältnisses, das sich Gebauer durch seine langjährige Erfahrung mit und dem Auswärtigen Amt zum Beispiel bei Geiselnahmen attestiert, müsse allen Berichterstattern vor Ort klar sein, dass der deutsche Geheimdienst im Krisengebiet nicht zur journalistischen Informationsgewinnung zu Verfügung stehen. Dies bestätigt auch seine Print-Kollegin Susanne Koelbl:

»Der BND ist dort offiziell nicht als Ansprechpartner vertreten. Agenten und Residenten halten sich sehr zurück und sind offiziell für Journalisten nicht vorhanden. Das ist mit anderen Geheimdiensten anders. Ob das der afghanische Geheimdienst ist oder der pakistanische oder der amerikanische oder anderer Länder: Informelle Gespräche gibt es eigentlich immer, manchmal auch offizielle. In Afghanistan lässt sich der örtliche Geheimdienstchef auch zu Ereignissen interviewen. Das ist ein anderes Selbstverständnis und vielleicht. auch ein anderer Ansatz als unserer. Unsere haben eine andere Öffentlichkeitspolitik und der BND steht offiziell nicht zur Generierung von Informationen zur Verfügung« (Susanne Koelbl).

Gleiches sollte jedoch nach Ansicht Gebauers auch für die Journalisten selbst gelten: Was über die ohnehin veröffentlichten Informationen in seinen Beiträgen hinausgehe, kommuniziere er auch nicht an die Behörden. Einzige Ausnahme sei sicherlich der Fall der ›Ticking Bomb‹, bei der ein Reporter von einem drohenden Anschlag oder gar dem Standort eines Sprengsatzes erfahre. In dieser Situation müsse man sich überlegen, wie man handle, doch am Ende sei dies wohl eher theoretisch. Misstrauen sei angebracht, schließlich habe weder das Außenministerium noch der BND Interesse daran, dass interessante Beiträge im *Spiegel* veröffentlicht werden. Nur solle auch der Krisenreporter seine Sonderstellung nicht vergessen, sagt Gebauer; schließlich seien die Medien in Krisensituationen immer auch ein Instrument, das von den unterschiedlichen Akteuren genutzt werde: Bei Geiselnahmen erfüllten die Nachrichtenmedien seiner Ansicht nach die Funktion der Außenkommunikation der Geiselnehmer. Das sei ganz natürlich und immer dann unproblematisch, wenn der Journalist verantwortungsvoll darauf achte, sich bei Kontakten zu Verbrechern, ob nun Terroristen oder Geiselnehmer, nicht zu deren Sprachrohr machen zu lassen, sagt Gerhard Kromschröder (ehem. *Stern*). Die Prämisse müsse stets lauten, sachlich zu berichten und einen authentischen Einblick in die Denkstrukturen auch dieser Personen und Gruppierungen zu geben, mit welchen man sich als Berichterstatter aber natürlich nicht gemein machen sollte. Auch spricht sich Kromschröder vehement gegen jedwede Form von vorauseilendem Gehorsam gegenüber dem Auswärtigen Amt oder dem BND aus:

> »Ob das vom Geheimdienst stammt oder aus einem Blog: Alles ist erst mal gleich zu behandelndes journalistisches Rohmaterial. Aber ich halte nichts davon, sich als Journalist vom Staat instrumentalisieren zu lassen. Mit einer solchen Bereitschaft wird ganz schnell Schindluder getrieben, dann sind wir unsere Unabhängigkeit los. [...] Von dort ist es ein kurzer Weg zur Zensur« (Gerhard Kromschröder).

Antonia Rados (RTL) warnt in diesem Zusammenhang vor fehlender Abgeklärtheit des Journalisten und fordert eine grundsätzliche Skepsis vor jeglicher Informationsquelle ein. Propaganda machten alle, die Behörden im Krisengebiet, die Interessens- und Konfliktparteien, aber auch die Behörden daheim:

»Mir ist klar, dass die ihre Interessen haben, vor allem in Kriegsgebieten ist Propaganda ja gang und gäbe. Da kann man nur so viel wie möglich skeptisch demgegenüber sein. Aber genauso wichtig ist: Propaganda machen alle, von den Amerikanern bis zu den Taliban. Dank der modernen Technologien, sprich Mobile Phones usw., können heute alle Seiten Informationen verbreiten. Zum Beispiel würde ich sagen, dass die Taliban beinahe die bessere Propaganda-Maschinerie haben als die Bundeswehr und die Amerikaner, die zu groß, zu schwerfällig sind, zu bürokratisch« (Antonia Rados).

Beim schwierigen Thema Nachrichtensperren gehen die Ansichten der Befragten teils drastisch auseinander. Gewöhnlich gehen die Anordnungen zur Auskunftsverweigerung an sämtliche involvierten Behörden, gepaart mit der Aufforderung an die Medien, sich bei der Berichterstattung zurückzuhalten – im Fall von Geiselnahmen zum Einsatz, um die Verhandlungen mit den Geiselnehmern und gegebenenfalls Befreiungsversuche nicht zu stören oder ungewünscht zu beeinflussen. Unter den Journalisten gibt es Uneinigkeit darüber, wie sinnvoll ein staatlich verordneter Maulkorb – und betreffe er auch noch so eng umrissene Informationen – ist. Rados stimmt der Praxis, Nachrichtensperren zu verhängen und damit Menschen nicht zu gefährden, grundsätzlich zu. Das bedeute jedoch nicht, dass der Journalist sich nicht gegen gezielte Desinformationen zur Wehr setze, indem er anderweitig recherchiere, um Licht ins Dunkel zu bringen:

»Der Reporter darf nicht der sein, der das Leben von jemandem gefährdet hat, wenn er Nachrichten bringt, das ist klar. Auf der anderen Seite ist es auch so, dass auch bei Geiselnahmen eine ganz bewusste Desinformation läuft und da muss man dann auch irgendwie andere Quellen anbohren und versuchen, herauszukriegen, was denn andere sagen« (Antonia Rados).

Handelt es sich des Weiteren um solch sensible, aber tiefgreifende Fragen, ob von staatlicher Seite Lösegeld an Geiselnehmer gezahlt wurde oder nicht, pochen Reiner Luyken (*Die Zeit*) und Matthias Gebauer (*Spiegel Online*) auf ihre Freiheit, darüber auch berichten zu dürfen, da dies weitreichende Konsequenzen für die allgemeine Sicherheitslage, auch für Journalisten in Krisengebieten, habe:

»Im Irak war ich mit meinem britischen Pass. Ich habe einen britischen und einen deutschen Ausweis. Ich misstraue dem deutschen Pass, weil Deutschland ja Lösegeld zahlt und darum ist ein Deutscher vom kriminellen Standpunkt her ein wertvolleres Menschenstück, während Briten nur ein politisches Ziel sind, weil Großbritannien kein Lösegeld zahlt« (Reiner Luyken).

Gebauer verweigert sich offensiv, vonseiten des Auswärtigen Amtes ausgegebene Sprachregelungen einzuhalten: Wenn Lösegeld gezahlt werde, werde es gezahlt und das dürfe nicht verschwiegen werden. Dass sich die Medien durch die Bekanntmachung von Lösegeldzahlungen mitschuldig machen könnten an dem bereits von Luyken beschriebenen Teufelskreis, weil dadurch ein Bild entstehe, dass sich der deutsche Staat erpressen lasse, sieht Gebauer in dieser Kausalkette nicht. Vielmehr müsse enthüllt werden, dass die offiziellen Bekundungen, dass die deutsche Bundesregierung nicht erpressbar sei und nicht zahle, eine Lüge sei: »Wir haben nicht das Wort Lüge erwähnt, sondern wir haben einfach immer in dieser relativ nüchternen *Spiegel*-Art geschrieben: Es ist Lösegeld gezahlt worden, und dann kann sich der Leser daraus selber zurecht reimen, was er davon halten soll.« Wie sehr die Einhaltung von Nachrichtensperren, die es laut Gebauer im Berichterstattungsalltag ohnehin nicht mehr in der klassischen Form gebe, vom Einzelfall und dem gesunden Journalistenverstand abhängt, zeigt das Vorgehen des Chefreporters von *Spiegel Online* und seiner *Spiegel*-Kollegen bei der geplanten Befreiungsaktion eines entführten Containerschiffs vor Somalia im Jahr 2009. Durch Zufall habe damals der Afrika-Korrespondent Horand Knaup bei einem Familienurlaub in Mombasa gesehen, dass eine Gruppe deutscher alleinstehender und auffällig gut trainierter Herren in einem Hotel im kenianischen Mombasa eingecheckt hatte. Knaup informierte Gebauer und seinen Kollegen Holger Stark, die wiederum über ihre Kontakte in den Sicherheitsbehörden schnell herausbekamen, dass die muskulösen Herren Elitekämpfer der GSG9 waren: Da eine Berichterstattung über die Vorbereitungen einen erfolgreichen Zugriff mit hoher Wahrscheinlichkeit vereitelt hätte, hielt der *Spiegel* so lange still, bis die Aktion ohne Fremdeinwirkung der Medien abgebrochen wurde. Die sogenannte ›Absprache‹ mit den Behörden (fürs Stillhalten gibt es exklusive Infos) klappte auch in diesem Fall nur bedingt. Am Ende recherchierten die *Spiegel*-Leute auch während der laufenden Vorbereitungen auf eigene Faust weiter – ohne diese Nachforschungen wäre die Geschichte am Ende sehr viel dünner geworden. Erst danach erschien die mit Details gespickte Hintergrundgeschichte der

Spiegel-Reporter über die ›Mission Impossible‹ und die Defizite der deutschen Sicherheitsarchitektur.[184] Die Beziehung zwischen Krisenreportern und den behördlichen Instanzen gleichtn einem verhältnismäßig ungeordneten Zusammenspiel aus Nehmen und Geben. Korrespondenten sehen sich bei ihrer Recherchetätigkeit in unregelmäßigen Abständen mit der schwierigen Entscheidung konfrontiert, wie sie mit dem zum Teil offen bekundeten Interesse an ihren zusammengetragenen Informationen vonseiten der Botschaft und des Geheimdienstes umgehen sollen. Nicht alle Befragten haben eine so kompromisslose Haltung wie Kromschröder oder Elmar Theveßen (ZDF), der für ZDF-Reporter eine interne Direktive ausgegeben hat, dass sie ausschließlich Informationen annehmen, aber nicht herausgeben dürften. Rados hat dagegen für sich eine individuelle Lösung gefunden, mit der sie sich seit Jahren auf der sicheren Seite fühle:

>»Wenn Sie von der Bundeswehr eine Exklusiv-Geschichte bekommen, können Sie ziemlich sicher sein, die bekamen sie nur, weil die an die Öffentlichkeit kommen sollte. [...] Ich gehe damit um, indem ich jedem deutschen, iranischen oder afghanischen Geheimdienstler immer genau das sage, was ich ohnehin veröffentliche – und was ich nicht veröffentliche, hat keine Bedeutung« (Antonia Rados).

Gleichwohl könnten die Kontakte zum BND, aber auch zu ausländischen Geheimdiensten durchaus eine einschüchternde Wirkung auf Journalisten entfalten. Man müsse lernen, damit umzugehen, Ziel von Instrumentalisierungsversuchen und Einflussnahme zu sein, sagt Rados. Christoph Maria Fröhder hält es für eine Frage des Auftretens, mit welcher Bestimmtheit und Autorität man solchen mitunter auch verdeckten Kontaktaufnahmen begegne. Fröhder berichtet von etlichen wiederholten Versuchen des BND, ihn auszuspähen oder zu Gesprächen zu animieren. Sogar gedroht habe man ihm mit der Beschlagnahmung seines Materials nach den Regelungen des neuen BKA-Gesetzes:

>»Ein ganz typisches Beispiel: Ich sitze in Kabul mit dem amerikanischen Kollegen am Frühstückstisch und plötzlich kommt ein Deutscher rein, der mich gezielt anspricht und sagt: Herr Fröhder, Sie wissen doch, wenn Sie Kontakte, wie Sie es derzeit machen, zu den Taliban suchen, dass Sie da mit Terroristen paktieren werden und dass das nach dem neuen BKA-Gesetz strafbar ist und dass wir Sie

184 BESTE, RALF/GEBAUER, MATTHIAS/HÖGES, CLEMENS/KNAUP, HORAND/STARK, HOLGER/SZANDAR, ALEXANDER/ULRICH, ANDREAS (2009): Mission Impossible. In: *Der Spiegel* vom 04.05.2009, S. 22-28.

und auch Ihr gesamtes Recherche- und Filmmaterial, wenn Sie es geschafft haben, da hinzukommen, beschlagnahmen können. Den habe ich hochkant rausgeschmissen und ihm gesagt, dass ich da auch mit Herrn Uhrlau [Präsident des Bundesnachrichtendienstes] drüber reden werde über sein Vorgehen und dann ist der auch verschwunden« (Christoph Maria Fröhder).

Es gehöre traditionell zum Spiel, dass man als Krisenreporter nach einer Recherchereise im Hotel schon von Agenten des BND erwartet werde und erzählen soll, was man denn alles herausgefunden habe, erzählt Katrin Sandmann (ehem. N24). Schließlich sei man als Journalist meist schneller vor Ort und erfahre weit mehr aus der Bevölkerung, als Botschaftsangehörige und Geheimdienstler jemals zu hören bekämen. Sie behelfe sich bei solchen Aushörversuchen meist damit, nur Allgemeinplätze von sich zu geben. Andere Korrespondenten wehrten sich gegen die teils perfiden Aushorchversuche von Geheimdienstmitarbeitern mit einem journalistisch interessanten, aber sicherheitspolitisch scheinbar irrelevanten Themenfokus.

Als unentschuldbarer, aber letztlich folgenloser Skandal wurde die Bespitzelungsaffäre rund um Susanne Koelbl eingestuft. Die *Spiegel*-Korrespondentin wurde, angeblich nur durch einen unglücklichen Zufall, vom BND ausgespäht, weil sie in Kontakt mit dem afghanischen Industrie- und Handelsminister Amin Farhang stand, auf dessen Computer ein Spähprogramm installiert war.[185] Das Vorgehen des BND wird im Expertenkreis strikt verurteilt. Koelbl selbst weist auf die »erhebliche politische Dimension« der Bespitzelung einer Journalistin durch ein Staatsorgan hin, sieht sich aber auch als Kollateralschaden, der aufgrund einer BND-internen Intrige zustande kam. Nichtsdestotrotz beklagt sie, dass der Vorfall keine nachhaltigen personellen Konsequenzen für die Verantwortlichen hatte. Eine gravierende Folge sei jedoch, dass ihr Kontaktnetzwerk unter Druck geraten sei, weil die Kommunikation nicht mehr sicher schien:

> »Es wird einfach weniger am Telefon und weniger über E-Mail gesprochen, da wird nur noch Zeit und Ort einer Begegnung verabredet und vielleicht ist das überhaupt die Lehre daraus, dass man einfach diese Kommunikationsmittel nicht wirklich für inhaltliche Absprachen nutzt. Was natürlich auf die Distanz manchmal schwierig ist. [...] Ich glaube, dass der BND aktuell kein Interesse haben kann, dass sich das wiederholt. Es wäre eine unverzeihliche Wiederholung, die

185 HEBESTREIT, STEFFEN (2008): BND-Chef kommt davon – vorerst. Abgeordnete rügen Bespitzelung einer Journalistin als ›erhebliche Grundrechtsverletzung‹. In: *Frankfurter Rundschau* vom 25. April 2008, S. 5.

klare Konsequenzen nach sich ziehen würde. Und diese Konsequenzen können die, die dafür verantwortlich sind, bestimmt nicht wollen. Insofern habe ich jetzt, was den BND angeht, nicht die größten Bedenken. Dass aber solche Dinge geschehen, ob das nun Pannen oder gewollte Aufklärungs-Ergebnisse sind, wird immer wieder passieren. Mein Vertrauen in die Datensicherheit bei Telefongesprächen oder E-Mails ist generell nicht sehr groß. Dieses Ereignis hat mich vorsichtiger gemacht im Umgang mit Kommunikationsmedien, nicht sonst, aber einfach in der Wahl der Mittel. Und es hat mich natürlich auch sensibilisiert dafür, dass der BND nicht der einzige Geheimdienst ist, der sich für die Arbeit von Journalisten interessiert« (Susanne Koelbl).

Gerhard Kromschröder (ehem. *Stern*) beurteilt die Lage insgesamt weniger gelassen: Der deutsche Staatsapparat nehme auch im Umgang mit Journalisten immer stärkere Züge eines Kontrollstaates an, der unter der offensiven Verdachtshaltung bei der Gefahrenabwehr und Terroristenverfolgung neue Formen der Kontrolle durchzusetzen versuchte, indem ein gesellschaftlicher Konsens dafür geschaffen werden solle:

»Die Frage ist immer: Was ist eine terroristische Aktion? Wir kennen das ja: Wer heute noch als Freiheitskämpfer gefeiert wurde, wird morgen als Terrorist verdammt – und umgekehrt. Was mich im Moment viel eher beunruhigt, ist der Versuch des Staatsapparats, mit der Behauptung der terroristischen Gefahrenabwehr neue Formen der Überwachung einzuführen, die immer ausgefuchster und feinmaschiger werden. Damit wird das, was man mal als Versprechen der grenzenlosen Freiheit im Internet verstanden hat, konterkariert und genau ins Gegenteil verkehrt. Da stehst du dann plötzlich nackt da, die lesen deinen E-Mail-Verkehr, gucken deine Fotos an, kennen deinen Kontostand. Dabei hat da der Staat nichts zu suchen, mit welcher Begründung auch immer. Das hat natürlich besondere Konsequenzen für uns Journalisten. Wir stehen unter Beobachtung, können nicht mehr ungestört und unabhängig arbeiten. Big brother is watching you. Ich sehe darin auch die Gefahr der Einschüchterung. Vielleicht will man uns damit, begründet als terroristische Gefahrenabwehr, den Schneid abkaufen, kritisch darüber zu berichten, was in diesem Land auf höchster Ebene schiefläuft. Man könnte darin auch den Versuch sehen, uns einzugemeinden und zu ›embedded journalists‹ des Staatsapparats zu machen« (Gerhard Kromschröder).

Dennoch erscheint es manchen Befragten als sinnvoll und erstrebenswert, Kontakt mit den deutschen Behörden zu halten und sich auf einen wie auch immer gearteten Austausch einzulassen. Wer als Krisenreporter keinen Kontakt zum Auswärtigen Amt habe, mache etwas falsch, konstatiert Sandmann. So groß das Interesse des Ministeriums sei, so konstruktiv könne – bei aller Zurückhaltung im Detail – auch aus eigenem Interesse der Austausch über die Sicherheitslage und politische Strategien sein. Susanne Fischer geht noch weiter und berichtet von ihrem regen Kontakt mit der deutschen Botschaft im Irak, der sich für beide Seiten als lohnenswert herausgestellt habe:

»Die Botschaft hatte durchaus auch großes Interesse daran, im Kontakt zu bleiben, weil wir uns als Journalisten sehr viel mehr und freier bewegen konnten. Aufgrund der strengen Vorschriften, die sie vom Auswärtigen Amt haben, durften sich die Botschaftsleute ja nur nach einem bestimmten Sicherheitsprotokoll bewegen und waren zum Teil sehr abgeschnitten von der Lebenswirklichkeit der Iraker. Und die waren dann immer ganz dankbar, wenn sie ein bisschen mehr mitbekommen haben, als sie es aus den normalen Berichten, die sie erhielten, erfahren haben. Das war für die Botschaft, glaube ich, schon ganz nützlich. Ich habe die Botschaft aber auch selbst immer als sehr hilfreich empfunden« (Susanne Fischer).

Zum normalen Prozedere gehört es für die meisten Korrespondenten, sich bei Reisen in Krisengebiete beim Auswärtigen Amt abzumelden, damit im Notfall Rettungsmaßnahmen eingeleitet werden können. Der Kontakt zum Auswärtigen Amt wirke sich positiv auf das persönliche Sicherheitsgefühl aus, bestätigt unter anderem Maike Rudolph (NDR): Wenn die Behörde wisse, wo sie sich ungefähr befinde, sei das zwar beruhigend, bedeute aber noch lange nicht, dass die jeweilige Botschaft für einen Journalisten automatisch ihre diplomatischen Zwänge überwinden könne. Jeder Krisenreporter müsse sich im Klaren sein, dass man sich nie sicher sein könne, inwieweit die Behörden des eigenen Landes im Ernstfall wirklich eine Hilfe sein könnten: »Sie sind manchmal so eingeengt durch diplomatische Zwänge, dass ich es eher sehr ernüchternd fand und in einigen Situationen sogar kontraproduktiv und nicht gerade hilfreich.«

Abgesehen von potenziellen Notsituationen wie Entführungen, Verwundungen, Evakuierungen oder wenn der Journalist in entlegenen Regionen festsitzen sollte, versprechen sich einige der Befragten auch eine hilfreiche Vorbereitung ihrer Kriseneinsätze durch das Auswärtige Amt: »Wenn ich in ein richtiges Krisengebiet fahren würde, selbstverständlich würde ich mich dann entsprechend informieren. Wenn ich nach Afghanistan fahre und zwar außerhalb von ministeriellen Konvois, dann würde ich mich nochmal ganz anders darauf vorbereiten«, sagt Ariane Reimers (NDR). Nützliche Hinweise erhalten Korrespondenten auch von parteinahen Stiftungen wie der Friedrich-Ebert-Stiftung oder der Konrad-Adenauer-Stiftung, die sich in Entwicklungs- und Schwellenländern für die Förderung der politischen

Bildung einsetzen und sich nach Erfahrung von Fiona Ehlers (*Der Spiegel*) anbieten, um Themen zu sondieren und heikle Kontakte zu Dissidenten oder Frauen- und Bürgerrechtlern vermittelt zu bekommen.

Das Abwägen zwischen einer notwendigen Verständigung mit den deutschen Behörden und der Wahrung professioneller Distanz wird durch das tief sitzende Misstrauen insbesondere erfahrener Krisenreporter erschwert, das der immer wieder negativ auffallenden Kommunikationspolitik von Ministerien und Geheimdienst gilt. Wie weit sich Korrespondenten einzulassen bereit sind, ist indes nicht nur eine Frage beim Umgang mit den zivilen Staatsorganen, sondern stellt sich bei der Berichterstattung aus Konfliktregionen in besonders akuter Weise auch bei der Zusammenarbeit mit dem Militär:

»Ich misstraue den Apparaten, den Behörden. Da gehören Geheimdienste dazu und besonders das Militär, denen ich nicht sehr viel zutraue. Ich bin eigentlich immer eher ein Einzelgänger gewesen und habe geradezu eine Aversion, mich zum Teil eines Apparates machen zu lassen. Ich halte das Embedding-Konzept für eine eklatante Fehlentwicklung« (Gerhard Kromschröder).

Schlussfolgerungen

Krisenreporter erfahren durch Geheimdienste und das Auswärtiges Amt praktisch gar nichts. Das Vertrauen der Korrespondenten in die Informationsdienste offizieller Stellen tendiert gegen Null. Vielmehr wenden sie sich allenfalls an die Behörden, um sich für eine Reise in ein Krisengebiet ›abzumelden‹ – für den Fall, dass ihnen etwas zustößt, damit Angehörige und Redaktion rechtzeitig informiert werden. Nur im äußersten Notfall werden Journalisten nach Aussage einiger Befragter vom AA als ›Berater‹ und Informanten in Krisensituationen hinzugezogen, ansonsten herrscht *strikte Informationsblockade.*

Wenn es doch zu einer Kooperation zwischen Krisenjournalisten und deutschen Behörden kommt, dann ist diese in erster Linie von einseitigen *Instrumentalisierungsversuchen* gekennzeichnet: Die Dienste, Behörden und anderen offiziellen Stellen versuchen, Journalisten aktiv auszuhorchen und – im Extremfall – für ihre Zwecke einzuspannen. Diese Bestrebungen werden von den Korrespondenten jedoch eher gelassen betrachtet und nicht als Bedrohung ihrer Arbeit eingeschätzt, zumindest nicht unmittelbar. Dennoch misstrauen einige Krisenjournalisten insbesondere dem Bundesnachrichtendienst.

> Das Verhältnis zwischen Auswärtigem Amt und Bundesnachrichtendienst
> auf der einen und deutschen Krisenjournalisten auf der anderen Seite ist
> gekennzeichnet durch starkes Misstrauen und einseitige Ausnutzung.

3.3.7 Eingebettet:
Das Verhältnis zum Militär

»Der Weg zum Krieg führt über die Armee«, sagt Katrin Sandmann (ehem. N24) und wiederholt damit nicht nur eine Binsenweisheit. Für viele Journalisten gibt es keine Alternative zum Schulterschluss mit dem Militär, um aus Territorien berichten zu können, die nicht oder nicht ausreichend unter staatlicher Kontrolle stehen und damit als unsicheres, gefährliches Kampfgebiet gelten. Entsprechend haben Krisenreporter auch hier mit der Schwierigkeit zu kämpfen, sich in die Obhut einer staatlichen Ordnungsmacht und dadurch auch in ihre direkte Abhängigkeit zu begeben.

In jüngerer Vergangenheit sammelten deutsche Korrespondenten bei ihren Kriseneinsätzen im Irak und in Afghanistan in der Regel hauptsächlich Erfahrungen mit der US-Armee und der Bundeswehr. Dort genießt der Journalist zwar militärischen Schutz und darf die Soldaten auch auf Patrouillenfahrten und, wie im Fall des Irak-Krieges, sogar bei Kampfhandlungen begleiten. Wenn ein Journalist jedoch Auskünfte verlangt oder hofft, von selbst relevante Informationen vonseiten des Militärs zu erhalten, merke er sehr schnell, dass man nur etwas erfahre, wenn es aus Sicht der Leitungsoffiziere gezielt an die Öffentlichkeit kommen solle, sagt Antonia Rados (RTL). Wer sich einen Mehrwert für seine Recherchen von der Bundeswehr verspricht, der müsse sich auf die Regeln und Logiken des Militärapparats einlassen:

> »Ohne mich den Regeln der Bundeswehr zu unterwerfen, komme ich nicht an
> sie ran. Sie können sich nicht vor dem Tor eines Camps aufstellen und fragen:
> Hallo, können Sie mich jetzt mitnehmen auf Patrouille? Wenn Sie sich nicht
> anmelden und sagen: Ich möchte übermorgen auf Patrouille mit Ihnen fahren,
> dann nehmen die Sie erst gar nicht mit, aus Sicherheitsgründen, aber auch
> weil sie den Fluss der Informationen vorbereiten bzw. kontrollieren wollen«
> (Antonia Rados).

Sich von der Bundeswehr oder dem Militär der NATO-Bündnispartner ›einbetten‹ zu lassen, ist laut Auskunft der befragten Korrespondenten mittlerweile eine anerkannte Recherchemethode, über die gemeinhin keine hitzigen Debatten mehr geführt werden. Susanne Koelbl (*Der Spiegel*) begründet ihre mehrmalige Zusammenarbeit mit Armeen unterschiedlicher Nationen damit, dass sie von ihren direkten Eindrücken vom Soldatenleben auch viel profitiert habe. Daher sei das Embedding nicht von vornherein als zweifelhafte Form der journalistischen Recherche zu verurteilen, Voraussetzung sei allerdings, dass auch die Perspektiven der anderen, der Zivilisten, der Regierung, der Gegner, ebenso intensiv recherchiert würden. Über das Für und Wider des Embeddings werde in Deutschland die falsche Diskussion geführt, meint Stephan Kloss. Erstens gehöre es längst zum Tagesgeschäft und zweitens wäre eine Berichterstattung über die Bundeswehr selbst unmöglich, wenn man sich nicht embedden ließe. Heutzutage würden sich ganze »Flugzeugladungen« von Journalisten in die Hände des Militärs begeben, so Ulrich Tilgner (SF). Kloss unterstreicht, dass es freilich umso wichtiger und notwendig sei, sich sein eigenes kritisches Denken zu bewahren, wobei vor allem die US-Armee durch die längeren und durchaus kontroversen Erfahrungen mit der Embedding-Methode mittlerweile ein merklich aufgeschlosseneres Verhältnis zu den Perspektiven und Intentionen von Krisenreportern hätte und kritisches Denken und Fragen zuließe.

»Jeder deutsche Journalist, der über die Bundeswehr berichtet, ist dort embedded. Der trägt einen Helm und eine Weste. Ob der in Kundus oder Faisabat oder Mazar-e-Sharif ist, ohne die Armee oder dort angemeldet zu sein, Papier auszufüllen und einen Ausweis zu haben, geht das alles gar nicht« (Stephan Kloss).

Die offenkundigen Vorteile für Krisenreporter, sich beim Militär einzuhaken, betreffen in erster Linie die überwiegend ungehinderten Einblicke in die Organisationsabläufe und in die Psyche der Soldaten – ein Thema, das automatisch an Gewicht gewinnt, wenn eine Nation sich im Ausland militärisch engagiert. Koelbl nennt darüber hinaus noch einen ganz pragmatischen Vorzug: Vor allem Journalisten kleinerer Zeitungen, die über Soldaten ihrer Region berichten wollen, hätten die Möglichkeit, wie bei einer Pauschalreise in Winkel von Krisengebieten wie Afghanistan zu kommen, in die sie allein nicht vordringen könnten:

»Wenn ein Reporter sich mit der Bundeswehr zusammentut, dann sagt er dem zuständigen Offizier beim Einsatzführungskommando in Potsdam: Ich möchte da gerne hin und wie, wann, wohin kann ich? Dann stellen die ihm eine Art Programm zusammen. Dann wird er dort in Empfang genommen und kann vielleicht auch in dem betreffenden Camp wohnen. Er fliegt dann über Termez in Usbekistan und von dort weiter nach Kundus oder Masar-e-Sharif, bleibt dann dort im Lager und fährt vielleicht einmal mit auf Patrouille raus. Das ist dann der Kontakt mit der Außenwelt oder es kommen mal irgendwelche Stammesobereren und Kontaktleute ins Camp und vielleicht kann der Reporter mit denen dann auch mal sprechen. [...] Das hat natürlich etwas sehr Artifizielles an sich [...]: Man sitzt dort, erlebt den Bundeswehralltag und irgendwann fliegen die Reporter dann auch wieder raus. Eingebettete Journalisten haben also selber organisatorisch nicht allzuviel zu bewältigen« (Susanne Koelbl).

Daher stelle das Embedding immer einen Kompromiss dar, auf den sich der Korrespondent bewusst einlasse. Wie Kromschröder argumentiert, bestehe die journalistische Unabhängigkeit nicht in einer Gesprächsverweigerung, sondern in der Kommunikation mit allen beteiligten Seiten und einem eigenständigen Urteil. Dass dies in einem militärischen Arbeitsumfeld und bei einem entsprechend eingeengten Wahrnehmungsspektrum nur schwer einzuhalten sei, bestätigt Stephan Kloss, der einräumt, dass die ausbalancierte Recherche beim Embedding leicht ins Hintertreffen gerate. Im konkreten Fall heiße das: Wer mit der Bundeswehr reise, befrage häufig nicht die Afghanen selbst.

Delikat wird es, wenn das Militär Druck auf Journalisten ausübt, sich entweder seinen Regeln zu unterwerfen oder bei Auskunftsgesuchen keine Antworten zu erhalten. Wenn die Bundeswehr schweigt, ist das nicht unbedingt auf die spärliche Informationslage zurückzuführen, sondern auf einen Grundsatz der militärischen Kommunikationsstrategie, die Christoph Maria Fröhder wie folgt beschreibt: Die Bundeswehr rede nur mit Korrespondenten, die sich embedden ließen. Als er einem Offizier in Afghanistan bei einem karitativen Einsatz in einem Dorf eine Frage stellte, habe der ihm geantwortet: »Herr Fröhder, keine Antwort darauf. Noch nicht einmal ohne Kamera. Wir sind ganz massiv vor Leuten wie Ihnen gewarnt worden, Sie haben ja wohl abgelehnt, sich embedden zu lassen und wir arbeiten nur mit Leuten zusammen, wenn sie embedded sind und ein Presseoffizier dabei ist.« Diese von Fröhder kritisierte Ungleichbehandlung wird dann noch weiter verkompliziert, wenn exklusive Medienkooperationen von einzelnen Politikern vereinbart werden und ihre Ambitionen mit den Kommunikationsregeln und der Außendarstellung des Militärs konfligieren – wie Ulrich Tilgner (SF) es bei einem Truppenbesuch des ehemaligen Bundesaußenministers Frank-Walter Steinmeier in Afghanistan erlebt hat:

»Steinmeier war mit zwei Leuten von der *Bild*-Zeitung unterwegs, die exklusiv auf *Bild Online* jeden seiner Schritte beschrieben haben. Ich habe zu dieser Zeit die

Bundeswehr als Transportmittel genutzt, weil ich möglichst schnell nach Kundus wollte, aber war sonst völlig auf mich allein gestellt. Dann aber erlebte ich etwas Unsägliches: Als ich den Presseoffizier fragte, ob Steinmeier dagewesen sei, antwortete der mir: ›Ich kann Ihnen nicht sagen, ob Herr Steinmeier hier war oder nicht. [...] Ich sage gar nichts mehr, wir sind hier stinksauer.‹ Ich habe gefragt: ›Warum?‹ ›Wegen der Berichterstattung und Veröffentlichung von Fotos in der *Bild*-Zeitung über die 3 Toten. Deswegen machen wir hier zu.‹ [...] Diese Exklusivgeschichten in der *Bild* von Politikern sind sehr sehr ärgerlich, und das merkt man an solchen Punkten« (Ulrich Tilgner).

Durchweg schlechte Erfahrungen haben die befragten Journalisten bei ihren persönlichen Bundeswehreinsätzen bei der Kontaktaufnahme mit der Bevölkerung gemacht. Es habe den Eindruck gemacht, als ob Dorfbewohner, Stammesangehörige und Nomaden in Anwesenheit von Soldaten nicht offen und authentisch mit den Krisenreportern haben reden können. Stets sei große Zurückhaltung und Hemmungen zu spüren gewesen. Auch werde man als Journalist von den Einheimischen schlichtweg angelogen, wenn man mit dem Militär unterwegs sei:

»Das ist einer der absurden Teile der Kriegsberichterstattung. Man muss ja kein Einstein sein, um festzustellen, dass, wenn man in ein Dorf kommt und amerikanische Soldaten daneben stehen, dass die nichts gegen die Amerikaner sagen werden. Oder wenn ich mit den Deutschen irgendwo auf eine Mission gehe und die sagen: Wunderbar, diese Schule haben wir da aufgebaut. Dann erfahre ich natürlich auch nichts anderes als das, was die Deutschen wollen. Obwohl sich die Presseoffiziere meistens schamhaft wegdrehen, so blöd sind die Afghanen nicht, ausgerechnet da die Deutschen zu kritisieren« (Antonia Rados).

Bei den Taliban sei das im Übrigen nicht anders. Im Beisein von Kriegsherren und Terrorfürsten würde man als Journalist ebenfalls nichts Ehrliches von den einfachen Leuten hören. Das Interesse der lokalen Bevölkerung bestehe verständlicherweise darin, nicht negativ aufzufallen, sondern so unbehelligt wie möglich ihr Leben zu leben.

Der Pakt mit dem Militär erweist sich demnach für den Krisenreporter als relativ sicheres, aber für eine ausgeglichene Berichterstattung nur eingeschränkt taugliches Unterfangen. Die Möglichkeit, die jeweils andere Seite zu sehen, auszufragen, anzuhören, sei für eingebettete Korrespondenten so gut wie unmöglich, erklärt Susanne Koelbl (*Der Spiegel*), weil das Militär den Journalisten für die Dauer der Zusammenarbeit nicht aus den Augen lasse, auch, weil sich die zuständigen Ränge für den Berichterstatter verantwortlich fühlten. Es sei daher schwierig, wieder aus den »Fängen der Armee« herauszukommen, sagt Sandmann. Ein Distanzverlust zum Beobachtungsobjekt stelle sich schleichend ein:

>Wenn man drei Wochen mit denen herumreist und mehr oder weniger mit denen in einem Zelt schläft, dann kann man sich einer gewissen Nähe zum Schluss einfach nicht mehr entziehen, und ich glaube, dass man dann teilweise auch Sachen anders sieht, als man sie noch vorher gesehen hätte. Auch wenn man drei Wochen neben den hergefahren wäre, ohne Kontakt zu haben. Das ist einfach bedauerlich, aber menschlich« (Katrin Sandmann).

Wer sich embedden lasse, könne kaum etwas gegen die korrumpierende Nähe ausrichten, meint auch Carolin Emcke (*Die Zeit*). Jeder Krisenreporter solle es aber einmal selbst an sich ausprobiert haben, um zu erfahren, was mit einem in dieser Gemengelage geschehe. Die bereits einschlägig diskutierte und belegte Gefahr der Identifizierung mit den Soldaten sei ständig akut, glaubt auch Souad Mekhennet (*New York Times*, ZDF):

>Natürlich gibt es aber auch immer die Gefahr, dass Kollegen, die embedded sind, sich ein bisschen zu sehr mit den Truppen identizieren, und das ist das Problem, weil Sie sind von diesen Truppen abhängig. [...] Man hockt aufeinander und wir sind alle nur Menschen. Man kommt mit den Leuten ins Gespräch und die erzählen einem dann von der Familie usw. Ich erinnere mich, als der Irak-Krieg anfing, waren einige amerikanische Kollegen dabei, die so berichtet haben, als wenn sie selbst auf einmal ein US-Army-Soldier wären: Wir haben jetzt den und den Punkt eingenommen usw. Und da dachte ich nur: Meine Güte, da hat aber jemand ganz schön die Distanz verloren« (Souad Mekhennet).

Durch die räumliche und intersubjektive Nähe komme es zu einer Wirklichkeitsverfremdung, die den Reporter gefangen nehme und schnell vorgaukeln könne, die verzerrte Wahrnehmung durch die Militärperspektive sei akkurat. Leicht würde für die Soldaten Partei ergriffen und der Journalist merke nicht, wie er hineinschlittere in eine falsche Wirklichkeit, in der er sich bewege, sagt Ulrich Tilgner (SF):

>Das Wort Kino finde ich sehr schön passend, denn dort läuft ja ein Film ab, der mit der Wirklichkeit vor Ort nicht übereinstimmt. Und vom Embedding weiß mittlerweile jeder, dass es gefährlich ist. Man macht es, man schlittert da so rein und jetzt kommt der Punkt: Den deutschen Soldaten werden von den deutschen Kollegen natürlich grundsätzlich hehre Absichten unterstellt. Dass die Afghanen sie aber ganz im Gegenteil in einer Kette von 1000-jähriger Besatzung sehen, ist natürlich gar nicht klar« (Ulrich Tilgner).

Das Risiko einer zwischenmenschlichen Sympathie spricht natürlich nicht jedem eingebetteten Journalisten automatisch seine kritische Urteilsfähigkeit ab. Die Befragten fordern demgemäß eine hohe professionelle Kompetenz des Krisenreporters im direkten und längerfristigen Umgang mit militärischen Angehörigen, um sich selbst in Stresssituationen nicht auf deren Seite zu schlagen und sich nicht dem gefährlichen Risiko eines Lagerkollers auszusetzen. Antonia Rados (RTL) hält es daher auch zum Zwecke der Transparenz und Nachvollziehbarkeit für unabdinglich, dass Krisenreporter, die sich embedden lassen, dies auch in ihren Berichten in aller Deutlichkeit dem Publikum vermitteln, damit immer klar sei, wer mit wem reise und was dies für Auswirkungen auf die Berichterstattung haben könnte:

»Embedden ist eine Art, den Beruf auszuüben, die ohne Weiteres akzeptabel ist. An der überhaupt nichts auszusetzen ist, außer dass Leser bzw. Zuhörer und Zuseher es wissen sollten. Dass man dazu sagen muss, mit wem man und dass man embedded ist. [...] Zwei, drei Mal habe ich im Lager der Deutschen, z.B. in Kundus, übernachtet, gehe aber hinaus und fliege nicht mit den Deutschen hin. Eine zu große Nähe ist für einen Reporter nicht gut« (Antonia Rados).

Als Frau habe sie jedoch auch hier einen entscheidenden Vorteil, denn schließlich sei das Distanzproblem auch immer eine Mentalitätsfrage: Armeen hätten bekanntlich einiges mit Uniformen und Waffen zu tun – und dem stünden Männer vermutlich näher als Frauen. Das helfe dabei, die »Macht der Propagandamaschine der Armeen« zumindest etwas zu relativieren. Doch ob es sich nun um einen geschlechtsspezifischen Argwohn gegenüber militaristischen Merkmalen und Utensilien handelt oder um die mühsamer aufrechterhaltene Integrität des Journalisten: Am Ende des Nachrichtentages zähle, wie berichtet wurde und ob die Prinzipien wahrheitsgetreuer Berichterstattung eingehalten wurden, wozu auch gehöre, dem Publikum zu erklären, was man habe unterschreiben müssen, damit es sich ein Urteil bilden könne, sagt Elmar Theveßen vom ZDF:

»Da werden ja regelrecht Verträge unterschrieben: Rules of Engagement, Ground Rules o.Ä. und das muss man in der Berichterstattung dann auch klar und deutlich machen. Und man muss ständig in der Berichterstattung überprüfen, ob der Journalist, der dort ist, seine Distanz auch wirklich weiter wahrt. Dass er über etwas berichtet, was nur ein Ausschnitt der Wirklichkeit ist, ist überall in der Berichterstattung so« (Elmar Theveßen).

Damit wird ein Problem angesprochen, das nach Tilgners Auffassung an Brisanz gewinnt, je weniger erfahrene Krisenreporter es gebe und je größer die Kompetenzmängel beim journalistischen Nachwuchs seien. Dieser kann auch in einer verstärkten Abhängigkeit des Reporters von der Militärkommunikation münden und von einer unkritischen Haltung gegenüber der Armee begleitet werden. Das Prinzip des Embeddings hat sich in diesem Licht daher keineswegs überlebt, sondern hat durch seine breite Adaption in Korrespondentenkreisen und die Alltäglichkeit des Umgangs zwischen Medien und Militär noch entscheidend an Relevanz dazugewonnen. Christoph Maria Fröhder stellt die Frage, »warum man als Journalist so etwas eingehen muss«, wenn doch jedem klar sein müsse, dass die Bewegungsfreiheit kontrolliert werde und massiv eingeengt sei. Carolin Emcke wundert sich ebenso darüber, dass sich das Prinzip trotz aller nachhaltigen Kritik weiterhin behaupte und Berichte entstehen lasse, die sich einfach furchtbar lesen ließen. Die derzeitige Lage verlange, dass Krisenreporter ihr persönliches eingeschränktes Handeln noch stärker in Frage stellten und sich gegenüber den Heimatredaktionen und letztlich auch dem Mediennutzer erklärten.

Schlussfolgerungen

Trotz massiver Kritik an der Vereinnahmung der Journalisten durch das Militär während des Irak-Kriegs im Jahr 2003 hat die *Embedding-Praxis* weiterhin Hochkonjunktur: Für zahlreiche Redaktionen, national wie international, überwiegen die Vorteile der Zusammenarbeit mit den militärischen Delegationen in Krisenregionen. Vorrangig werden das Schutzbedürfnis und das thematische Interesse an den Angelegenheiten der heimischen Truppen an der Front genannt, um die kooperative Annäherung zu rechtfertigen.

Durch das *Embedding* stellt sich ein *professioneller Distanzverlust* ein, der den unvoreingenommenen Blick der Korrespondenten auf die jeweilige Krise manipuliert. Dennoch ist eine kontrollierte Tuchfühlung mit den Soldaten und ihren Befehlshabern notwendig, um ihre Perspektive auf Konflikte oder Krisen sowie ihre Belange einordnen zu können.

Als problematisch wird die *Kommunikationspolitik* der Bundeswehr eingestuft, die nur dann direkte Einblicke in und konkrete Auskünfte über ihre Arbeit gewährt, wenn sich der Korrespondent oder Reporter embedden lässt. Dabei lässt die Transparenz aufseiten der Journalisten über die Folgen des Embeddings zu wünschen übrig, was wiederum auf eine – allenfalls rudimentär vorhandene – Bereitschaft zur Selbstkritik bei Redaktionen und Krisenreportern zurückzuführen ist, die sich für diese Form der Berichterstattung entscheiden.

Vor allem die sicherheitsbedingte Kooperation mit dem Militär (*Embedding*) verkompliziert die tägliche Arbeit für Krisenjournalisten: Eine Berichterstattung ohne Militärkonvois ist in vielen Krisenregionen ebenso wenig denkbar wie die hautnahe Recherche.

Die Nähe zum Objekt ihrer Berichterstattung – z. B. Terroristen, Geiselnehmer, Kriegsparteien, Krisenopfer – einerseits und die enge Zusammenarbeit mit Militär, Geheimdiensten, Unterhändlern und Auswärtigem Amt andererseits bringt Krisen- und Kriegsberichterstatter in eine selbst verschuldete Zwangslage: Die Befangenheit und Parteinahme geht mit einer Gefahr der Manipulation und Instrumentalisierung durch beide Seiten einher, was eine unabhängige, faire Krisenberichterstattung verunmöglicht.

4. KRISENJOURNALISMUS AUF DEM PRÜFSTAND: PRAKTISCHE LÖSUNGSMODELLE UND HANDLUNGSEMPFEHLUNGEN

Um über mögliche praxisorientierte Vorschläge und Konzepte sprechen zu können, wie der Krisenjournalismus insgesamt verbessert werden kann, ist es notwendig, sich abschließend mit den konkreten Problemen, Friktionen und Mankos des Tätigkeitsfeldes zu befassen. Ausgehend von den analysierten Intensiv-Interviews mit den Krisenjournalisten in Kap. 3 der vorliegenden Studie sowie im Rückgriff auf den Literaturbericht zum Forschungsstand in Kap. 2 sollen daher auf Grundlage einer Zusammenfassung der von den Befragten identifizierten Missstände im Krisenjournalismus einige Lösungsoptionen und Handlungsempfehlungen formuliert werden. Im Vordergrund stehen dabei (1) die *Schärfung des krisenjournalistischen Berufsprofils*, (2) *die Professionalisierung des Tätigkeitsfeldes* sowie (3) die *Verbesserung der betreffenden Ausbildungsmöglichkeiten* (3).

4.1 Missstände und Herausforderungen aus Sicht der Krisenjournalisten

Aus Sicht der Krisenjournalisten lässt sich eine Reihe offensichtlicher, mitunter delikater Probleme benennen, die ihre Tätigkeit vor teils geringfügige, teils aber auch schwerwiegende Herausforderungen stellen. Der Übersichtlichkeit halber stellen wir diese von den Befragten *selbst genannten Missstände*, die sich mitunter mit den Analyse-Ergebnissen aus Kap. 3 doppeln, im Folgenden anhand einer Aufzählung – ohne Gewichtung der Aspekte – vor:

Weil sich Krisenberichterstatter gelegentlich von professionellen Instinkten leiten lassen und sich auf persönliche Erfahrungswerte und ihr Bauchgefühl verlassen, stufen einige der befragten Journalisten den *Improvisationscharakter vieler journalistischer Kriseneinsätze* als nicht ganz unproblematisch ein – unter Hinweis darauf, dass »man in gefährlichen Situationen nicht improvisieren« solle (Antonia Rados).

Auch bemängeln einige Krisenreporter, dass sie – ungeachtet der technisch-apparativen Ausstattung – seitens der Redaktionen *nicht oder nur wenig bei der konkreten Arbeit vor Ort unterstützt werden und in der Regel auf sich allein gestellt seien*: »Die Redaktion kann einen nicht gut vorbereiten, weil die Redaktion im eigentlichen Sinne gar nicht da ist, wo wir sind. Die Redaktion ist sehr professionell und umsichtig, wenn es darum geht, dass wir ein Satellitentelefon bekommen, schusssichere Westen, dass wir versorgt waren mit dem, was wir brauchten«, sagt Christoph Reuter vom *Stern*.

Ein selbst auferlegtes *Dilemma bergen vor allem Gefahrensituationen in sich, wo es im Ernstfall um Leib und Leben* der in die Krisengebiete entsendeten Korrespondenten und Reporter geht. Sicherheitsaspekte stünden zwar an erster Stelle und es werde niemandem ein Vorwurf daraus gemacht, wenn er eine journalistische Mission bei persönlichen Bedenken plötzlich abbreche. Dennoch: »Letzten Endes müssen jene, die draußen sind, selbst einschätzen: Geht das noch oder geht das nicht?« (Christoph Reuter).

Auch wenn einige der Befragten betonen, es komme gerade in Krisensituationen auf den »gesunden Menschenverstand« (Susanne Fischer), exzellente Kontakte, rationales Denken und eine pedantische Recherche (Rados: »wie ein Kriminalinspektor«) an, berge das unter Krisenjournalisten *weit verbreitete Autodidaktik-Prinzip* langfristig ein »enormes Risiko« (Fischer). Einige sind daher prinzipiell offen für professionelle Richtlinien und mehr handwerkliches Training im Bereich der journalistischen Aus- und Weiterbildung – »Auf Glück allein sollte man sich nicht verlassen« (Antonia Rados).

Als Missstand wird auch die *mangelnde Erfahrung und das Unverständnis der Journalistenverbände* empfunden, die offenbar wenig praxisorientierte Konzepte und Kompetenzen vorweisen können, wenn es um die außenwirksame Bündelung, Regelung und Durchsetzung von Interessen speziell in diesem Tätigkeitsfeld geht. Dass das teils selbstreferenzielle, teils auch praxisferne Verbandsengagement ein eigenes Ding sei, könne »man wohl laut sagen« (Christoph Maria Fröhder).

Handlungsbedarf wird nicht nur auf praktisch-handwerklicher Ebene gesehen, sondern auch auf inhaltlicher Ebene der Berichterstattung: Wenngleich die selbst auferlegte Zurückhaltung und der »relativ verantwortungsvolle« Umgang (Katrin Sandmann) der deutschen Medien mit ethisch bedenklichen Nachrichtenbildern (Hinrichtungen, Geiselnahmen, Massaker etc.) aus Kriegs- und Krisengebieten gelobt wird, monieren einzelne Krisenjournalisten, dass vor allem der (langfristigen) *Beobachtung von Krisen generell zu wenig Nachrichtenflächen eingeräumt* würden.

Als weiteres Dilemma wird ein *Sog der Krisenberichterstattung aller verfügbaren Medienangebote* identifiziert. Vor allem die Verfügbarkeit und Schlagzahl der Agenturmeldungen erhöht den Druck auf die Heimatredaktionen, in der eigenen Berichterstattung alles Berichtenswerte berücksichtigen, alles zusammenführen zu müssen. Dadurch werde häufig von den einzelnen Reportern und Korrespondenten vor Ort erwartet, Krisenereignisse ebenfalls umfassend abzudecken – anstatt »nüchtern den Nachrichtenstand aus verschiedenen Quellen abzubilden«, wie Matthias Gebauer (*Spiegel Online*) vorschlägt. Es sei die vernünftigste Lösung, auf Fremdquellen zuzugreifen und die Korrespondenten sich auf ihre Sicht der Dinge fokussieren zu lassen.

Es kommt vor, dass Ressortleiter und Redakteure aufgrund der Nachrichtenlage nicht nur Vorschläge, sondern den Krisenjournalisten regelrechte Vorgaben machen, über welche Themen sie zu berichten haben, wen sie treffen, an welche Orte sie fahren sollen etc. Dass die *redaktionelle Betreuung von der Heimatredaktion gelegentlich mit einer inhaltlichen Bevormundung verwechselt* wird, kritisieren einige der Befragten. Statt über Aspekte und Geschichten berichten zu müssen, die bereits von anderen Medien aufgegriffen wurden, wünschen sich einige Reporter und Korrespondenten einen unterstützenden Service, indem Redakteure und ›Researcher‹ sie in einem intensiven Austausch über den aktuellen Nachrichtenstand aus der Krisenregion auf dem Laufenden halten und ihnen zuarbeiten, indem sie Themen recherchieren.

Dieser *Verlust an Autonomie einiger Krisenjournalisten*, selbst entscheiden zu dürfen, über was sie berichten, geht mitunter so weit, dass laut Aussage einiger Befragter an den Schreibtischen zu Hause offenkundig Redakteure säßen, die »genaue Vorstellungen davon haben, wie die Lage so ist« (Matthias Gebauer). Insbesondere bei heiklen Themen wie dem Israel-Palästina-Konflikt gebe es nicht nur »eine Meinungsführerschaft in den Heimatredaktionen«, sondern auch »eine sehr starke politische Festlegung, wie berichtet« werden müsse. Es sei »die Hölle für den Reporter«, so Gebauer, wenn »alle möglichen Emotionen« reinspielten, die sich in einer übertriebenen Rücksichtnahme, *Political Correctness* und sogar Angst ausdrückten: »Ich sage ja nicht, dass man Israel nur kritisieren soll, aber es gibt eben auch Vorgänge, die muss man ganz klar beschreiben. Und gerade bei deutschen Medien fehlt da oft der Durchblick«, so Gebauer.

Im Bereich der Recherche stellt sich insbesondere der Kontakt zu den Geheimdiensten als tückisch dar. Ihnen wird seitens der Krisenreporter eine gewisse *Fadenscheinigkeit und Unberechenbarkeit bei der Weitergabe von Informationen an Journalisten* bescheinigt: »Geheimdienste sind letztlich immer so ein bisschen trübes Wasser. Das kannst du nicht ganz genau einschätzen, warum dir jemand was sagt«, sagt Gebauer. Es gebe unter den vermeintlichen Schlapphüten »viele Wichtigtuer, die selber gar nicht so ganz genaue Informationen haben und nur etwas wiederkäuen, was sie auf dem Flur gehört haben.« Aber genau dies sei für seinesgleichen »häufig sehr schwierig« einzuschätzen.

4.2   Praktische Lösungsoptionen und Handlungsempfehlungen: Wie der Krisenjournalismus verbessert werden kann

Im Folgenden formulieren wir mögliche *Lösungsoptionen und Handlungsempfehlungen* zur Verbesserung des gegenwärtigen Krisenjournalismus, die sowohl an den in Kap. 2 gemachten Zustandsbeschreibungen anwendungsorientierter Forschungen, als auch an den in Kap. 3 erörterten Schlussfolgerungen der analysierten Gespräche mit den Befragten ansetzen. Unter Einbeziehung der zuvor aufgeführten *Missstände im Krisenjournalismus* werden zusammenfassend zunächst die folgenden fünf Probleme erkennbar – und zwar, dass

1. eine Vorbereitung von Kriseneinsätzen als problematisch eingeschätzt wird, das zuweilen praktizierte *autodidaktische Prinzip* aber enorme Risiken birgt,

2. es für eine *psychologische Nachbereitung* von Kriseneinsätzen keine verlässlichen Anlaufstellen und Abläufe in den meisten Heimatredaktionen gibt,

3. der zunehmende Zeit- und Arbeitsdruck, der auf den Heimatredaktionen lastet, die *Sicherheit, Unabhängigkeit und Betreuung der eigenen Krisenreporter* untergräbt,

4. Krisenjournalisten häufig auf sich gestellt sind und sich gerade in Gefahrensituationen bisweilen auf die *eigenen Erfahrungswerte und den gesunden Menschenverstand* verlassen und

5. die *Qualität der Krisenberichterstattung* insgesamt verbesserungswürdig ist, vor allem, was die Unterstützung und den Austausch mit den Reportern vor Ort angeht.

4.2.1 Strukturelle Verbesserungsmaßnahmen: Codes of Conduct, Richtlinienkataloge und Verhaltenskodizes

Im Bereich der strukturellen Defizite lassen sich daran anknüpfend folgende Verbesserungen – vor allem im Hinblick auf verbindliche Richtlinien und Kodizes – vorschlagen:

Auch wenn in Krisengebieten vor allem die Eigenverantwortung und das Einfühlungsvermögen der Reporter gefragt sind und Journalisten generell Richtlinienkatalogen skeptisch gegenüberstehen: Die zunehmenden Probleme im Krisenjournalismus erfordern ein klares *krisenjournalistisches Berufsprofil, zugeschnittene Verhaltenskodizes* und *redaktionelle Guidelines*, die eine wahrheitsgemäße, ausgewogene, ideologiefreie und – zumindest in Teilen – transparente Berichterstattung in Ausnahmesituationen und unter erschwerten Arbeitsbedingungen ermöglichen. Dass sich einzelne der befragten Reporter durch starre Regelwerke in ihrer Arbeit gelegentlich behindert fühlen könnten und argumentieren, dass diese auch keine Garantie darstellen würden, Fehler zu verhindern, spricht dies gegen den grundsätzlichen Bedarf an adaptionsfähigen Richtlinien, die bei aller nötigen Flexibilität und Handlungsfreiheit der Auslandskorrespondenten und Krisenreporter verbindliche Orientierungsmarken für Kriseneinsätze sind. Diese sollten jedoch nicht als starre Vorschriften formuliert sein, sondern auf redaktioneller wie auf journalistischer Seite als eine Art Richtschnur- und Hinweiskatalog zu Themen wie Sicherheit, Notfallplänen, Nachrichtensperren etc.

Solche auf die Krisenberichterstattung speziell zugeschnittenen Richtlinien und Kodizes sollten den identifizierten Problembereichen entsprechend sowohl die handwerklichen als auch die *redaktionell-inhaltlichen* Dimensionen betreffen sowie das konkrete Arbeitsumfeld der Berichterstatter einbeziehen. Obwohl in Deutschland bereits einige (teils unausgesprochene) ethische Verhaltensregeln gelten,[186] zum Beispiel im Umgang mit anstößigem Bildmaterial, wird die Krisenberichterstattung von einem redaktionszentrierten Wahrnehmungsapparat dominiert, der die *Richtlinienkompetenz, aber auch die Entscheidungsbefugnisse des Krisenreporters* schwächt – zum Beispiel in Fragen der Themensetzung ebenso wie im Urteil darüber, wie berichtet wird und welche Recherchemaßnahmen (Reisen, Kontakte etc.) als notwendig erachtet werden. Ein Umdenken in der Budgetierung – weg von einer Rationalisierungs- hin zu einer Investitionsstrategie – sowie eine veränderte redaktionelle Selbstwahrnehmung in Bezug auf das Betreuungsverhältnis Redaktion-Reporter ist daher unumgänglich.

An die Adresse des Nachwuchses richten einige Befragte den Wunsch nach intensiveren *Bildungsbemühungen*: Den jungen Kollegen, die sich nicht selten um Kriseneinsätze rissen, fehle es an politischer Bildung und dem nötigen weltpolitischen (und historischen) Kontextwissen. Angesichts der nicht zu unterschätzenden Bedeutung kultureller Differenzen und Animositäten und dem Umgang damit ist eine Spezialisierung der Journalistenausbildung auf Krisen- und Konfliktsituationen und das begleitende Hintergrundwissen alternativlos (siehe 2.2). Eine *Zusatzausbildung zum Krisenjournalisten* würde über die anekdotische Qualität vereinzelter Seminare über journalistische Kriseneinsätze hinaus zu einem tieferen Verständnis der berufsethischen Prinzipien sowie zu einem *schärfer konturierten Berufsbild des Krisenjournalisten* insgesamt beitragen.

Alternativ zur Ausarbeitung neuer journalistischer Richtlinienkataloge oder eines umfänglichen Verhaltenskodex für Krisenreporter bietet sich eine konstruktive und ausdrücklich für Kriseneinsätze angepasste *Erweiterung und Weiterentwicklung bereits bestehender Kodizes* an. Hieraus könnte ein passgenaues Regelwerk für Auslandskorrespondenten und -reporter entstehen, das auf dem Fundament vereinbarter Guidelines wie dem deutschen Pressekodex oder dem 10-Punkte-Medienkodex des Netzwerk Recherche fußt und von vornherein eine hohe Akzeptanz innerhalb der gesamten Medienbranche erzielen würde. Darüber hinaus sollten Redaktionen einzelne *Ethikkodizes* und *Codes of Conduct* auf freiwilliger Basis ver-

---

186 An dieser Stelle ist auf die ZDF-Richtlinien hinzuweisen, die der Sender in dem Reader *Ethik in der journalistischen Praxis* gebündelt hat: Hier sind nicht nur die allgemeinen gesetzlichen Rahmenbedingungen für Journalisten (GG, ZDF-Staatsvertrag, Urheberrecht) sowie Satzung und Richtlinien des ZDF aufgeführt, sondern auch der Pressekodex des Deutschen Presserats sowie wesentliche Auszüge aus den Editorial Guidelines der BBC.

abschieden, die – wenn sie transparent und offensiv kommuniziert würden – auch beim Publikum für eine hohe Glaubwürdigkeit in Bezug auf die Krisenberichterstattung sorgen könnten.

Ungeachtet der Bemühungen um den an Krisen orientierten Richtlinien*bedarf*, liegt ein Grundsatzproblem weiterhin in der journalistischen Richtlinien*kompetenz*: Ethische Grenzüberschreitungen oder Regelverstöße bei der täglichen Arbeit von Korrespondenten in Krisenregionen können kaum überprüft, geschweige denn kontrolliert oder sanktioniert werden. Anders als bei der Krisenberichterstattung selbst entzieht sich das tatsächliche Vorgehen der Journalisten in Krisengebieten jeglicher Öffentlichkeit – auch die Heimatredaktionen können schwer nachvollziehen, ob sich ihre Mitarbeiter an verabschiedete Regelkataloge halten oder nicht. Diese handwerkliche Eigenverantwortlichkeit und moralische Autonomie des Einzelnen stellt somit einen *blinden Fleck in der professionellen Selbstbeobachtung* dar und setzt ein unerschütterliches Vertrauensverhältnis zwischen Redaktion und Korrespondent voraus.

4.2.2 Handwerkliche Verbesserungsmaßnahmen: Vor- und Nachbereitung, Ausbildung und Trainings

Neben den strukturellen lassen sich ferner handwerkliche Verbesserungsmaßnahmen diskutieren, die vor allem an der Vor- und Nachbereitung in Krisensituationen ansetzen:

Die Grundlegung für eine ausgewogen-fundierte Krisen- und Kriegsberichterstattung muss zunächst in Form eines spezialisierten und umfassenden *Trainings des journalistischen Wissens und Gewissens* erfolgen: Dabei sollten sowohl systematische Kenntnisse über fremde Kulturen, Religionen und Regionen selbstverständlich erworben als auch der »moralische Kompass« (Rados) im Hinblick auf die dortigen Konflikte und Krisen geeicht werden. Dies setzt eine grundständige Journalistenaus- und -weiterbildung in diesem Bereich voraus, die über die Verhältnisse in Krisenregionen aufklärt und zugleich die handwerkliche Vorbereitung auf die entsprechenden Einsätze als wichtige Grenzerfahrung standardmäßig mit einschließt. Die Einbeziehung authentischer Aus- und Vorbilder kann hierbei für die nötige Überzeugungskraft bei leichtsinnigen oder sich selbst überschätzenden Krisenjournalisten sorgen.

Während die inhaltlich-praktische Vorbereitung maßgeblich in der Eigenverantwortung der Krisenjournalisten liegt, muss von den Verlagen,

TV-Sendern und den Berufsverbänden eine *Optimierungsstrategie bei der redaktionellen Vor- und Nachbereitung von Kriseneinsätzen* eingefordert werden – vor allem in puncto eines stärkeren Engagements und Zuschnitts bei der journalistischen Aus- und Weiterbildung.

Hier wäre eine intensivere Zusammenarbeit mit global tätigen NGOs und internationalen Hilfsorganisationen denkbar, um einerseits von den reichhaltigen Erfahrungen der Mitarbeiter in den Krisengebieten zu profitieren und andererseits, um die teils überzogenen, teils unrealistischen Erwartungen des Journalistennachwuchses zu bremsen.

Eine aufrichtige und konstruktive Gesprächsatmosphäre kommt im Redaktionsalltag selten auf, Rückmeldungen bleiben eher unspezifisch und müssen von den Krisenreportern im Zweifelsfall aktiv reklamiert werden. Verpflichtend sollten deshalb *redaktionsinterne Manöverkritiken* installiert werden, die auch um solche handwerklichen und psychologischen Probleme kreisen, die nicht unbedingt oberflächlich erkennbar oder virulent sind, sondern im Dialog mit den Journalisten eruiert werden müssen. Auf diese Weise könnten solche ›Krisengespräche‹, also regelmäßige Feedback-Runden zwischen Redaktionen und Korrespondenten, wieder zum effektiven Ritual werden, das eine professionelle Selbstkritik kultivieren und eine »gewisse Fixierung und dadurch automatisch die Gefahr des Tunnelblicks« (Fröhder) der Krisenberichterstatter zu adjustieren hilft.

Ein Teil der befragten Journalisten wünscht sich Kurse zu *praktisch-handwerklichen Problemen* des alltäglichen Lebens und der konkreten Berichterstattung aus Krisenregionen, die es vor allem ihren jungen und nachkommenden Kollegen zumindest weitgehend ersparen würden, in der unsicheren Fremde mit einem vagen ›Bauchgefühl‹ und ihrer kulturellen Sozialisierung alleingelassen zu werden und unvorbereitet zu sein.

Wegen der gestiegenen Risiken für Leib und Leben in vielen Teilen der arabischen und asiatischen Welt werden *praktische Sicherheitstrainings* gefordert, die auf die widrigen Umstände für Krisenreporter ausgerichtet sind. Dass Journalisten teils immer noch in solche Gebiete entsendet werden, ohne ein gesondertes Erste-Hilfe-Training geleistet, geschweige denn eine Sicherheitsschulung absolviert zu haben, ist fahrlässig und setzt sowohl die Krisenjournalisten als auch die Redaktion vermeidbaren Gefahren aus. Unentschieden blieb unter den Befragten, wie und von wem die Trainings durchgeführt werden sollen, um eine effektive Vorbereitung zu gewährleisten. Unbestritten jedoch ist, dass ein Sicherheitstraining wie das der Bundeswehr im Hammelburg nicht ausreicht, sondern eine Spezialisierung im Hinblick auf die journalistischen Einsatzmodalitäten und typischen Gefahrensituationen bei der Berichterstattung vonnöten ist.

Das Tätigkeitsfeld des Krisenjournalisten muss angesichts der handwerklichen und moralischen Herausforderungen insgesamt noch stärker in existierende Aus- und Weiterbildungskonzepte (Volontariate, Hospitanzen, Akademien, Journalistenschulen, Hochschulen) implementiert werden, auch weil der Beruf des Krisenreporters – ungeachtet der wirtschaftlichen Turbulenzen – weiterhin stark nachgefragt sein wird. Gerade die digitale Revolution erfordert keinen *Instant-Journalismus in Krisenregionen*, sondern umso mehr eine *Schulung zum professionellen Allrounder*, der – bei aller Mobilität, Flexibilität und Vielseitigkeit in der journalistischen Herangehensweise, Recherche und Darstellung – seine Quellen journalistisch verifizieren, Fakten überprüfen und vor Ort Geschichten eigenständig recherchieren und umsetzen kann.

Wegen der psychisch und physisch zum Teil lebensbedrohlichen Belastungen verbinden sich die Qualifikationsanforderungen an Krisenreporter mit einer *besonderen Aufgabe an die Journalistenausbildung*, sich stärker der pädagogisch-didaktischen Durchdringung dieses Tätigkeitsfeldes anzunehmen. Konkret wäre in puncto Aus- und Weiterbildung etwa unter Aufsicht eines Psychologen die Einbeziehung von zivilen Kriegs- und Krisenopfern denkbar, die Journalistenschülern über traumatische Erlebnisse berichten, damit diese besser einschätzen können, wie Betroffene in Extremsituationen reagieren, wie sie mit ihnen in Kontakt kommen, wie erfahrene Krisenjournalisten mit solchen Situationen, aber auch mit traumatisierten Kollegen umgehen.[187] Wichtig bei solchen durchaus lobenswerten Zusatz- und Weiterbildungsangeboten für unerfahrene Journalisten ist allerdings, dass sich (wie im Falle des Sicherheitstrainings in Hammelburg) kein »Zertifikatsglaube« (Maike Rudolph) einschleichen darf, wonach den Fortgebildeten suggeriert werde, sie seien schon durch die Teilnahme an einem Kurs dazu befähigt, als Krisenjournalist zu arbeiten. Trotz des Blicks in die handwerkliche Trickkiste sind eigene Anstrengungen ohnehin unersetzlich, gerade bei der Pflege eigener Kontakte zu

---

187 In diesem Zusammenhang ist beispielhaft der an der Schweizer Journalistenschule MAZ stattfindende (allerdings nicht auf Krisengebiete speziell zugeschnittene) Kurs ›Im Unglück ermitteln – JournalistInnen und Opfer‹ zu nennen, bei dem Schauspielschüler traumatisierte Opfer verkörpern und die Seminarteil-nehmer trainieren, wie sie mit ihnen umgehen sollen – siehe auch: http://www.maz.ch/Journalismus/kurse.asp?n=012012_6867

Regierungen oder Informanten, die sich jeder Reporter in der Regel »sehr hart erarbeiten« müsse (Matthias Gebauer).

Auch wenn es im internationalen Kontext bereits vereinzelt Bemühungen wie den innovativen Studiengang *The MA in Journalism, War and International Human Rights* an der Lincoln University in Großbritannien gibt,[188] der laut Eigenwerbung für Menschen gedacht ist, »who are concerned with human rights and the issues relating to war and peace – and who want to learn the journalistic skills necessary to communicate this to a wider public«, haben diese bisher lediglich Modellcharakter und Seltenheitswert. Dennoch ist der hier gewählte Ansatz, Studenten mit einem praktischen und intellektuellen Wissen über das Konzept des Friedensjournalismus auszustatten, vorbildlich. Zielführend ist hier erstens, dass der Nachwuchs in einer Lehrredaktion von erfahrenen Praktikern für den journalistischen Arbeitsmarkt – gegebenenfalls auch für NGOs oder internationale Körperschaften – trainiert wird. Zweitens werden die Studenten crossmedial in allen Mediengattungen (Print, Online, Radio und Fernsehen) unterrichtet, um sich im Laufe des Studiums spezialisieren zu können. Drittens schließlich sind an dem Studiengang renommierte Wissenschaftler beteiligt, die sich in dem Bereich um erstklassige Forschungen verdient gemacht haben.

Nicht nur in der Hochschulausbildung, sondern auch an Journalistenschulen, in der innerbetrieblichen Weiterbildung sowie in Seminaren und Workshops von Medienverbänden muss es darum gehen, sich besser den aktuellen Herausforderungen des Krisenjournalismus im Internet-Zeitalter anzupassen: Neben einem crossmedialen Training und der Verzahnung von praktischen und wissenschaftlichen Ansätzen wäre in der Weiterbildung vor allem ein Schwerpunkt auf die Einbeziehung von *Bloggern und Bürgerjournalisten* zu setzen, von der speziell Krisenjournalisten profitieren könnten. Diese sollten in Krisengebieten nicht länger als Konkurrenz betrachtet werden, stattdessen könnten mithilfe ihres Erfahrungsreichtums und Expertenwissens redaktionelle Kollaborationsmodelle entwickelt werden: Blogs, Social Networks und Twitter bieten vielfältige Informationskanäle, die neue Formen der Kooperation und Zusammenarbeit ermöglichen. Krisenreporter könnten auf diese Weise ihre Informations- und Recherchenetzwerke ausbauen und persönlichen Kontakt zu Einheimischen pflegen, auch wenn sie sich selbst nicht in den Krisengebieten aufhalten.

---

188 Vgl. http://www.lincoln.ac.uk/journalism/_courses/postgraduate/journalism_war_and_international_human_rights/default.asp

Ein ebenso vielversprechendes wie in einigen Redaktionen schon länger angedachtes Modell zur Vor- und Nachbereitung von Kriseneinsätzen ist die Einrichtung sogenannter redaktioneller *Task Forces* im Bereich der Krisenberichterstattung. Hierbei handelt es sich um Sonderredaktionen, die zum Beispiel ressortübergreifend zusätzliche Mitarbeiter einbezieht, die schon einmal im Kriseneinsatz waren oder sich darauf vorbereiten wollen. Solche redaktionseigenen Spezialeinheiten für die Krisenberichterstattung würden die notwendige Tradierung inhaltlicher Schwerpunkte und professioneller Erfahrungswerte unter anderem dadurch gewährleisten, dass die oftmals in unterschiedlichen Ressorts tätigen Kollegen regelmäßig miteinander in Kontakt treten und sich untereinander austauschen könnten. Eine solche ›lernende Binnenorganisation‹ zur Weitergabe journalistischer Fähigkeiten in Bezug auf Krisen muss freilich so offen sein, dass sich kein ›Veteranen-Club‹ herausbildet. Der Vorteil einer solchen Sonderredaktion liegt vielmehr im kollegialen, praxisnahen und authentischen Erfahrungsaustausch. Eine weitere Maßnahme wäre daher der Zugriff auf jüngere *Researcher* und *Fact-Checker*, die vom Redaktionstisch aus die Krisenreporter vor Ort bei Recherchen, Kontaktaufnahmen oder zum Informationsaustausch gezielt und dauerhaft unterstützen. Eine redaktionsübergreifende Plattform zwischen erfahrenen und unerfahrenen Kollegen könnte durch ein *Reporterforum* ergänzt werden, das regelmäßig einlädt, um das Konkurrenzdenken zu überwinden und die rein handwerklich-praktischen Probleme bei Kriseneinsätzen zu diskutieren.

4.3 Ausblick: Kompetenz- und Infrastrukturkatalog für einen besseren Krisenjournalismus

Redaktionelle Selbstverpflichtungen setzen die Einsicht voraus, dass es im Krisenjournalismus um mehr geht als um Schnelligkeit und Exklusivität. So wurde das jahrelange Versäumnis von einigen deutschen Redaktionen zwar vor einiger Zeit identifiziert, jedoch müssen solche Erkenntnisse erst noch Eingang finden in praktikable Regelwerke. Obwohl die BBC-Guidelines etwa für ARD und ZDF als Vorbild gedient haben mögen, bleibt deren Profilbildung in puncto Krisenberichterstattung vergleichsweise blass: Es fehlen noch Handlungsempfehlungen für die eigentliche Redaktionsarbeit. Gerade für den Krisenjournalismus wurde das *Richtlinienprinzip* bei Weitem noch nicht ausgereizt, zumal solche *Codes of Conduct* bisweilen eher der oberflächlichen Außendarstellung dienen statt die Absicht verfolgen, einen nachhaltigen Ethikkodex für Mitarbeiter aufzustellen.

In Deutschland gibt es somit noch ein erhebliches Vermittlungsdefizit, das umgehend behoben werden müsste, um der verantwortungsvollen Tätigkeit von Krisenjournalisten gerecht zu werden. Die Verantwortlichen müssen erkennen, dass es nicht ausreicht, während Krisen möglichst umfassend und rasch zu informieren. In Krisenfällen differenziert aufzuklären heißt auch, die gesellschaftliche Verantwortung für die Berichterstattung im Nachhinein zu tragen. Darüber hinaus müssen Verlage und tv-Sender anerkennen, dass der Journalismus professionelle Handreichungen benötigt, die nicht nur der handwerklichen Vorbereitung zuträglich sind, sondern die einheitlich festschreiben, was es bedeutet, als journalistischer ›Vorkämpfer‹ aus Krisengebieten zu berichten. Demokratische Regierungen müssen es daher als eines ihrer medienpolitischen Privilegien verstehen, die ideologische Unabhängigkeit, Authentizität und Glaubwürdigkeit internationaler Krisenberichterstattung zu fördern, indem sie Ausbildung, Recherchemöglichkeiten und die Sicherheitsbedingungen von Journalisten in Krisenregionen zu verbessern helfen. Hierdurch könnte vor allem auch vermieden werden, dass aus Krisen voyeuristische Medienspektakel und Journalisten zum unfreiwilligen Spielball politischer Interessen werden. Neben der Formulierung redaktioneller *Guidelines* plädieren wir daher für die Ausarbeitung und Adaption folgender 14 *Kompetenz- und Infrastrukturbereiche*, die einen entscheidenden Beitrag zur Verbesserung des Krisenjournalismus leisten können:

1. *Medien-Kooperationen:* Redaktions-, ressort- und branchenübergreifende Kooperationsmodelle zum Material- und Informationsaustausch sowie zur Abstimmung von konzertierten Aktionen erarbeiten (Nachrichtenstopp, Geheimhaltung etc.), um z.B. Terroristen kein unnötiges Forum zu bieten – hierdurch würden auch der nachrichtliche Konkurrenzdruck abnehmen und Hierarchien aufgebrochen.

2. *Auslandsvertretungen:* Ausbau und Investition in den Unterhalt von Auslandsbüros fach- und ortskundiger Korrespondenten und Reporter in Krisenregionen sowie Gewährleistung einer ständigen Vor-Ort-Präsenz von Korrespondenten (statt Krisen-Hopper oder Parachute-Journalisten einzusetzen).

3. *Internes Expertennetzwerk:* Aufbau eines intakten Expertennetzwerks professioneller Dolmetscher, kompetenter Fachleute und ehemaliger Mitarbeiter, die in Krisensituationen Bekennerschreiben, Videobot-

schaften, Augenzeugenberichte u. a. ad hoc übersetzen, interpretieren und einordnen können.

4. *Externe Expertendatenbank:* Aufbau und Pflege einer Datenbank für externe Experten aus Wissenschaft und Praxis; ständige Überprüfung von Seriosität und Aktualisierung der Fachkompetenzen der Ansprechpartner, auch um sich aus der Abhängigkeit von Stringern und Fixern zu befreien.

5. *Recherche-Netzwerke:* Aufbau enger Netzwerke aus erfahrenen Kollegen und Mitarbeitern vertrauenswürdiger Organisationen (NGOs etc.), die Krisenjournalisten dabei unterstützen, Geheim- und Sicherheitsdienste, Regierungsstellen und Bundesämter als wahrheitsgetreue Quellen zu identifizieren und Kontakte herzustellen.

6. *Journalistische Backup-Teams:* Aufbau und Institutionalisierung redaktioneller Support-Pools, die zur Unterstützung der Krisenjournalisten in prekären Situationen ad hoc einberufen werden können (z. B. für Recherchen der aktuellen Nachrichtenlage, Fact-Checking, Kontaktaufnahmen, Live-Berichterstattungs-Support etc.).

7. *Interaktive Communitys:* Aktive Nutzung von Blogs, Social Networks und Microblogging-Diensten als zusätzliche Plattformen zur Erweiterung der Recherche- und Veröffentlichungsmöglichkeiten für Krisenjournalisten und zur stärkeren Einbindung des Publikums. Mit dem Einstieg in *digitale Communitys* können Krisenreporter ihren Rechercheradius erweitern und im besten Falle den Kontakt zur (einheimischen) Bevölkerung in Krisenregionen pflegen.

8. *Innovative Kollaborationsmodelle:* Entwicklung redaktionell betreuter Kollaborationsmodelle mit unabhängigen Internet-Plattformen (z. B. *WikiLeaks*) und Bloggern, deren Expertise – etwa als Informanten, Whistleblower, Augenzeugen, Täter, Opfer oder Betroffene in gefährlichen oder schlecht erreichbaren Krisengebieten – in die professionelle Recherche mit einfließen können.

9. *Live-Logistik:* Professionelle Rund-um-die-Uhr-Koordination von Produktionsstab, redaktionellem Personaltableau und Reportern veranlassen, um die Live- und Quasi-Live-Berichterstattung aus Krisengebieten zu vertiefen und eine Unterstützung des Korrespondenten vor Ort, z. B. mittels zusätzlicher Recherchen, zu optimieren.

10. *Aus-/Fortbildung:* Spezielle Schulungen und Trainingskurse mit handwerklichen und organisatorischen Tipps und Zusatzangeboten (z. B.

Sprachkurse, Hintergrundseminare zu Regionen und Kulturen) für Nachwuchsjournalisten sowie Mitarbeiter anbieten; Ergänzungen der journalistischen Aus- und Weiterbildung um friedensjournalistische/konfliktsensitive Elemente auf inhaltlicher, handwerklicher und sicherheitstechnischer Ebene.

11. *Planspiele und Serious Games:* Redaktionelle Planung und Einsatz von Szenarien zur Simulation möglichst konkreter Gefahren in Terror-, Kriegs- und Krisensituationen, in denen Journalisten besonnen und professionell reagieren müssen.[189]

12. *Sicherheitsvorkehrungen:* Langfristig koordinierte, effektivere und speziell auf Journalisten zugeschnittene Vorkehrungen unter Berücksichtigung praktischer Tipps (z. B. Verhalten in Kampfsituationen) zum Schutz der in Krisengebieten tätigen Journalisten treffen, damit diese nicht zur Zielscheibe krimineller Akteure werden (Bsp. britische Sicherheitstrainings wie *Survival in Hostile Environment*).

13. *Kommunikations- und Trauma-Zentrum:* Bündelung psychologischer Therapie- und Gesprächsangebote für Krisenjournalisten, die der Prävention und Bewältigung von Traumata dienen; regelmäßige Revision und Supervision mit traumatisierten Kollegen unter Beteiligung von einschlägigen Instituten (z. B. ›Institute for War and Peace Reporting‹) und Medienverbänden sowie Errichtung eines überregionalen Kommunikationszentrums, das im Schwerpunkt den sozialen Austausch von aktiven und ehemaligen – vor allem auch freiberuflichen – Krisenreportern fördert.

14. *Krisenarchive:* Vorhaltung von Archivalien mit relevanten journalistischen Beiträgen und Kontextinformationen in Kooperation mit internationalen Nachrichtenorganisationen zusammenstellen, aufbauen und nutzen; Zugriff auf internationale Medienarchive, Recherchepools und unabhängige Aufklärungssatelliten ermöglichen.

Diesem *Kompetenz- und Infrastrukturkatalog* zur Verbesserung des Krisenjournalismus lässt sich unter Einbezug aktueller Ergebnisse der Medien- und Kommunikationsforschung eine weitere Forderung anfügen: Um die innewohnende Dynamik und Dramaturgie der Krisenberichterstat-

---

189 Beispielhaft kann hier das Computerspiel *Global Conflicts: Palestine* der in Kopenhagen ansässigen Firma Serious Games Interactive genannt werden: Dabei handelt es sich um ein Lernspiel, in dem man als Krisenreporter in verschiedenen Missionen in einem Krisengebiet unterwegs ist, Interviews führen muss und auf spielerische Art und Weise etwas über den realen Palästina-Israel-Konflikt erfährt (vgl. http://www.globalconflicts.eu).

tung glaubwürdig beobachten zu können, sollten die ›Vorkämpfer‹ ihre Selbstthematisierung nicht auf *Journalismus-Skandale* in Kriegs- und Krisenzeiten konzentrieren. Sie müssen den Krisenjournalismus über einen längeren Zeitraum reflektieren und ihre Instrumente zur Selbstkontrolle kontinuierlich justieren. Dies nimmt jede Redaktion, insbesondere jeden Krisenjournalisten persönlich in die Pflicht, die eigenen Arbeitsprozesse, handwerklichen Potenziale und professionellen Grenzen ständig zu hinterfragen, um daraus Ansätze für eine Effizienzsteigerung der eigenen Leistung bei gleichzeitiger Einhaltung professioneller Standards zu entwickeln.

5. ANHANG:
BIOGRAFIEN DER GESPRÄCHSPARTNER

Fiona Ehlers

Die Hartnäckige

Fiona Ehlers, geboren 1971, wuchs in Schleswig-Holstein auf und wanderte im Alter von 19 Jahren nach Italien aus. Nach einem Literatur- und Kunstgeschichtsstudium im umbrischen Perugia, im oberfränkischen Bamberg, dem kalifornischen Berkeley und zuletzt in Hamburg besuchte sie die Henri-Nannen-Journalistenschule und schaffte den Sprung in die Redaktion des Nachrichtenmagazins *Der Spiegel*. Seit 2000 schreibt sie fest für das Ressort Gesellschaft und Reportage. Im Mai 2010 zog es sie wieder nach Italien, wo sie den Korrespondentenplatz des *Spiegel* in Rom besetzte. Ehlers Schwerpunkte bleiben weiterhin die Kriegs- und Krisenberichterstattung, aber auch Sozialreportagen, Migrationsthemen, Psychologie und nicht zuletzt Kultur in all ihren Facetten.

Ihre Recherchereisen führten sie nach Burma, in den Iran, nach China, Nordkorea, Usbekistan, Afganistan, Pakistan, Indien, in den Jemen, in den Libanon und nach Afrika. Sie ist Ko-Autorin einiger Reportagebücher des *Spiegel* über die Terroranschläge vom 11. September 2001, über die Tsunami-Katastrophe in Südostasien aus dem Jahr 2004 und über den Irak-Krieg 2003. Mehrfach ausgezeichnet, unter anderem mit dem EMMA-JournalistInnenpreis und dem Liberty Award für Auslandsberichterstattung, wird Ehlers vor allem für ihre Hartnäckigkeit und Zielstrebigkeit gelobt, die es ihr ermöglichte, mit ihren Reportagen tiefe Einblicke in die Gesellschaften unter restriktiven Obrigkeiten zu geben.

Carolin Emcke

Die Philosophin

Ihr ernster Blick mag das eine oder andere Gegenüber schon mal einschüchtern. Doch der erste Eindruck trügt: Carolin Emcke, Jahrgang 1967, erweist sich im persönlichen Umgang als liebenswert, einfühlsam und überraschend humorvoll. Ihr Arbeitsschwerpunkt jedoch ist todernst: Regelmäßig befasst sich die promovierte Philosophin mit den gegensätzlichen Lebensbedingungen von Menschen in fremden Kulturen. Tief im Herzen ist sie Habermasianerin: Ihre Doktorarbeit schrieb sie über die sozialphilosophischen Grundlagen von kollektiven Identitäten.

Ihre Sicht auf die Welt und der Menschen, die auf ihr leben, leiden, kämpfen, hat sie sich auch als Auslandsreporterin für den *Spiegel* und im Anschluss für die *Zeit* bewahrt: Sie bereiste Kulturräume wie Israel, die Palästinensergebiete, Pakistan, Ägypten und den Irak und tauchte in die fremden Lebenswirklichkeiten krisengeschüttelter Landstriche ein. »Ich bin in der Tradition der Frankfurter Schule ausgebildet«, sagt die Berlinerin über sich selbst. Sie versuche immer, jenseits der konkreten, politischen Katastrophen, über die sie berichtet, den Zusammenhang zwischen Gewalt, Traumatisierung und Sprachlosigkeit zu untersuchen: Insbesondere das moralische und politische Problem langfristiger struktureller Gewalt bewegt sie, treibt sie an herauszufinden, warum Opfer von Misshandlungen und Missachtung in einer Vielzahl von Fällen nicht mehr über ihre Not sprechen können. So vielseitig die Reiseziele ihrer Kriseneinsätze stets waren, folgt sie doch einer Leitidee: zu klären und zu erklären, was Menschen in allen Teilen der Welt widerfährt – nach eigener Aussage eine philosophisch und hermeneutisch »riesige« Aufgabe. Die Essenzen ihrer Erkundungsreisen verarbeitet sie in ausgreifenden Reportagen und Büchern. In ihrer Briefsammlung *Von den Kriegen*, die auch als englischsprachige Ausgabe erschien, löste sie ihren Anspruch ein, Krisen wieder ins Gedächtnis der Gesellschaft zu rufen, die fortwährend andauern, jedoch von der Medienberichterstattung ausgeblendet werden.

Susanne Fischer

Die Pionierin

»Sommer im Libanon ist schön. Das Meer vor der Tür, die Berge hinterm Haus, am Wochenende die große Frage: Schnorcheln oder Wandern?« Susanne Fischer schreibt gern über ihre persönlichen Eindrücke, um ihre Leser zu überraschen. Dort, wo gemeinhin Krieg und unmenschliche Lebensbedingungen vermutet werden, erlebt die freie Korrespondentin Normalität, gar langweiligen Alltag. Seit Jahren hat sie den Nahen Osten als Zweitwohnsitz für sich entdeckt. In ihrem Buch *Meine Frauen-WG im Irak oder Die Villa am Rande des Wahnsinns* beschreibt sie, wie sie sich mit vier Frauen aus Australien, den USA, Südkorea und dem Irak zusammentat und mit ihnen eine bunt zusammengewürfelte Frauen-WG gründete. Sie zelebriert förmlich ihre eigene Rolle als westliche Frau im konservativ-patriarchalisch geprägten Irak, der schon attestiert wurde, sie sei und bleibe ein »Alien, ein Wesen aus einer anderen Welt«.

Fischer arbeitete ab 2003 mehrere Jahre im Nordirak, um im kurdisch geprägten Suleimania einheimische Journalisten auszubilden und sie auf die schwierigen Arbeitsbedingungen in ihrem eigenen Land vorzubereiten. Hierbei musste sie miterleben, wie gefährlich Krisenreporter im Irak tatsächlich leben: Fast eine Handvoll ihrer insgesamt knapp 300 Schüler wurde mit der Zeit ermordet. Heute leitet sie das Ausbildungsprogramm des britischen Institute for War and Peace Reporting (IWPR), das zum Ziel hat, die Entwicklung einer freien Presse in postautoritären Staaten zu fördern, in Syrien. Fischer gilt international als engagierte Pionierin bei der Journalistenausbildung im arabischen Raum. Sie bloggt für den *Stern* und schreibt für die *Zeit*, mitunter auch für das Magazin der *Süddeutschen Zeitung*. Nach einem Studium der Geschichte und Politikwissenschaft besuchte Fischer die Henri-Nannen-Journalistenschule in Hamburg. Es folgten zehn Jahre in verschiedenen Funktionen bei der *Süddeutschen Zeitung*, der *Wochenpost*, der *Woche* und dem *Spiegel*.

Christoph Maria Fröhder

Der Tollkühne

Der Mann unterschreibt gern mit seinen Initialen: CMF – das Markenzeichen eines Mannes, der Geschichte schrieb, weil er seit den 1960er-Jahren das ERSTE DEUTSCHE FERNSEHEN mit Bildern über scheinbar ach so ferne Kriege, Aufstände, Freiheitskämpfe und Massaker versorgt. Christoph Maria Fröhder, geboren 1942, trat aus der hessischen Provinz heraus einen Karriereweg an, der ihn von der Studentenbewegung am Frankfurter Universitätscampus nach Südostasien führte, nach Afrika, Südamerika, an den Hindukusch und in den Nahen Osten. Fröhders Fernsehbeiträge füllten das kollektive Gedächtnis von Generationen: Er ging auf Tuchfühlung mit der US-Armee in Vietnam, aber auch mit dem Vietkong, er war dabei, als Idi Amin in Uganda putschte, er begleitete den Befreiungskampf der Polisario in der spanischen Sahara und war der erste Fernsehkorrespondent, der nach dem Einmarsch der roten Khmer im kambodschanischen Hexenkessel Phnom Penh blieb und sein Filmmaterial unbemerkt in einem Gipskorsett außer Landes schmuggelte.

Fröhder riskierte mit seinem Erfindungsreichtum mehrmals sein Leben, doch konnte er auch einige Male seinen Kopf aus der Schlinge ziehen. Der Mann, der alle drei Golfkriege erlebte und selbst dann vor Ort blieb, als Giftgas eingesetzt wurde und Bomben fielen, der von der serbischen Miliz verhaftet und verprügelt wurde und der die UÇK während des Kosovo-

Kriegs begleitete, wurde unter anderem mit dem Hanns-Joachim-Friedrichs-Preis und dem Preis der Deutschen Fernsehkritiker ausgezeichnet.

Matthias Gebauer

Der Globetrotter

Matthias Gebauer hat sich durch mutige Recherchen in vielen Regionen der Welt einen Namen erschrieben, vor allem in Asien, im Mittleren und Nahen Osten ist er häufig unterwegs: Kriegsschauplätze wie der Irak und Afghanistan gehören zu seinen Kerngebieten, auch berichtete er über das Elend nach dem Tsunami in Indonesien, Piraten in Somalia und Überschwemmungen in Bangladesch. Dabei hilft ihm ein zuverlässiges Netz an Stringern. Eine Sternstunde erlebte Gebauer im Sommer 2007, als er die Entführung des deutschen Bauingenieurs Rudolf Blechschmidt hautnah miterlebte und als Erster dessen Freilassung vermeldete.

Gebauer ist mit 36 Jahren noch immer einer der jüngeren Krisenjournalisten, aber schon einer der erfahrensten und – wenn man sich umhört – unter Kollegen hochgeschätzten: Der in Lünen (Westfalen) geborene *Spiegel Onliner* sammelte erste journalistische Erfahrungen als Polizeireporter bei *Bild* in Berlin und bei der *Berliner Zeitung* und besuchte 1998 die Henri-Nannen-Journalistenschule. Seit dem 1. Dezember 2000 arbeitet er als fester Korrespondent für das Berliner Büro von *Spiegel Online*, Krisenreporter wurde er aber erst nach dem 11. September 2001. Im Oktober 2008 machte ihn sein Mentor Mathias Müller von Blumencron zum einzigen Chefreporter des *Spiegel*-Ablegers. Eine »innere Unruhe« mache seinen Job aus, sagt Gebauer, vor allem »der Drang zu reisen« wecke in ihm echtes Suchtpotenzial. »Das Auge der Vielen zu sein« an den entlegensten Orten der Erde, wo sich gerade Naturkatastrophen oder andere Krisenereignisse abspielten, sei »einfach sehr faszinierend«. Gebauer hat sich trotz vieler Reporterlorbeeren – er wurde u. a. 2006 mit dem Goldenen Prometheus als ›Online-Journalist des Jahres‹ ausgezeichnet – seine Bodenständigkeit bewahrt.

Stephan Kloss

Der Solitär

Er duckte und er wand sich und ließ die Zuschauer am Fernsehschirm direkt miterleben, wie gefährlich die Arbeit eines Krisenreporters sein kann. Stephan Kloss, Jahrgang 1969, wurde durch seine beinahe lebensgefährlichen Live-Aufsager für die ARD aus dem Irak bekannt. Wenn Bombardements nahten oder sonstige Gefahren drohten, verheimlichte der studierte Journalist das den Zuschauern nicht. Von einigen Kollegen wurde der Freelancer als Selbstdarsteller kritisiert. Zweifellos aber hat Kloss die Art und Weise mitgeprägt, wie der Irak-Krieg, auch das Konfliktgeschehen in Afghanistan und Pakistan vom deutschen Fernsehpublikum wahrgenommen wurde.

Heute kann der zuletzt für mehrere Jahre im pakistanischen Islamabad lebende Sachse auf eine 20-jährige Laufbahn als Krisenreporter auf dem Balkan, im Irak, in Indien und am Hindukusch zurückschauen. Kloss arbeitete kontinuierlich als freischaffender Journalist, unter anderem für den deutschen Dienst der BBC, die DEUTSCHE WELLE, FRANCE24, dann regelmäßig für den MDR. Er war im Kongo, wo Rebellenkämpfe tobten, und in der Unruheregion Kashmir, in der Sahara und in Afghanistan. Am liebsten arbeitet er allein, dreht, schneidet und textet. Alles aus einer Hand zu liefern, habe für ihn immer den besonderen Reiz der Auslandsberichterstattung ausgemacht: »Speziell freischaffende Korrespondenten wie ich können vor Ort besser eingebunden werden, weil sie höchst flexibel sind, schnell im Feld sein können und sehr authentische und gute Berichte machen.« Seit 2010 ist Kloss außerdem für die Unister Unternehmensgruppe als internationaler Berater tätig.

Susanne Koelbl

Die Ausgespähte

Susanne Koelbl, geboren 1965 in München als Tochter der ausgezeichneten Fotografin Herlinde Koelbl, ist nicht nur eine gefragte Journalistin, sondern auch ein mit Argusaugen beobachtetes Zielobjekt der Staatsgewalt – zumindest einige Zeit lang, bis die Ausspähversuche des Bundesnachrichtendienstes publik wurden. Die *Spiegel*-Reporterin wurde zum Spionageopfer des Geheimdienstes und sah sich plötzlich mit dem Problem konfrontiert, ihre vertraulichen Recherchenetzwerke nicht ausreichend schützen zu können. Der Skandal jedoch schärfte nicht nur Koelbls Sinne für Überwachungspraktiken, sondern rückte ihr beispielloses Renommee als Afghanistan-Expertin in die Öffentlichkeit. Seit dem 11. September 2001 bereist Susanne Koelbl intensiv die Region am Hindukusch, über 50 Mal fuhr sie nach Afghanistan/Pakistan, so häufig wie kaum ein anderer deutscher Journalist. Ihre Kontakte und Zugänge reichen in sämtliche Gesellschaftsschichten – von Präsident Hamid Karzai und seiner Regierung bis in die Kreise der Taliban und der regionalen Stammesführer.

Ihre Eindrücke von der für viele fremd und undurchschaubar gebliebenen Region verarbeitete und analysierte sie auch in zwei Buchveröffentlichungen: *Krieg am Hindukusch* (gemeinsam mit Olaf Ihlau) und *Geliebtes, dunkles Land*. Nach ihrer journalistischen Ausbildung in München arbeitete sie zunächst als Redakteurin der *Abendzeitung* und als Autorin für das Magazin der *Süddeutschen Zeitung*. 1991 wechselte Koelbl zum *Spiegel* nach Hamburg und berichtet seitdem für das Blatt als Auslands-Reporterin über Krisen und Kriege, vom Balkan, aus Georgien, dem Nahen Osten, aus Afghanistan und Pakistan.

Gerhard Kromschröder

Die Legende

Eigentlich ist er ja der Vater der Undercover-Recherche in Deutschland. Als Günter Wallraff in der Rolle des Türken Ali für Furore sorgte, war Gerhard Kromschröders Gastarbeiterstory *Als ich ein Türke war* längst Mediengeschichte. Kromschröder recherchierte verdeckt im Neonazi-Milieu, berichtete über Giftmüll-Skandale und trug mit zur Enthüllung der Flick-Affäre bei. Warum er die Erfindung der Verkleidungsmethode nie für sich reklamierte, versteht man besser, wenn man den ehemaligen Nahost-Korrespondenten des *Stern* in seiner großzügigen Altbauwohnung im Hamburger Uni-Viertel besucht. Dort lebt der inzwischen bald 70-Jährige nach dem

Tod seiner Frau und dem Wegzug der Kinder zusammen mit Lucy, einer hochbetagten Terrierdame, eher bescheiden und zurückgezogen. Fotos vergangener Zeiten stapeln sich neben Reiseführern und Krimskrams aus aller Herren Länder in übervollen Billy-Regalen.

Besondere Reputation als Krisenjournalist hat Kromschröder eingebracht, dass er während des ersten Irak-Kriegs Anfang der 1990er-Jahre als einziger deutscher Journalist und Fotoreporter im zerbombten Bagdad die Stellung hielt. Den Irak-Krieg im Frühjahr 2003 erlebte Kromschröder ebenfalls live – allerdings vor dem Fernseher: In *Bilder aus Bagdad – Mein Tagebuch* hielt er seine Seherlebnisse aus Sicht eines ehemaligen Frontkämpfers fest. Seine Message an die nachfolgende Reportergeneration: »Werdet hart, aber bleibt empfindsam für den Schrecken der Welt. Habt Mitleid mit den Opfern, sie wollen, dass ihr Leid gezeigt wird. Und seid dankbar, wenn Ihr aus so einem Schlamassel mit heiler Haut rausgekommen seid.« Er selbst wird empfindsamer, der legendäre Kriegsreporter Kromschröder, was man auch daran erkennt, dass er Ausstellungen mit seinen künstlerischen Schwarz-Weiß-Fotografien der 1960er-Jahre über das Emsland organisiert, seine zweite Heimat.

Reiner Luyken

Der Fernschreiber

Reiner Luyken, Jahrgang 1951, stammt aus Starnberg. Dort wuchs er in zwölfter Generation des Familienstammbaums als Sohn des Arztes Reinhard Luyken und dessen Ehefrau Viola von Kapherr auf. Mittlerweile hat der in Schottland lebende Journalist selbst vier Kinder und zwei Enkelkinder.

Reiner Luyken ist seit 1993 bei der *Zeit* unter Vertrag und schrieb auch schon vorher ein gutes Jahrzehnt für die liberale Wochenzeitung aus Hamburg.

Dass er Reporter, gar Krisenreporter werden sollte, war für den gelernten Cembalobauer keine ausgemachte Sache. Lieber machte er noch eine Zusatzausbildung im Orgelbau und reiste danach einige Jahre als Zimmerer durch die Lande, bevor es ihn in die Ferne zog. Als Fernfahrer lernte er Europa kennen, in Schottland, wo er zunächst als Lachsfischer arbeitete, hält es ihn nun schon seit 1978. Doch Luyken fand Gefallen am Schreiben, am Fernschreiben, um genau zu sein, denn eine Redaktion sah er nur selten von innen. Stattdessen reiste er von seinem schottischen Lebenszentrum Achiltibuie aus in alle Welt, wo er Krisen unterschiedlichster Art und Intensität erlebte und zu beschreiben versuchte. Seine Naturverbundenheit hat er dabei nicht verloren: Nebenher betreibt er weiterhin etwas Landwirtschaft, sammelt zeitgenössische Kunst und versucht sich daran, ein Fremdenverkehrsunternehmen aufzubauen.

Souad Mekhennet

Die Enthüllerin

Souad Mekhennet ist Stipendiatin des American Council on Germany und Reporterin im Investigative Desk der *New York Times*, einer Art Spezialteam, das vom redaktionellen Tagesgeschäft abgekoppelt nur eines im Sinn hat: Geheimnisse entschleiern, Prozesse im Hintergrund nachzeichnen, Verborgenes offenlegen. Das ist zeitaufwendig und verschlingt enorme Budgets, dafür zeichnet sich der Sonderrecherchebereich durch ein vertrautes Team an Reportern aus, die immer an einem Strang ziehen, auch weil sie ihre Berichte meist gemeinsam schreiben. Souad Mekhennet gilt international als Terrorismus-Expertin, die seit den Anschlägen vom 11. September 2001 regelmäßig über politischen Extremismus in Europa, Nordafrika und im Nahen Osten berichtet hat. Die mehrfach ausgezeichnete Reporterin führte als erste westliche Journalistin ein Interview mit dem Anführer der Al-Qaida im Islamischen Maghreb. Sie berichtete auch über die geheimen Gefängnisse der CIA und enthüllte gemeinsam mit ihren Kollegen die Entführung des Deutsch-Libanesen Khaled el-Masri.

Mekhennet wuchs in Frankfurt am Main als Tochter einer türkischen Mutter und eines marokkanischen Vaters auf. Sie spricht mehrere arabische Dialekte und studierte Internationale Beziehungen, Politikwissenschaften, Geschichte, Soziologie und Psychologie in Frankfurt. Nach ihrem Abschluss besuchte sie die Henri-Nannen-Journalistenschule und arbeitete im Anschluss unter anderem für die *Frankfurter Allgemeine Zeitung*, den *Spiegel* und die *Washington Post*. 2004 wechselte sie zur *New York Times*, berichtet jedoch auch für das ZDF aus Kriegs- und Krisengebieten wie Afghanistan und Pakistan. Mekhennet ist darüber hinaus Ko-Autorin von zwei Büchern, die sich kritisch mit dem interkulturellen Dialog beschäftigen: *Die Kinder des Dschihad* und *Der Islam*. Im Jahr 2009 wurde sie in die transatlantische Young Leaders Study Group on the Future of Europe berufen.

Antonia Rados

Die Chefinspektorin

Was ist, kann, darf ein Journalist, wenn er Ausnahmesituationen begreiflich machen muss? Die prominenteste Krisenreporterin des deutschen Fernsehens hat in über 30 Jahren Berufserfahrung eine ganz eigene Antwort darauf gefunden: Antonia Rados, Jahrgang 1953, interessieren vor allem die menschlichen Schicksale. Der gebürtigen Österreicherin, die heute in Paris lebt, liegt viel daran, auf die Ausmaße und Folgen von Unrecht und Leid aufmerksam zu machen. Für ihr couragiertes Auftreten, das bisweilen burschikos wirkt, hat sie viel Spott geerntet, aber noch mehr Lob und Anerkennung: Mehrfach ausgezeichnet, etwa mit dem Titel der österreichischen ›Frau des Jahres‹ (1991), mit dem Deutschen Fernsehpreis (1999 und 2003), mit dem Hanns-Joachim-Friedrichs-Preis (2003) oder dem Robert-Geisendörfer-Preis (2007), hat sie die Krisenberichterstattung in Deutschland nachhaltig geprägt, inhaltlich und stilistisch. Sie zeigt sich gern im Bild, mit oder ohne Kopftuch, lässt sich von ihren Kameraleuten im Gespräch mit Einheimischen filmen. Mal läuft sie mit fliehenden Demonstranten, mal ist sie die Ruhe selbst bei einer Live-Schalte und schildert die Ergebnisse ihrer Recherchen.

Rados studierte Politikwissenschaften und berichtete bereits früh in ihrer Karriere aus Unruheregionen wie Somalia, dem Iran und Südafrika. Seit 1995 reist sie als Chefkorrespondentin für RTL rund um die Welt und gehört heute zu den wenigen Korrespondenten, die regelmäßig Hintergrundberichte aus Afghanistan, dem Irak und Iran produzieren. Zwischenzeitlich wurde sie vom ZDF abgeworben, verließ den Mainzer Sender aber nach nur wenigen Monaten wieder. Zuletzt sorgte sie für einen Überraschungscoup, als sie den iranischen Präsidenten Ahmadinedschad interviewte. Über sich selbst sagt Rados:»Ich bin rational wie ein Kriminalinspektor.« Gefühle lasse sie außen vor, Bauchentscheidungen lehne sie ab: »Die größten Katastrophen für Reporter geschahen, weil sie sich auf ihren Bauch verließen.« Durch ihre zahlreichen Bücher über den Nahen Osten (u. a. *Live aus Bagdad*, *Gucci gegen Allah*, *Im Land der Mullahs* und zuletzt *Die Fronten sind überall*) profilierte sich sich als Islam-Expertin.

Ariane Reimers

Die Abenteurerin

Zum richtigen Zeitpunkt am richtigen Ort zu sein, hat für Ariane Reimers, geboren 1973, einen ambivalenten Beigeschmack. Sie fühlt sich als Krisenjournalistin aus Zufall, die im privaten Weihnachtsurlaub in China der epochalen Tsunami-Katastrophe so nah war, dass sie einfach senden, dass sie berichten musste. Die Krise als Abenteuer, als Möglichkeit, um über sich selbst hinauszuwachsen: Diese Art von Zynismus sei ihr nicht fremd, räumt Reimers ein:»Ich habe ein großes Interesse an fremden Ländern und einfach wahrscheinlich auch ein bisschen an Abenteuer. Ich habe in Südamerika studiert, in Argentinien ein Jahr und bin danach mit dem Fahrrad drei Monate durch Südamerika gefahren. Habe viele Fahrradtouren dort gemacht, auch größere. Da würden wahrscheinlich auch viele Leute sagen: braucht man nicht. Ich merke, dass mir so etwas Spaß macht und ich finde, dass es auch eine große Herausforderung ist, sich in schwierigen Situationen zu organisieren.«

Reimers wurde im 2006 mit dem Axel-Springer-Preis für junge Journalisten und dem begehrten Titel ›CNN Journalist of the Year 2006‹ des US-Nachrichtenkanals ausgezeichnet. Besonders beeindruckt hatte die internationale Jury ein Bericht der NDR-Reporterin über Heimkinder in Peking, die durch ihre straffällig gewordenen Eltern am Rande der Gesellschaft leben. Nach dem Studium der Geschichte, Politikwissenschaften und Journalistik in Hamburg und Buenos Aires und einem Volontariat beim NDR war sie langjährige Reporterin für das ARD-Politmagazin *Panorama* und Junior-Korrespondentin im ARD-Studio Singapur von 2006 bis 2008. In dieser Zeit entstanden zahlreiche Berichte aus China, vom olympischen

Fackellauf auf den Mount Everest und vom Erdbeben in Sichuan und den vom Jahrhundert-Tsunami zerstörten weiten Teilen Südostasiens. Nach einer Zwischenstation als Redakteurin und Chefin vom Dienst bei den *Tagesthemen* wurde Reimers ihr wohl größer Berufswunsch erfüllt: Seit Juli 2010 ist sie Auslandskorrespondentin – im ARD-Studio Peking.

Christoph Reuter

Der Autodidakt

Mutig sei er, mit einem Blick für das Wesentliche und einem beneidenswert langen Atem: Christoph Reuter, Jahrgang 1968, wird von seinen Kollegen als kluger und immer vorsichtig wie bedacht vorgehender Krisenreporter respektiert und geschätzt. Seine jahrelangen Aufenthalte im Irak und in Afghanistan machten ihn zum ausgewiesenen Kenner der islamischen Kultur, aber auch fundamentalistischer Mentalitäten. Im Jahr 2007 kursierte fälschlicherweise die Meldung, der Terrorexperte des Magazins *Stern* sei in der afghanischen Provinz Kunar entführt worden. Reuter startete denkbar unspektakulär in den Journalistenberuf, als er sich 1987 direkt nach dem Abitur bei der *Hamburger Morgenpost* zunächst in der Lokalberichterstattung übte. Später wechselte er zum NORDDEUTSCHEN RUNDFUNK, wollte sich aber nicht allein auf seine autodidaktischen Fähigkeiten verlassen und bewarb sich erfolgreich bei der Henri-Nannen-Journalistenschule. Es folgten Stationen bei der *Dresdner Morgenpost*, der *Berliner Wochenpost*, dem *Geo Magazin*, der *Zeit* und dem *Stern*. Seit 2002 arbeitet er für das Auslandsressort des *Stern* und berichtete aus seinen kleinen, selbst eingerichteten Korrespondentenbüros zunächst in Bagdad, dann im afghanischen Kabul.

Reuter kann sich nicht des Verdachtes verwehren, er sei ein Perfektionist: Anstatt im ruhigen Hamburg zu leben, schlägt er seine Zelte in Unruheregionen und Notstandsgebieten auf, spricht fließend arabisch und bewies nicht nur einmal seine Akribie bei der Recherche. Gemeinsam mit der freischaffenden Kollegin Susanne Fischer reiste er durch den Irak – mit Vollbart und Kalaschnikow. Heraus kam das Buch *Café Bagdad* über den *ungeheuren Alltag im Irak*, so der Untertitel. Sein jüngstes Buch *Kunduz, 4. September 2009* dokumentiert das umstrittene Bombardement eines Tanklastzugs in der afghanischen Provinz Kunduz und das Leid der Opfer.

Maike Rudolph

Die Ausgezeichnete

Üblicherweise reicht es nur für einen schnellen Kaffee, wenn Maike Rudolph die Kantine des NORDDEUTSCHEN RUNDFUNKS im Sendezentrum Hamburg-Lokstedt besucht. Doch wer mit der Fernsehfrau über ihren Beruf diskutiert, der lernt die in sich ruhende, besonnene Journalistin besser kennen, selbst im hektischen Umfeld der Betriebskantine. Maike Rudolph ist Reporterin beim Politmagazin *Panorama*. Bundesweite Aufmerksamkeit erhielt sie im Jahre 2008, als sie den Deutschen Fernsehpreis in der Kategorie ›Bester Auslandsreporter‹ für ihre Berichterstattung aus dem vom Zyklon Nargis verwüsteten Birma erhielt. Die junge Mutter wurde schon mehrmals ausgezeichnet, unter anderem auch mit dem Marler Fernsehpreis für Menschenrechte von amnesty international für den Beitrag *Traumatisierte Journalisten* im Jahre 2007. Ein Jahr zuvor würdigte sie bereits die

Jury der Otto-Brenner-Stiftung für ihr Feature *Verdeckt, versteckt, verboten. Schleichwerbung und PR in den Medien.*

    Rudolph studierte Germanistik, Romanistik und Kulturwissenschaften in Paris, Münster und Nottingham. Ab 1999 war sie als freie Journalistin in Berlin für die BBC, ABC und Reuters tätig. Seit ihrem Volontariat 2001 ist sie beim NORDDEUTSCHEN RUNDFUNK tätig.

Katrin Sandmann

Die Atemlose

Nach 15 Jahren war plötzlich Schluss: Katrin Sandmann, Jahrgang 1966, kehrte ihrem Arbeitgeber, dem Nachrichtensender N24, im Jahre 2010 den Rücken und fing noch einmal von vorne an. Bis zu diesem Schritt war sie Leiterin des Reporterpools bei N24/PROSIEBENSAT.1 gewesen. Nach etlichen Kriseneinsätzen und einem atemlosen Arbeitsleben in den Hotelzimmern, Flughäfen und Elendsvierteln entlegener Regionen wechselte sie als Leiterin Reportage und Ausland zur Produktionsfirma Kobalt von Tita von Hardenberg, um fortan, wenn nicht kürzer zu treten, dann doch nicht mehr in allzu weite Fernen zu streben. Kobalt produziert im Auftrag des ZDF ein Europa-Magazin für ARTE sowie diverse andere Programme für ARTE, 3SAT und einige dritte Programme.

Gleichwohl möchte Sandmann ihre Jahre als erste Krisenreporterin des Senderkonglomerats PROSIEBENSAT.1 nicht missen: Ihr Job trieb sie rund um den Globus. Sie berichtete zur Hochzeit der Unruhen und beim Einmarsch der NATO-Truppen aus dem Kosovo, sie war in Israel, den Palästinensergebieten und Jordanien, als die gewaltsamen Ausbrüche der Intifada tobten. Sandmann sendete aus vielen Ländern des Nahen Ostens (vor allem aus dem Irak und Iran, aber auch aus dem Libanon und Syrien), weil es über Kriege und Konflikte zu berichten galt, und war vor Ort, als die Familie Wallert auf den Philippinen entführt wurde. Sie dokumentierte auch Naturkatastrophen wie Dürren und Hungersnöte in Afrika, den Jahrhundert-Tsunami auf Sri Lanka, den Wirbelsturm Katrina im Süden der USA oder das Erdbeben in Haiti. Ihr Abitur machte Sandmann 1985 und studierte Theater-, Film- und Fernsehwissenschaft, Kunstgeschichte und Romanistik in München, Paris und Berlin. Nach ihrem Berufseinstieg als Journalistin beim *Berliner Tagesspiegel* und einem Volontariat bei den SAT.1 *Nachrichten* (1995–1996) blieb sie der Sendergruppe treu. Heute bloggt Sandmann unter *www.katrin-sandmann.de*.

Elmar Theveßen

Der Steuermann

Die Berufsrollen von Elmar Theveßen zu beschreiben, ist nicht ganz leicht: Der gebürtige Viersener (Nordrhein-Westfalen) ist studierter Historiker und Germanist, Terrorexperte, Leiter der ZDF-Hauptredaktion ›Aktuelles‹ und stellvertretender Chefredakteur des ZDF, ehemaliger Auslandskorrespondent in Washington und Politreporter für das Magazin *Frontal21*. Nur eines war Theveßen, Jahrgang 1967, trotz seiner zahlreichen Karrierestationen nie: ein richtiger Krisenjournalist, jedenfalls keiner mit Schutzweste und Stahlhelm, wie man ihn sich vielleicht bilderbuchmäßig in den von Kriegen und Elend heim gesuchten Weltregionen so vorstellt. Aber genau damit kokettiert Theveßen, indem er sich selbst als »Schönwetter-Journalisten« bezeichnet, »der selten in wirklichen Krisengebieten unterwegs ist«.

Wer seine lange Publikationsliste über Terrorismus und Islamismus oder seine zahlreichen Medienpreise nicht kennt, könnte Theveßen glatt für bescheiden halten. Aber der Eindruck täuscht: Der Fernsehmann ist nicht nur umtriebig und unterhält exzellente Kontakte in die Medien- und Politikszene, sondern bedient von Mainz aus auch eines der wichtigsten Steuerpulte in der europaweiten Auslandsberichterstattung. Vor allem mit den ethischen Rahmenbedingungen des Berufsbildes, der Sicherheit seiner Mitarbeiter in den Krisenregionen vor Ort und dem Umgang mit Filmmaterial in der Zentrale bei Themen wie Gewaltdarstellung und Menschenwürde befasst sich Theveßen schon seit Langem intensiv. Das Kredo von Hajo Friedrichs hält er nachgerade in der Krisenberichterstattung für obligatorisch: »Wer sich selbst wichtiger nimmt als das Objekt der Berichterstattung und seine Distanzlosigkeit in welcher Form auch immer zeigt, ist aus meiner Sicht kein guter Journalist. Deswegen müssen wir unsere Kollegen immer daran erinnern. Die Gefahr ist groß, dass man sich mitreißen lässt.«

Ulrich Tilgner

Der Abwanderer

Sich nicht nur durchzusetzen, sondern sich auch wehren zu können, wenn es darauf ankommt, gehört zu den wichtigsten Fähigkeiten eines Krisenreporters. Ulrich Tilgner, Jahrgang 1948, musste schon viele Kämpfe ausfech-

ten: mit diktatorischen Regimen, rigiden Milizen, religiösen Anführern –
und mit seinem Arbeitgeber. Nach über 25 Jahren Korrespondentendienst
fühlte er sich von seiner Heimatredaktion beim ZDF so sehr eingeengt, dass
er hinwarf und zum SCHWEIZER FERNSEHEN (SF) wechselte.

Sein Lebenslauf liest sich dementsprechend eindrucksvoll: Der gebürtige Bremer hatte seine Karriere als Journalist bei der Deutschen Presse-
Agentur (dpa) und der ARD begonnen. Beim ZDF berichtete er ab 1982
regelmäßig über religiöse Konflikte, Kriege und Bürgerkriege. Nach der
Islamischen Revolution war er in Teheran akkreditiert. Als Korrespondent arbeitete er 14 Jahre lang vom Büro im jordanischen Amman aus, war
während des Kuwait- und Irak-Kriegs 1991 vor Ort und berichtete auch im
Jahre 2003 erneut aus dem Irak. Als Experte für den nahöstlichen Kultur-
raum leitete er sechs Jahre lang das ZDF-Büro in Teheran und berichtete bis
2008 als Sonderkorrespondent aus Afghanistan und dem Mittleren Osten.
Der Orient-Experte und Islamkenner studierte in Freiburg und Tübingen
Kulturwissenschaften, Politik und Wirtschaftsgeschichte. Sein Berichtsge-
biet umfasst heute den Irak, Iran und Afghanistan. Neben Beiträgen mit
aktuellen Informationen aus den Kriegs- und Krisengebieten produziert
Tilgner auch längere Dokumentationen über die Region.

BIOGRAFIEN DER AUTOREN

 Dr. Leif Kramp, Jahrgang 1980, ist Journalist, Medien- und Kommunikationswissenschaftler und arbeitet als Lecturer und wissenschaftlicher Mitarbeiter an der Macromedia Hochschule für Medien und Kommunikation. Studium der Journalistik, Medien- und Kommunikationswissenschaft, Geschichte und Betriebswirtschaftslehre. Er schreibt für überregionale Tageszeitungen, Fach- und Publikumszeitschriften, Internetpublikationen und Branchendienste und ist Autor sowie Herausgeber mehrerer Fachbücher über Medien und Journalismus. Kramp ist außerdem Mitbegründer des Vereins für Medien- und Journalismuskritik e. V., der das Online-Medienportal *cover.* betreibt.

 Dr. Stephan Weichert, Jahrgang 1973, ist Professor für Journalistik und regionaler Studiengangleiter an der Macromedia Hochschule für Medien und Kommunikation in Hamburg. Zuvor war er Projektleiter am Institut für Medien- und Kommunikationspolitik in Berlin. Weichert arbeitet als Strategieberater für Zeitungsverlage, Verbände und Stiftungen. Er ist Autor für Zeitungen, Online-Portale, Fachmagazine und Radiosender sowie Herausgeber mehrerer Fachbücher über Medien und Journalismus. Weichert ist unter anderem Mitglied in den Jurys des Adolf-Grimme-Preises und der Initiative Nachrichtenaufklärung. Außerdem ist er Vorstandsmitglied im Netzwerk Recherche e.V. und Mitbegründer des Vereins für Medien- und Journalismuskritik e. V., der das Internet-Portal *cover.* herausgibt.

BILDNACHWEISE

FIONA EHLERS: privat; CAROLIN EMCKE: privat; SUSANNE FISCHER: privat;
CHRISTOPH MARIA FRÖHDER: privat; MATTHIAS GEBAUER: privat; STEPHAN
KLOSS: privat; SUSANNE KOELBL: privat; GERHARD KROMSCHRÖDER: Thomas
Hegenbart; REINER LUYKEN: privat; SOUAD MEKHENNET: privat; ANTONIA
RADOS: RTL; ARIANE REIMERS: privat; CHRISTOPH REUTER: privat; MAIKE
RUDOLPH: privat; KATRIN SANDMANN: privat; ELMAR THEVESSEN: privat;
ULRICH TILGNER: privat; LEIF KRAMP: Kathrin Brunnhofer und STEPHAN-
WEICHERT: Kathrin Brunnhofer

MARTIN WELKER / ANDREAS ELTER /
STEPHAN WEICHERT (Hrsg.)
Pressefreiheit ohne Grenzen?
Grenzen der Pressefreiheit
2010, 344 S., 3 Abb., 1 Tab., Broschur,
213 x 142 mm, dt.
ISBN 978-3-86962-008-4

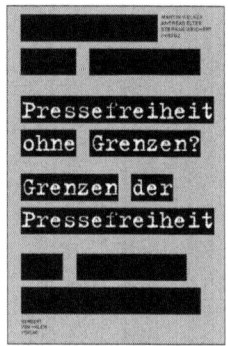

Journalisten verschwinden und tauchen nicht mehr auf, Journalisten werden eingeschüchtert oder zusammengeschlagen, Journalisten werden gelobt und gekauft – die Einschränkungen und Gefährdungen der Pressefreiheit sind so mannigfaltig wie der Journalismus selbst. Nichtsdestoweniger sind sie in allen Formen und Gewändern, sei es nur in Gestalt des umschmeichelnden Hofierens und der sanften Drohung in einer westlichen Demokratie oder als kalter Atem einer schwarz-afrikanischen Diktatur, inakzeptabel.

Dieser Band untersucht die Lage der Pressefreiheit auf vier Kontinenten – der Ansatz ist also im besten Sinne ein globaler. Die Autoren, zum größten Teil aktive journalistische Praktiker, sind ausgewiesene Experten in ihren Berichterstattungs- bzw. Forschungsfeldern und haben alle eine langjährige Berufs- und Auslandserfahrung.

HERBERT VON HALEM VERLAG
Lindenstr. 19 · 50674 Köln
http://www.halem-verlag.de
info@halem-verlag.de

STEPHAN WEICHERT / LEIF KRAMP /
ALEXANDER VON STREIT (Hrsg.)
Digitale Mediapolis.
Die neue Öffentlichkeit im Internet
2010, Broschur, 190 x 120 mm, dt.
ISBN 978-3-86962-012-1

Medienkrise ade: In den USA herrscht wieder Aufbruchstimmung. Während die klassischen Agenten der Öffentlichkeit, allen voran die traditionsreichen Zeitungshäuser, ums Überleben kämpfen, nimmt eine neue Generation von kreativen Journalisten, Bloggern und sozialen Netzwerkern ihr Schicksal selbst in die Hand: In unabhängigen Redaktionsbüros, Medienhochschulen und Start-ups sprudelt es vor kreativer Energie. Der Kollaps der alten Medien hat eine Riege publizistischer Vordenker auf den Plan gerufen, die sich mit dem Rückbau der Branche durch Verlagsinsolvenzen, Redaktionszusammenlegungen oder Massenentlassungen nicht abfinden wollen. Ihr erklärtes Ziel: ein interaktiver Versammlungsort im Internet, der das Fundament für einen Journalismus der Zukunft bilden soll.

Journalisten und Medienforscher aus den USA sprechen in 15 Interviews mit den Medienwissenschaftlern Stephan Weichert und Leif Kramp über den digitalen Wandel und über die Zukunft der Netzöffentlichkeit.

 HERBERT VON HALEM VERLAG
Lindenstr. 19 · 50674 Köln
http://www.halem-verlag.de
info@halem-verlag.de

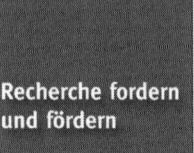

Recherche fordern
und fördern

netzwerk
recherche

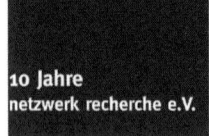

10 Jahre
netzwerk recherche e.V.

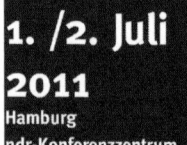

Jahreskonferenz
**1. /2. Juli
2011**
Hamburg
ndr-Konferenzzentrum

Be first.
But first be sure.

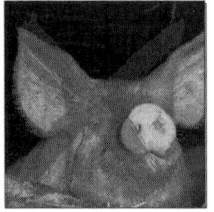